지 중 해
시돈
아람
다메섹
다메섹
(다마스쿠스)
바알갓
(바알헤르몬)
헤르몬산
사르밧
페
니
헤들론
이욘
알랍
(마할랍)
키라티니강
두로
아
아벨벳마아가
단
호사
미스르봇마임
가나
벧아낫
셀
게데스
훌라 호수
함몬
아노아
평
르홉
악삽
입돈
벧세메스
이론
바산(고원지대)
아
메롬
야솔
메론산
벧에멕
(베데멕)
악고
라마
아르곱
르홉
갈릴리
미살
아벡
가불
긴네렛
갈릴리 바다
그술
가르나임
악고평원
락갓
아스다롯
나할랄
할리
한나돈
림몬
마돈
가르단
아벡
골란
가드론
(갓닷)
악십
베들레헴
아로셋
가드헤벨
루마
함맛(함몬)
시므론
나사렛
다브랏
야르묵강
헬람
갈멜산
헬갓
다볼
다볼산
아느엘
욕느암
기손강
기시온
에드레이
돌
엔돌
나인
모레언덕
헬갓
(후곡)
수넴
므깃도
이스르엘
아르룻
가몬
돌
로드발
벧아벨
길르앗라못
사론
가드림몬
다아낙
엔간님
로글림
샤
랏사론
(뵌아간)
벧산
이블르암
길보아산
르홉
답밧
길르앗야베스
도단
룬
에발
사마리아
아벨므홀라
디셉
길르앗
므낫세산지
베셋
데베스
요
미스바
(길르앗)
평
소고
디르사
사마리아
단
사본
에브라임수풀
브니엘
야
사빌
에발산
(브누엘)
마하나임
오브라
세겜
강
숙곳
그리심산
압복강
비라돈
야노아
믹므다
길사임
(욕므암)
아루마
에벤에셀
답부아
사르단
아벡
아담
가아스산
길갈
실로
베
욥바
여쫒
라마다임소빔
에브라임산지
욕부하
오노
담낫세라
여사나
냐
아로엘
암몬
하릇
바알하솔
오브라
(에브론)
아셀
살리사
벧니므라
랍바(암몬)
가드림몬
깁소
벧엘
(루스)
민
가드(갓다임)
사알본
(사알빔)
아이
깁브돈
벧호론
미스바
믹마스
나아란
길갈
아벨그라밈
엘드게
산
여리고
싯딤
므바앗
압느엘
게셀
아얄론
기브온
라마
게바
놉
소렉골짜기
벧야룬
지
브에롯
기브아
아나돗
벧하란
민닛
딤나
모레안산
비스가산
헤스본
레
기럇여아림
예루살렘
벧호글라
벧부올
아스돗
에그론
유
감람산
느보산
벧세메스
소라
르바임골짜기
벧여시못
셋
사웨기랴다임
벧레
가드
아세가
아사노아
베들레헴
메드바
샤빌
야르뭇
후사
(에브랏)
유
벧바알므온
소고
에담
아스글론
평
엘라골짜기
느도바
디본
아둘람
드고아
다
벧디블라다임
그일라
그돌
립나
라기스
마레사
벧술
산
아다롯
야하스
아
길로
막벨라
염 해
(사해)
블레셋
라기스골짜기
벧아놋
지
그리욧
그데못광야
에글론
막게다
벧답부아
라맘
여루엘광야
디본(디론)
가사
헤브론
시스골짜기
아로엘
메바앗
(마므레, 기럇아르바)
엔게디
(하사손다말)
드빌
윳다
십
그데못
십광야
아르논강
맛다나
브솔강
그랄
홀론
아납
갈멜
소고
마온
시글락
에스드모아
마온광야
브솔
림몬
맛만나
그리욧
게델
(그데라)
아산
(고라산)
벧벨렛(벧팔가봇)
마사다
모압
아르
사루헨
갑스엘
아랏
소돔
브엘세바
호르마
(스밧)
바알라
고모라
미스바
(길하레셋)
아로엘
아말렉
르호봇
호로나임
소금골짜기
(싯딤골짜기)
소알
네게브
세렛
세렛강
이예아바림
브엘라해로이
아드마
호르산
에돔
보셀
아라바
다말
(다드몰)
살모나
셀라(욕드엘)
바란광야
보스라
아스몬
갈가
가데스바네아
부논
성경2.0 지도 기호
▲ 산
○ 도시(불확실한 위치)
● 도시
● 주요도시
– 바다, 강, 호수 : 파란색 글씨
– 고대 근동 국가, 지역 : 보라색 글씨
– 평야, 산지 골짜기 : 녹색 글씨

성경2.0 지도 기호
산
도시(불확실한 위치)
도시
주요도시, 지명
교회(요한계시록 7교회)
바다, 강, 호수 : 파란색
고대 근동 국가, 지역 : 보라색
고원, 산맥, 광야 : 녹색
현대 지명 : 빨간색
흑 해
아 드 리 아 해
티레니아해
에게해
지 중 해
홍 해
로마
시실리아
그리스
아가야
마게도니아
일루리곤
트라키아
데살로니가
빌립보
고린도
아덴(아테네)
그레데
구브로
에베소
서머나
버가모
두아디라
사데
빌라델비아
라오디게아
골로새
아 시 아
무 시 아
브 루 기 아
비두니아
갈라디아
갑바도기아
루가오니아
밤빌리아
길리기아
이스탄불
(비잔티움)
앙카라
안디옥
다소
<터키>
<그리스>
<키프로스>
<리비아>
<이집트>
<시리아>
<이라크>
<이란>
<요르단>
<이스라엘>
<레바논>
<쿠웨이트>
<사우디아라비아>
베레니게
구레네
알렉산드리아
라암셋
(람세스)
고센
온(카이로)
애굽
하부 이집트
상부 이집트
누 비 아
나 일 강
시내 반도
시내산
가데스바네아
미디안
에돔
모압
암몬
길르앗
예루살렘
가사
가이사랴
두로
시돈
베이루트
다메섹
다마스쿠스
하맛
아람
아모리
갈그미스
하란(밧단아람)
앗시리아
니느웨
메소포타미아
유 프 라 테 스 강
티그리스강
바그다드
아카드
바벨론
바빌로니아
시 날 평 지
나푸르
수메르
우르
갈대아
엘 람
수사
쿠웨이트
시로-아라비아
메 대
바 대
아 라 랏 산 맥
마리
아수르

성경통독을 위한 최고의 자습서

성경 The Bible 2.0

❷ 출애굽기, 레위기, 민수기, 신명기

성경2.0 성경 통독을 위한 고품격 성경만화

글 김동순 | **그림** 배광선 | **감수** 문학진

초판 1쇄 발행 2013년 7월 25일
초판 21쇄 발행 2024년 5월 30일

발행처 (주)CMcreative
발행인 이길우
책임 편집 오경희
CG 장유미, 신선영
그림 스탭 이상일, 강지선
표지 디자인 송우진
본문 편집 디자인 SONBOM 민하늬, 김원경, 강현아
마케팅 김돈영
제작 지원 정선숙
인쇄 미래피앤피 최영민

등록번호 제387-2012-000039호
등록일자 2012.6.12

주소 경기도 고양시 덕양구 청초로66 덕은리버워크 A동 819호
전화 032-325-2181(편집부), 032-325-9600(영업부) | **팩스** 032-325-3181

ISBN 978-89-97923-03-8
ISBN 978-89-97923-01-4 (세트)

책값은 표지에 있습니다.
잘못된 책은 구입하신 곳에서 교환해 드립니다.

성경2.0 공식 블로그 : http://blog.daum.net/cmcm2012 (Daum 블로그 검색 : 성경2.0)

성경통독을 위한 최고의 자습서

성경 The Bible 2.0

❷ 출애굽기, 레위기, 민수기, 신명기

김동순 글 | 배광선 그림 | 문학진 감수

CM creative

7년의 세월을 빚어 내놓은 《성경2.0》

2004년에 하나님을 믿게 된 후, 당시 다니던 온누리교회의 구내 서점에서 제 수준에 맞는 책을 찾아보았습니다. 이제 막 하나님을 알아 가기 시작한 제 눈에 들어온 것은 성경 만화책들이었는데, 대부분이 어린이를 대상으로 한 것이었습니다. 내용 또한 성경 전체를 다룬 것은 찾아보기 힘들었고, 흥미를 끄는 성경 속 사건 위주의 책들이 많았습니다. 주 중의 가족 단위 성경공부 모임에서도 성경의 한 부분씩 따로따로 다루는 형식이어서 성경 전체를 알고 싶은 열망이 있었던 제게는 아쉬움만 남겨주었습니다.

대략적이라도 성경 전체를 알고 싶었습니다. 그래서 성경을 일독하기로 마음먹었습니다. '표준새번역' 성경은 엄두가 나지 않아 '쉬운성경'을 읽기 시작했습니다. 틈틈이 읽다 보니 1년 정도 걸리더군요. 그런데 머릿속에 남는 것이 거의 없었습니다. '쉬운' 성경이라지만 읽는 도중에 무슨 뜻인지 이해되지 않아서 계속 같은 자리만 읽었던 경우도 자주 있었습니다.

"40이 넘은 나이에도 하나님 말씀 이해하기가 이렇게 어렵다니 원……."

그 전부터 만화책을 전문적으로 만들고 있었던 저는 그때부터 제대로 된 성경 만화를 만들어 보자는 생각을 자연스레 가지게 되었고, 차츰 구상에 들어갔습니다. 2007년에 김동순 작가를 만나면서 제 구상은 구체화되기 시작했고, 2008년부터 본격적으로 제작에 들어갔습니다.

"성경의 의미를 훼손하지 않는 범위 안에서 '최대한 쉽게' '성경의 모든 것'을 담자!"

열정 하나만 가지고 의욕적으로 시작했지만 일은 예상했던 것보다 훨씬 방대했습니다. 몇몇 사람이 단 시간에 할 수 있는 일이 아니었습니다. 일의 진도는 느렸고, 어디서부터 손을 대야 할지 난감할 정도로 많은 문제를 안고 있었습니다. 출간 일정이 여러 번 미뤄지고 수정과 재작업이 반복되었습니다. 모든 시나리오가 몇 번에 걸쳐 수정되고 다시 쓰였는지 모릅니다. 1권 <창세기> 편은 아예 그림을 다시 그리기까지 했습니다.

이 일을 계속 진행해야 하나 회의가 드는 위기도 있었습니다. 그런 우여곡절 끝에 7년의 인고의 세월을 안고 이 책을 세상에 내놓게 되었습니다. 그러나 기대보다 많은 걱정이 앞섭니다. 미흡한 부분이 많을 거라 생각합니다. 애정 어린 질책을 당부드릴 뿐입니다.

이 책이 나오기까지 애써주신 문학진 목사님 이하 모든 스태프 분들께 감사드립니다. 특히 긴 시간 동안 시나리오를 맡아 애써준 김동순 작가, 어려운 여건 속에서도 정말 훌륭한 그림을 그려준 배광선 작가께 진심을 담아 감사함을 전합니다.

마지막으로 이 책이 나오기까지 늘 지켜봐주시고 용기를 주신 하나님께 이 모든 영광을 드립니다.

이길우

쉽게 정상을 차지할 수 없는 '성경'이라는 산을 오르며

《성경2.0》은 재미있는 에피소드 위주로 된 기존의 성경 만화와는 많이 다릅니다. 난해한 <레위기><욥기>는 물론 예언서들까지 성경의 모든 책을 다루고 있으며, 성경과 똑같이 '장'으로 구분해서 독자들이 읽어 내려가며 성경과 직접 비교할 수 있도록 되어 있습니다. '성경2.0'이라는 제목이 무색하지 않을 만큼 성경과 유사합니다.

저는 제가 이 일을 하기에 충분히 준비되었다고 생각했습니다. 나름 목회자의 아들이고, 오랜 시간 동안 교회에 헌신하며 신앙생활을 한 기독교인 중의 기독교인으로 살았다고 자부했기 때문입니다. 게다가 수많은 자료들과 든든한 인터넷이라는 정보의 바다가 있으니 두려울 것이 없었습니다. 하지만 좌절감을 느끼기엔 그리 많은 시간이 걸리지 않았습니다.

성경을 읽는 것은 험난한 산을 등반하는 것과 같습니다. 많은 사람들이 의욕적으로 도전하지만 쉽게 정상을 차지할 수 없는 산 말입니다. 처음 <창세기>를 접하면 이제 막 산을 오르는 기분도 들고 초입이라 기대감도 있습니다. 무엇보다 에피소드 위주라 읽기가 편합니다. <출애굽기>는 모세가 바다를 가르는 장면에서 스릴감과 스펙터클도 느낄 수 있지요. 하지만 <출애굽기> 다음에 나오는 <레위기>에서 모두들 절망이 무엇인지 경험하게 됩니다. <레위기>는 마치 거대한 절벽을 마주했을 때처럼 우리를 막막하게 합니다. 여기서부터 시작된 정신 붕괴는 그동안 쌓인 수많은 낯선 지명과 인물들, 여러 민족의 역사와 문화에 대한 이해 부족과 어우러져 극대화되어 결국 성경 읽기를 포기하게 합니다. 저 또한 얼마나 숱하게 이 등정을 포기했는지 모릅니다.

그리고 이번에도 기세등등하게 《성경2.0》의 등정을 시작했지만 성경이란 산은 너무 높고 가팔랐으며 매서웠고 저는 아직도 충분히 준비돼 있지 않았습니다. 그동안 꽤 많이 알고 있다고 생각했던 성경 지식은 금방 바닥났고, 이해의 부족과 표현의 한계로 몇 번이나 쉬다 미끄러지고 굴러 떨어졌습니다. 그리고 저는 깨달았습니다. 이건 내가 할 수 없는 일이구나. 무지무능해서 용감했을 뿐이었구나.

제가 할 수 있는 건 하나님을 붙드는 일뿐이었습니다. 그것밖에 할 수가 없었습니다. 그렇게 7년 동안 하나님께 매달린 결과 드디어 《성경2.0》이 나오게 되었습니다. 무어라 표현할 수 없을 정도로 감개무량합니다. 그저 감사할 뿐입니다.

지면을 빌어 다시 한 번 감사드리고 싶은 분들이 계십니다. 사랑하는 부모님, 최고의 동역자인 이길우 대표님, 수준 높은 작화를 보여주신 배광선 작가님, 감수의 수고를 마다하지 않으신 문학진 목사님과 그 외 많은 분들께 감사드립니다. 그리고 무엇보다 부족한 저를 붙들고 이 일을 할 수 있도록 동행해 주신 하나님, 감사합니다! 사랑합니다!

김동순

열정과 인내로 빈 항아리를 채워 가며 만든 《성경2.0》

인연이란 우연히 찾아오는 것 같습니다. 성경을 제대로 된 만화로 출간해 보자는 제안에 막막했던 4년 전이 생각납니다.

"성경?"

믿음, 소망, 사랑, 빛과 소금 같은 어디선가 많이 봐온 성경 구절들, 또 구약성경의 여러 가지 재미있는 에피소드들이 제가 알고 있는 성경 지식의 전부였습니다. 물론 서양 역사에 절대적인 영향력을 행사해 온 기독교의 경전이니만큼 서구 문화를 이해하는 많은 키워드를 품고 있을 거라는 기대감은 품고 있었습니다. 작가로서 방대한 역사와 에피소드가 담긴 세계 최고의 베스트셀러를 한 번쯤 봐두면 도움이 되겠다는 생각은 있었지만 작업을 시도할 엄두는 내지 못했습니다.

그러나 뜻밖의 기회가 찾아왔고, 저는 '그래, 이참에 제대로 성경공부 한번 해보자!'라는 아주 단순한 마음으로 이 작업을 시작하게 되었습니다.

세상 모든 일이 그렇듯 막상 작업을 시작하고 보니, 아는 것보다 알아야 할 것들만 가득한 제 무지의 항아리를 들여다보게 되더군요. 빈약한 성경 지식을 다급히 채워 보려 했지만 짧은 시간 안에 성경을 제대로 이해하고 그림으로 그려낸다는 것은 무리임을 곧 깨닫게 되었지요. 그래서 무지에서 시작된 1권의 그림을 전부 폐기하고 다시 작업하는 힘든 결단의 시간도 필요했습니다.

결국 《성경2.0》의 한 컷 한 컷을 그려가는 과정이 제게는 곧 성경을 이해하고 알아가는 과정이 되었습니다. 제대로 된 고증을 위해 자료를 찾고 또 찾았습니다. 옷차림, 천막, 저울, 물 항아리 하나까지 자료를 찾아서 그 시대를 제대로 담고자 노력했으며, 등장인물들의 마음과 그 의미를 생생하게 전달하고자 수없이 지우개질을 거듭했습니다.

《성경2.0》을 작업하는 과정은 열정과 인내심을 필요로 하는 힘겨운 시간이기도 했지만, 성경에 대해 조금씩 빈 항아리를 채워가는 나의 모습과 이 '인연'이 제 인생에 하나의 전환점이 되리라는 기대로 너무나 행복한 시간이었습니다.

성경이 "가장 널리 알려진, 그러나 가장 덜 읽혀진 책"이란 말을 들어본 적이 있습니다. 기독교 신자가 아닌 사람도 성경책을 모르는 사람은 없을 테고, 어느 집에나 한 권쯤은 있기 마련이니 '가장 널리 알려진' 책임은 분명한 듯합니다. 또 제 주변에서 '성경은 어렵더라' '성경 어디까지는 읽어봤는데……'라는 말들이 들리는 걸로 봐서 '가장 덜 읽혀진 책'이란 말 또한 맞는 모양입니다. 저 역시 이 작업을 하기 전까지는 어린 시절 누나(지금은 목사가 되셨지요.)의 책장 한곳을 차지했던 성경의 <창세기>만을 읽어 본 것이 전부였으니 말입니다.

성경이 '제대로 읽혀진 책'이 되는 데 《성경2.0》이 큰 도움이 되리라 확신합니다. 그동안 많은 조언을 주시고 고생을 같이 한 이길우 대표님과 김동순 작가님, 감사합니다. 특히 긴 시간 고행과 같은 작업을 함께해주신 이상일, 강지선 작가님, 서관석 선생님께 감사의 인사를 전합니다.

배광선

성경을 '만화'로 접근하고, 이해하고, 기억하기

근대 교육의 창시자로 알려진 J. A. 코메니우스는 그의 저서 《세계도회(世界圖繪)》(Oribis Sensualium Pictus)에서 새로운 언어학습법을 개발해 효과적으로 라틴어를 배울 수 있는 방법을 제시했다. 언어와 그것이 나타내는 사물을 함께 보여주어 좀 더 재미있게 언어를 익힐 수 있는 그림 교수법으로, 감각적 경험이 주는 교육의 효과를 적용한 것이다. 오늘날 유아들에게 글자를 쉽게 익히게 하기 위해 사용하는 그림책의 효시라고 볼 수 있다.

이런 맥락에서 만화는 전달하려는 내용을 좀 더 쉽게 이해하게 하고 오랫동안 기억에 남게 하는 장점을 가졌다고 볼 수 있다. 만화는 흥미로우며, 쉽게 접근할 수 있고, 여간해서 싫증을 느끼지 않는다는 장점이 있다. 이런 이유 때문에 남녀노소 모두 만화를 좋아하는 것 같다.

그동안 성경은 모든 사람들에게 신앙과 지성에 있어 매우 귀중한 책임에도 불구하고, 그 내용이 어려워 이해하기 힘들다는 이유로 선뜻 손에 집거나 혹 집어 든다 해도 처음부터 끝까지 통독하기가 쉽지 않았다. 이런 상황에서 이번에 발간된 《성경2.0》은 신앙인은 물론 비신앙인에게도 아주 유익할 것이라 생각된다. 재미있으면서도 내용이 충실하기 때문에 성경 내용을 쉽게 파악할 수 있음은 물론 기억에도 오래 남을 수 있기 때문이다.

《성경2.0》의 감수를 부탁받고 성경신학을 전공하지 않았다는 점에서 망설임도 있었다. 그러나 기독교육을 전공한 사람으로서 어떻게 하면 학습자로 하여금 기독교 교육의 내용인 성경을 쉽게 이해하고 기억하게 해 그 말씀대로 살도록 도울 수 있을까 고민해 왔기 때문에 오히려 기쁜 마음으로 참여하게 되었다.

《성경2.0》의 주된 목적은 성경 내용을 쉽게 전달하고 오랫동안 기억하게 해 실천하는 신앙인으로 성장하도록 돕는 데 있다. 그래서 작가와의 대화를 통해, 가급적 성경 내용 전달에 충실하고, 불가피하게 해석을 요하는 부분은 'tip'으로 처리해 독자들로 하여금 더 깊이 묵상하도록 돕는 데 초점을 맞추었다.

감수자로서 작은 소망이 있다면, 《성경2.0》의 기획 의도대로 많은 사람들이 이 책을 부담 없이 손에 집어 들어 읽기 시작해 성경의 내용을 큰 어려움 없이 이해하고, 그것을 또 오래도록 기억하는 것이다. 그리하여 성경이 말하는 하나님을 제대로 알고, 그 하나님이 원하시는 뜻을 실천하면서, 하나님이 이 세상을 처음 창조하셨을 때처럼 아름다운 세상으로 회복시켜 나가는 일에 힘쓰며 살아가게 되기를 소망한다.

문학진 목사

출애굽기

모세

이스라엘 사람으로 이집트의 왕자가 된 모세는 사람을 죽이고 도망쳐서 양치기로 전락한다. 그러나 광야에서 하나님을 만난 후 이스라엘의 최고 지도자가 되어 백성들을 가나안 땅으로 인도한다.

아론

이스라엘 최초의 대제사장으로 모세의 형이다. 모세를 대신해서 이집트 왕 파라오에게 하나님의 명령을 전했고, 모세를 도와 노예 상태에 있던 이스라엘 민족을 이집트에서 탈출시켰다.

미리암

이스라엘의 여성 지도자로 모세의 누나다. 이스라엘 민족이 이집트를 탈출해 홍해를 건널 때 소고를 손에 들고 여인들과 더불어 하나님을 찬양하며 승리의 노래를 불렀다.

나답과 아비후

아론의 아들들로 제사장에 임명되었으나 하나님의 명령을 지키지 않아 불에 타 죽게 된다.

이드로 (르우엘)

미디안 제사장으로 모세의 장인이다. 이스라엘 백성들을 재판하던 모세에게 지도자들을 키워 일을 나눠 하도록 조언했다.

파라오

이집트의 왕으로 이스라엘 백성들을 노예로 삼아 괴롭혔다. 열 번의 재앙을 당한 끝에 이스라엘 백성들을 이집트에서 내보내주지만, 이내 군대를 이끌고 쫓아가 홍해에서 죽고 만다.

여호수아

에브라임 지파의 지도자로 열두 명의 가나안 정탐꾼 중 한 명이었다. 모세가 죽은 후 그의 후계자가 되어 이스라엘 백성을 이끌고 요단 강을 건너 여리고, 아이, 예루살렘, 헤브론 등 여러 성을 정복해 가나안 땅을 되찾는다.

레위기

엘르아살

아론의 셋째 아들이다. 두 형들이 하나님의 진노로 죽은 후
동생 이다말과 같이 제사장이 되고, 아론이 죽은 후에는 대제사장이 된다.

이다말

아론의 넷째 아들이다. 성막 건축 때 회계를 맡았으며,
형 엘르아살과 함께 제사장에 임명되었다.

민수기

갈렙

유다 지파의 지도자로 열두 명의 가나안 정탐꾼 중 한 명이었다. 모세가
12지파의 대표를 가나안 땅에 보내 정탐할 때 여호수아와 함께 가나안
정복에 대한 확신과 승리를 예언했다. 뒤에서 협력하는 숨은 일꾼이었다.

비느하스

아론의 손자이며 엘르아살의 아들이다. 우상숭배 하는 미디안 여인을
회막에 데리고 들어온 이스라엘 사람을 창으로 죽였으며,
아버지 엘르아살의 뒤를 이어 대제사장이 되었다.

발락

모압의 왕이다. 이스라엘을 두려워한 나머지 복술가인 발람에게 조언을 얻어
이스라엘 백성들이 우상을 섬기는 죄를 짓게 했다.

발람

메소포타미아 북부 브돌 지방에 살았던 복술가다. 모압 왕 발락이
이스라엘을 저주해 달라고 청하자 금품에 눈이 어두워 이스라엘을 저주하려
했다. 그러나 모압에 이르러 세 차례에 걸쳐 이스라엘을 축복했다.

《성경2.0》을 더 재미있고 더 유익하게 읽기 위해

이 책의 기본적인 제작 방향은 "성경의 의미를 훼손하지 않는 범위 안에서 최대한 쉽게"입니다. 또한 그림으로 표현, 만화 연출, 장면 전환, 한정된 페이지 등 만화의 특성에 맞춰 제작되었습니다.

이 책은 성경과 완전히 똑같을 수는 없습니다. 반복되는 이야기는 하나로 압축시키고, 너무 어려운 문장은 쉽게 풀고, 복잡하고 긴 이야기는 간단하게 요약했습니다. 또한 매끄러운 진행을 위해 순서를 바꾸기도 했으며, 이해가 어려운 부분은 단어나 문장을 교체하거나 추가해서 이해를 돕도록 했습니다.

그런 모든 과정의 목적은 단 하나, **성경을 쉽게 이해하기 위해서입니다.** 이 책은 독자들이 성경을 가장 쉽게, 그러면서도 제대로 알게 해주는 길잡이 역할을 할 것입니다.

이 책은 아주 쉽게 성경을 풀었지만, **성경과 각 장을 비교하면서 봐도 무방할 정도로 성경에 충실하게 만들어졌습니다.** 그동안 성경 읽기에 어려움을 느꼈던 많은 분들에게 하나님의 소중한 말씀을 신나고 즐겁게 전해드릴 것입니다.

1. 본문의 이해를 돕기 위해서
중간 중간에 팁을 활용했어요.

tip 한 번만 더

이 장면은 마치 하나님과 흥정하는 듯한 느낌을 주는데, 이런 태도는 바람직하지 못하다. 그럼에도 하나님께서 아브라함의 간구를 들어주신 이유는 아브라함이 단지 소돔에 살고 있는 조카 롯뿐만 아니라 소돔과 고모라의 모든 사람들을 구원하기 위해 애타게 기도했기 때문이다.

2. 지난 내용이 기억나지 않는다면
Link에 표시된 페이지로 가보세요.

아브라함 때 들었던 년 Link 1권 45p 이 또다시 찾아들었어.
비가 오질 않아… 그랄을 거쳐 이집트로 가야겠어.

3. 이해를 돕기 위한 짧은 해설은
해당 컷 아래쪽에 주석(보라색)으로
들어가 있습니다.

나중에 나온 아이는 손으로 에서의 발꿈치를 붙잡아서 이름을 야곱이라 지었지.

※야곱 : '발꿈치를 붙잡다'라는 뜻.

4. 책의 날개에는 각 책 제목이 표시되어 있습니다.

창세기
하나님은 그 제물을 기쁘게 받으시고 스스로 다짐하셨어.
다시는 사람 때문에 땅을 저주하지 않으리라!

5. 성경 각 책의 '장'까지 표시해
성경과 비교해 가며 읽을 수 있습니다.
만화의 특성상 '절'까지 표시하지는 못했습니다.

21장 이삭의 출생
하나님께서 말씀하신 대로 사라를 돌보셨고,

6. 이야기의 원활한 흐름을 위해 각 단원
사이에 다른 단원의 내용이 들어가며,
그것은 이렇게 표시됩니다.

그리고 헤만과 에단(여두둔)과 다른 레위 사람들도 함께 기브온에 올라 하나님을 찬양하는 일을 하게 됐지.
뿌우우우~
그분의 사랑은 영원할 것이다~!
역대상 16장 41~42절

예) 사무엘하의 내용 진행 중에 역대상 내용이 사이사이에 들어갑니다.

7. 앞에 나왔던 주석이라도 이해를 돕기 위해 필요하면 반복해서 나옵니다.

출애굽기

●아론
이스라엘 최초의 대제사장으로 모세의 형이야. 모세를 대신해서 이집트 왕 파라오에게 하나님의 명령을 전했고 모세를 도와 노예 상태에 있던 이스라엘 민족을 이집트로부터 탈출시켰어.

출애굽기는 노예였던 이스라엘 민족이 애굽을 탈출한 사건을 다룬 이야기야.
애굽?
애굽이 어디야?
애굽은 이집트를 말한단다!
모세 아저씨! 오랜만이에요.
모세 아저씨가 출애굽기도 썼어요?
응, 이집트를 탈출한 후 광야에서 창세기와 함께 썼지!
창세기 마지막에 이집트로 간 70명의 야곱 가족들 Link 1권 162p 기억하지?
야곱
요셉

※광야: 황량한 벌판

창세기와 출애굽기 사이에는 약 430년의 긴 침묵 시대가 있었어.
창세기
출애굽기
레위기
민수기
신명기
창세기가 끝나고 출애굽기가 시작되기까지 하나님께서 어떤 말씀도 하시지 않았기 때문에 침묵 시대라고 하지.
이 기간 동안 야곱의 자손은 성인 남자만 60만 명으로 늘어났으니, 그 가족까지 포함하면 엄청나겠지?
성인 남자가 결혼해서 아이를 한 명씩만 낳았다고 해도….
성인 남자, 아내, 아이… 3×60만 명이면 180만 명!?
그래서 이스라엘 백성의 수를 대략 200만 명 정도로 생각한단다.
출애굽기의 내용은 크게 두 부분으로 나뉘는데, 첫 부분은 이스라엘이 이집트에서 탈출하는 내용이야.
사람이 엄청 많아!
200만 명 정도 된다잖아.
두 번째 부분은 하나님이 이스라엘 백성들과 언약을 맺고 그들에게 율법을 주시는 내용이지.
십계명
부들
부들
하나님이 주신 법을 율법이라고 해.
출애굽기는 '기적'의 책으로 10대 재앙, 홍해 사건, 만나 사건 등을 통해 드라마틱한 하나님의 구원 활동을 볼 수 있어.
와~ 바다가 갈라졌잖아!
엄청나!
자~ 그럼, 지금부터 나와 함께 출애굽기의 역사 속으로 가보도록 하자!
또한 하나님이 이스라엘 백성들뿐만 아니라 현대를 살아가는 우리들에게 바라시는 삶이 무엇인지 가르쳐주고 있지.
출애굽기에 그런 게 있다고?
궁금해~ 빨랑 봐!
껄껄!
파라락
성경
네!!

1. 이스라엘 민족의 해방

1장 고난당하는 이스라엘

야곱과 함께 이집트로 내려간 이들은 그의 아들들인 르우벤, 시므온, 레위, 유다, 잇사갈, 스불론, 베냐민, 단, 납달리, 갓, 아셀이야. Link 1권 161~162p
빨리 가자.
요셉이 있는 이집트로!

그들은 이미 이집트에 있던 요셉과 그의 두 아들을 포함해서 모두 70명이었어.
여기가 이집트구나!
그럼 저 강이 이집트의 나일 강이군요.
오오~!

세월이 흘러 요셉과 그의 형제들, 그 시대에 살던 모든 사람들이 다 죽었지.

그러나 그들은 자녀를 많이 낳아 이집트는 이스라엘 사람들로 가득 찼어.
출근 지하철도 아니고 이게 뭐야!
어휴, 복잡해~

그때 이집트는 요셉을 모르는 새로운 왕이 다스리고 있었지.
요셉? 걔가 누군데?
에이~ 모른 척 하시긴.

tip 요셉을 모르는 새로운 왕

북쪽에서 쳐들어온 셈 족속은 이집트에 새 왕조를 세웠다. 그 왕조가 바로 힉소스 왕조인데, 이들은 자신들도 이방인이었기 때문에 이방인에게 관대했고, 그래서 요셉을 총리로 세울 수 있었다. 그러나 힉소스 왕조가 무너지고 세워진 아모스 왕조는 이방 민족을 억압했다. 요셉을 모르는 새로운 왕은 아모스 왕조 투트모세 1세를 말하는데, 그는 이방 민족인 요셉을 몰랐다기보다 모른 척했다고 할 수 있다.

파라오가 이집트 백성들에게 말했어.
이스라엘이 우리보다 수도 많아지고 강해졌다!
그들이 더 많아지면 우리의 적국과 힘을 합해 반란을 일으킬지도 모른다. 그러니 그들을 신중하게 잘 다루어야 한다!
아~ 그럴 수도 있겠구나!
어떻게 해야 교활하게 잘 다스렸다고 동네방네 소문날까?
이놈들을 그냥!!

후후후! 이스라엘 백성들을 노예로 만들어 힘든 일을 시키는 거다. 그들을 관리하는 노예감독도 두고.
오옷, 탁월한 판단이십니다!
역시 파라오 님은….
이스라엘 백성들은 노예가 되어 혹사당했어. 이집트인들이 물건을 쌓아두는 비돔 성과 람세스 성은 이때 만들어진 거야.
거기 빨리 못해?!
촤 악
크윽!!

※비돔 : 이집트 나일 강과 아라바 만 사이에 위치한 것으로 추측.
※람세스 : 나일 강 동편 비돔 북방에 위치한 성읍.

그럼에도 이스라엘 백성의 수는 늘어만 갔고 이집트 사람들은 더욱 두려워 이스라엘 백성들을 더 괴롭혔지.
이 게으름뱅이들아, 빨리빨리 못해?!
오늘 작업량 못 채우면 저녁밥은 없다!
퍽

어느 날 이집트 왕이 이스라엘 산파들을 불러 말했어.
히브리 여자들이 낳은 아이가 딸이면 살려주고 아들이면 죽여라!
네?!!

※히브리 : 이스라엘을 히브리라고도 함.

'십브라'와 '부아'라고 하는 히브리인 산파들은 하나님을 경외하는 사람들이었어.
우리에게 그런 잔인한 일을 시키다니.
아아… 그건 하나님이 절대 원하는 일이 아니라고!
십브라
부아

※경외 : 공경하면서 두려워함.

하나님을 두려워한 산파들은 왕의 명령을 따르지 않았지.
남자아이다! 어떡하지?
뭘 어떡해? 당연히 숨겨서 살려줘야지.
응애 응애
그 사실을 알게 된 이집트 왕이 산파들을 궁으로 불러들였어.
너희는 왜 남자아이들을 살려두었느냐?
히브리 여자들이 너무 튼튼합니다.
맞아요. 저희가 도착하기도 전에 아이를 낳고는 숨겨버립니다.

이 일로 하나님은 산파들의 가정에 은혜를 베푸셨지.
여보, 시험에 합격했어!
우와~ 정말요?
시간이 갈수록 이스라엘은 인구가 더 늘어나고 점점 강해졌어. 마침내 파라오가 명령했지.
히브리 사람들에게 남자아이가 태어나면 나일 강에 던져서 악어 밥이 되게 하라!
단, 여자아이면 살려두고!
네, 알겠습니다.
흐흐… 복 터졌다!

tip 여자아이거든 살려 두어라!

여자아이를 살려둔 이유는 고대 세계에서는 여자를 소유물로 여겼고, 출산과 가사 노동에서 중요한 노동력이었기 때문이다. 또한 여자는 결혼을 하면 이집트인이 될 수 있다고 생각했다.

2장 모세의 탄생

이때 이스라엘 레위 집안의 어떤 남자와 여자가 결혼해 아들을 낳았어.
응애 응애
여자는 아기를 석 달 동안 숨겨 길렀지만 더 이상은 어려웠어.
아가야, 울지 마!
척 척

※레위 : 야곱(이스라엘)의 열두 명의 아들 중 한 명.

그래서 파피루스 상자에 아기를 넣어 나일 강가 갈대 숲 사이에 놓아두었지.
엄마, 상자가 가라앉으면 어떡하죠?
훌쩍
흑흑
역청과 나무진을 칠해서 가라앉지는 않을 거다.
아기의 누나 미리암이 얼마쯤 떨어진 곳에서 아기에게 무슨 일이 일어나는지 지켜보고 있었어.
혹시라도 상자가 뒤집히기라도 하면….

※파피루스 : 나일 강 주변에 자라던 갈대.

그때 파라오의 딸이 목욕하려고 강에 나왔다가 그 상자를 보았지.
저게 뭐지? 저 상자를 가져와 보거라!
네, 공주님!
공주가 상자를 열어 보니 남자아이가 울고 있었어.
가여워라.
강에 버려진 걸 보니 히브리 사람의 아기인가 보다.
앙앙
예뻐라! 내가 키우면 좋겠는데 젖 먹일 사람이….
옳거니!!

그때 숨어있던 미리암이 나가서 공주에게 말했어.
공주님, 제가 아기에게 젖을 먹일 히브리 여자를 구해 올까요?
응? 그래 줄래?
미리암은 공주에게 자기 어머니를 데려왔지.
공주님, 여기 젖 먹일 사람을 데려왔습니다.
이 아기에게 젖을 먹여주면 삯을 주겠다. 그리할 수 있겠느냐?
그래서 아이의 어머니는 아이를 데려와 젖을 먹여 키울 수 있었지.
아싸!!
짝!

아이가 젖을 뗄 정도로 자라자 어머니는 공주에게 아이를 데려갔고, 공주는 아이를 양자로 삼았지.
네 이름은 모세다!

미디안으로 도망가는 모세

세월이 흘러 모세는 성인이 되었고, 어느 날 이스라엘 사람들이 힘겹게 일하는 것을 보았어.
내 민족 이스라엘이 너무 불쌍해.
촤악

※모세: '물에서 건져 올려졌다'는 뜻.

그때 이집트 사람에게 이스라엘 사람 하나가 심하게 맞는 것을 보았어.
어서 일해!
아니, 저놈이 노인을!
촤악
크윽!
모세는 주위에 아무도 없는 것을 보고 이집트 사람을 죽여 모래에 파묻었지.
이 나쁜 놈아!
퍽
켁!
다음 날 다시 나가 보니 히브리 사람들이 서로 싸우고 있었어.
왜 같은 민족을 때리는 거요?
뭐야? 당신이 우리 지도자야? 재판관이야?
왜? 나도 죽이려고?
으으윽…
아니, 그 일을 어떻게…!
헉!
쿠르릉
파라오는 이 모든 일에 대해 듣고, 모세를 죽이려고 했어.
사람을 죽인 모세를 잡아라!
네!
안 그래도 거슬렸는데 이 기회에 죽여버려야지.

그 소식을 들은 모세는 미디안 땅으로 도망쳤지.
아이고, 졸지에 도망자 신세가 되었군. 흑!
타다닥
그러던 어느 날 모세가 우물가에 앉아있을 때였어.
아… 미디안에서 지낸 지도 꽤 되었구나.
그곳 제사장 르우엘의 딸 일곱 명이 양 떼에게 물을 먹이려고 모세가 있던 우물로 왔지.
어서 양 떼에게 물을 먹이자.
그놈들이 오기 전에 어서!
그런데 어떤 목자들이 와서 르우엘의 딸들을 쫓아내는 거야.
우리 양에게 먼저 물을 먹여야겠다. 저리 꺼져라!
크크! 아님 우리랑 데이트를 한번 하던가~!
또 나타났군.
저런 나쁜 놈들!
망할 것들.
매일 우리를 괴롭혀.
이를 본 모세는 목자들을 쫓아내고….
이것들이 어디서 행패냐?
떡
떡
떡
윽!
아이고!
여인들이 양 떼들에게 물을 먹일 수 있게 해주었어.
두… 고 보자!
잉잉, 아빠한테 일러줄 거야.
탁
탁
저분은 누구지? 멋져~♥♥
르우엘의 딸들은 평소보다 일찍 집에 돌아갔지.
오늘은 일찍 돌아왔구나?
어떤 이집트 사람이 우릴 도와줬어요.
물을 길어서 양 떼에게 먹여 주기도 했고요.
르우엘
그 사람은 어디 있느냐? 왜 그냥 보냈느냐?
가서 불러와라. 음식을 대접해야겠다.
네!
♫~
그 일이 있은 후 모세는 미디안의 제사장 르우엘의 집에서 살게 되었고 그의 딸 십보라와 결혼까지 하게 되었지.
축하해!
껄껄껄!
하하하!
십보라
십보라가 아들을 낳자 모세는 이름을 게르솜이라고 지었어.
내가 이곳에서 나그네로 살며 너를 낳았기 때문이다!
허허허!

※미디안 : 엘란 만 동편 시내 반도 일대부터 모압의 동쪽 지역.

※십보라 : '한 마리 작은 새' 라는 뜻.

※게르솜 : '내가 그곳에 손님이 되었다'라는 뜻.

시간이 지나 모세를 죽이려던 이집트 왕은 죽었지만 이스라엘 백성들은 여전히 혹독한 노동을 강요당했어.
죽은 왕을 기념할 피라미드를 높이 쌓자!
아이고, 우리도 좀 쉬자!
뭘 또 쌓아?!
이스라엘 백성들은 하나님께 탄식하며 부르짖었고, 하나님은 그 소리를 들으셨지. 하나님이 아브라함과 이삭과 야곱에게 하신 약속을 기억하시고 이스라엘 자손을 돌아보셨어.
하나님, 힘듭니다!
도와주세요~ 제발!
헉
헉
이제 약속을 지킬 때가 되었구나!

※아브라함과 Link 1권 55p 이삭과 Link 1권 88p
※야곱과 Link 1권 100p 맺은 이스라엘 회복과 번성의 약속.

3장 부름 받은 모세

미디안의 제사장 이드로의 양 떼를 돌보던 모세는 광야 서쪽으로 양 떼를 몰고 갔어.
에휴! 40년 동안 양만 돌봤더니 바보가 된 것 같아!

※이드로 : 르우엘의 다른 이름.

tip 양을 친 모세

양이라는 동물은 지능이 상당히 낮다고 한다. 그런 양 떼들과 40년을 지낸 모세는 어땠을까? 80세가 된 모세는 이전에 왕자로서 가졌던 자긍심이나 자존감 따위는 잃어버린 지 오래였고, 그저 의미 없이 하루하루 연명하고 있었다.

모세는 하나님의 산 호렙 산에 도착했지.
오늘은 이 산에서 양을 먹여 볼까?

※호렙 산(시내 산) : 시내 반도 남서쪽 끝에 위치한 산으로 정확한 위치는 알 수 없다.

그런데 거기에 주의 천사가 한 떨기나무에 불꽃으로 나타났어.
활활
헉!
부… 불이…?
그 떨기나무는 불이 붙었지만 타서 없어지지는 않았지.
응? 신기하네. 가까이 가서 살펴봐야겠다.
불꽃으로 다가오는 모세를 보고 하나님이 말씀하셨어.
모세야~ 모세야!
헉, 네네!
제가 여기 있습니다!!

더 가까이 오지 마라, 너는 지금 거룩한 땅 위에 있다. 그러니 신발을 벗어라!
네, 네!
나는 네 조상의 하나님이다. 나는 아브라함의 하나님, 이삭의 하나님, 야곱의 하나님이다!
넷? 하나님이시라고요?
켁!
모세는 급히 얼굴을 가렸어. 하나님을 바라보는 것이 두려웠거든.
흐읍!
크윽… 냄새!

나는 내 백성이 고통당해 울부짖는 소리를 들었고, 그들의 괴로움을 알고 있다. 이제 나는 내 백성을 구해 젖과 꿀이 흐르는 비옥한 땅 가나안으로 인도할 것이다!
저곳이 하나님이 약속하신 땅 가나안이다!!
오오오!!
가나안
우와~
이제 나는 너를 이집트 왕에게 보내어 내 백성을 데려 나오게 할 것이다!
네!? 저… 저를…!?

※가나안 : 가나안, 헷, 히위, 브리스, 기르가스, 아모리, 여부스 족속들이 살고 있는 땅. Link 1권 49p

에이, 농담하시는 거죠? 헤헤, 제가 뭐라고 그런 엄청난 일을…?
걱정 마라. 내가 너와 함께 있겠다! 너는 이스라엘 백성과 함께 이 산에서 나를 예배하게 될 것이다!
하지만 저는 말을 잘 못합니다. 게다가 제가 이스라엘 백성에게 가서….
당신들 조상의 하나님이 나를 보내셨소!
우리 조상의 하나님? 그게 누군데?
뭐?
이름이 뭐고?
그, 그렇게 물어보면 어떻게 합니까?
나는 여호와다. 너는 이스라엘 백성에게 '스스로 있는 분이 나를 보내셨다'라고 말해라! 이제부터 여호와란 이름이 영원히 나의 이름이 될 것이며 대대로 기억하게 될 것이다!
스스로 있는 분이요?!

※여호와 : '나는 스스로 있는 자' 라는 뜻.

너는 이스라엘의 장로들을 모아 이렇게 말해라!
여러분 조상의 하나님 여호와께서 나타나 이렇게 말씀하셨습니다!
뭐라고 말이오?
만약, 뻥이면 재미 없수!
내가 너희를 만나러 왔다. 나는 이집트에서 너희들이 당한 일을 보았다!
흑흑! 너무 힘들어.
아아! 괴롭구나!

내가 너희 조상들과 약속했으므로 너희를 이집트에서 이끌어내 젖과 꿀이 흐르는 비옥한 땅으로 인도할 것이다!
우리의 기도를 들어주셨어!
만세!
이렇게 말씀하셨습니다.
오오! 그게 정말이오?
장로들이 네 말을 들으면 그들을 데리고 이집트 왕에게 가라!
자, 파라오에게 갑시다. 나를 따르세요!
알겠습니다!
모세 님을 따르겠습니다!
Go go~!!

그리고 이집트 왕에게 말하거라!
히브리 사람의 하나님 여호와께서 우리에게 나타나셨습니다.
우리가 그분께 제물을 바쳐야 하니 3일 걸리는 거리의 광야로 여행하게 허락해주십시오!
뭐야? 지금 제정신이냐?
여기가 어디라고 그런 헛소리를!

tip 3일 걸리는 거리란?

3일 걸리는 거리는 1차적 의미로 이집트에서 호렙(시내) 산까지 이동하는 데 걸리는 거리다.
2차적 의미는 단순한 거리의 문제가 아니라 이집트의 타락한 우상 문화와 심한 압제로부터 완전히 벗어나 자유로울 수 있는 거리를 뜻한다.

그러나 이집트 왕은 너희를 보내지 않을 것이다!
노예 주제에 어디를 간단 말이냐!
어쭈? 이거 재미없게 나오시네~.
그래서 내가 온갖 기적으로 이집트 땅을 친 후에야 왕이 너희를 보내줄 것이다!
하, 하나님이 내리신 재앙 때문에 나라가 망해 간다. 제발, 제발 떠나다오!
아직 많이 남았는데….
잉잉
히이익, 제, 제발 가줘!

또 너희가 떠날 때 이집트 백성들이 너희에게 은과 금, 옷 등을 주게 하여 빈손으로 떠나지 않게 할 것이다. 그것들로 너희 자식들을 꾸며줘라!
우리가 이제까지 일한 대가를 주세요!
자, 여기 있으니까 어서 가지고 빨리 떠나요.
제, 제발 다시는 오지 마요!
그렇게 너희는 이집트 사람들이 준 것을 받아 그곳을 떠나게 될 것이다!
룰루랄라!

4장 모세에게 보여주신 증거

하지만 하나님께서 제게 나타나셨다는 걸 사람들이 믿지 않고, 따르지 않으면 어떻게 하나요?
그놈 참, 걱정도 팔자다!
네 손에 든 지팡이를 땅에 던져라!
네? 지팡이를요?
이렇게요?
탁
모세가 지팡이를 땅에 던지자 지팡이가 뱀으로 변했고.
히익, 뱀이다!
펑
끌끌, 뱀 꼬리를 잡아라!
모세가 뱀의 꼬리를 붙잡으니 다시 지팡이가 되었어.
이걸 보면 이스라엘 백성이 내가 너에게 나타났다는 사실을 믿을 것이다!
와우!!
이번엔 네 손을 옷 안에 넣어 보아라!
네? 손을요?
모세가 손을 옷에 넣었다 빼 보니 손에 문둥병이 생겨 눈처럼 하얗게 돼 있었지.
꾸애액! 손이?
끌끌, 다시 손을 옷 안에 넣어라!
손을 다시 옷 안에 넣었다가 빼 보니 원래대로 깨끗해졌어.
푸우, 다행이다.
첫 번째 기적은 못 믿을지 몰라도 이 두 번째 기적은 믿을 것이다!
하긴 지팡이가 뱀이 되게 하는 건 이집트 마술사들도 할 수 있으니까요.
만약 그래도 믿지 않는다면 나일 강에서 물을 떠 땅에 부어라. 피로 변할 것이다!
허거덕, 무… 물이 피가 되었다!
오, 맙소사!
콸
콸
그런데… 저는 말을 잘 못하는데… 제가 하는 말은 느리고 뻑뻑하고….
다른 놈을 찾아봐? 말아?

누가 사람의 입을 만들었느냐?
누가 시각, 청각 장애인을 만들었느냐?
정답!
하나님이십니다!
딩동댕~
맞췄다. 그러니 가거라! 내가 네 입과 함께하여 네가 할 말을 가르쳐줄 것이다!
하지만 주여 제발…
저는 너무 부족한 것이 많습니다.
우물
쭈물
하나님께서 모세에게 화를 내며 말씀하셨어.
네 형 아론이 말을 잘하니 네가 할 말을 그에게 일러주어라. 그가 너를 대신해 백성들에게 말할 것이요. 너는 아론에게 하나님같이 될 것이다!
화륵
허… 형이 어떻게…?
아론이 너를 만나려고 오고 있다. 그가 너를 만나면 기뻐할 것이다!
모세를 죽이려던 이집트 왕이 죽었다는 걸 어서 알려줘야지.
자, 이제 네 지팡이를 가지고 이집트로 가거라. 그것으로 기적을 보여라!
히잉~ 아, 알았다고요.
모세는 장인 이드로에게 가서 말했지.
이집트에 있는 이스라엘 백성들에게 돌아가려고 합니다!
그래? 잘 가!
미디안
윽, 안 말리시네….
이집트로 돌아가는 모세
미디안을 떠나기 전 하나님께서 모세를 위로하시며 말씀하셨어.
이집트로 돌아가거라! 너를 죽이려던 사람들은 다 죽었다!
넵, 알겠습니다.
그리하여 모세는 아내와 아들들을 나귀에 태우고 이집트 땅으로 출발했지. 그의 손에는 하나님의 지팡이가 들려 있었어.
자, 이집트로 출발이다!
얏호~!
신난다!
이집트에 가서 파라오에게 기적을 보여주어라. 그러나 그것을 보고도 파라오는 백성들을 보내주지 않을 것이다!
쿵!
이 정도로는 어림없다.
그때 이렇게 말해라!
여호와께서 말씀하셨소.
이스라엘은 내 맏아들이다. 그들이 나를 예배할 수 있도록 보내주지 않았으니 이제 네 맏아들이 죽을 것이다!
뭐라고!?
내 맏아들을 죽이겠다고?

출애굽기

모세의 위기

이집트로 가는 도중 숙소에서 쉴 때 하나님께서 모세를 죽이려 하셨어.
으으으…

그때 모세의 아내 십보라가 차돌 칼로 아들에게 할례를 행하고 그 표피를 모세의 발 앞에 던지며 말했지.
당신은 내게 '피 남편'이에요!
할례를 받은 아이의 피로 살아났기 때문이죠.
으… 으….

※할례 : 남자의 생식기 끝 표피를 자르는 의식.

그러자 하나님께서 모세를 놓아주셨어.

tip 모세의 위기

모세가 자신의 아들에게 할례를 행하지 않자 하나님은 모세를 죽이려 하셨다. 이스라엘의 새 지도자로서 자신의 아들에게 할례를 행하지 않은 것은 큰 잘못이었기 때문이다. Link 1권 58p 모세는 이 사건 이후 아내와 두 아들을 장인 이드로에게 돌려보내고 혼자 아론을 만나러 간다.

아론과의 만남

하나님께서 아론에게 광야로 나가 모세를 맞이하라고 하셨지.
이 넓은 곳에서 모세를 어떻게 찾누~?

마침내 아론은 시내 산에 도착해 모세를 만났어.
아니, 아론 형?
모세냐? 이렇게 만나다니!!

모세는 아론에게 하나님께서 하신 말씀과 기적들에 대해 말해주었지.
두런 두런

이스라엘 백성들과 만난 모세

모세와 아론은 이집트에 도착하자 이스라엘의 모든 장로들을 불러 모았어.
장로님들, 어서 모여주세요!
뭐야?
누가 이렇게 시끄럽게 해?
조용히 못 해?!
이집트

아론은 그들에게 하나님께서 모세에게 하신 말씀을 모두 전했지.
주절
주절

아론의 말을 의심하던 백성들도 눈앞에서 기적을 보자 모세를 믿게 되었어.
콸
콸
오오~ 하나님의 부름을 받은 것이 분명하군!

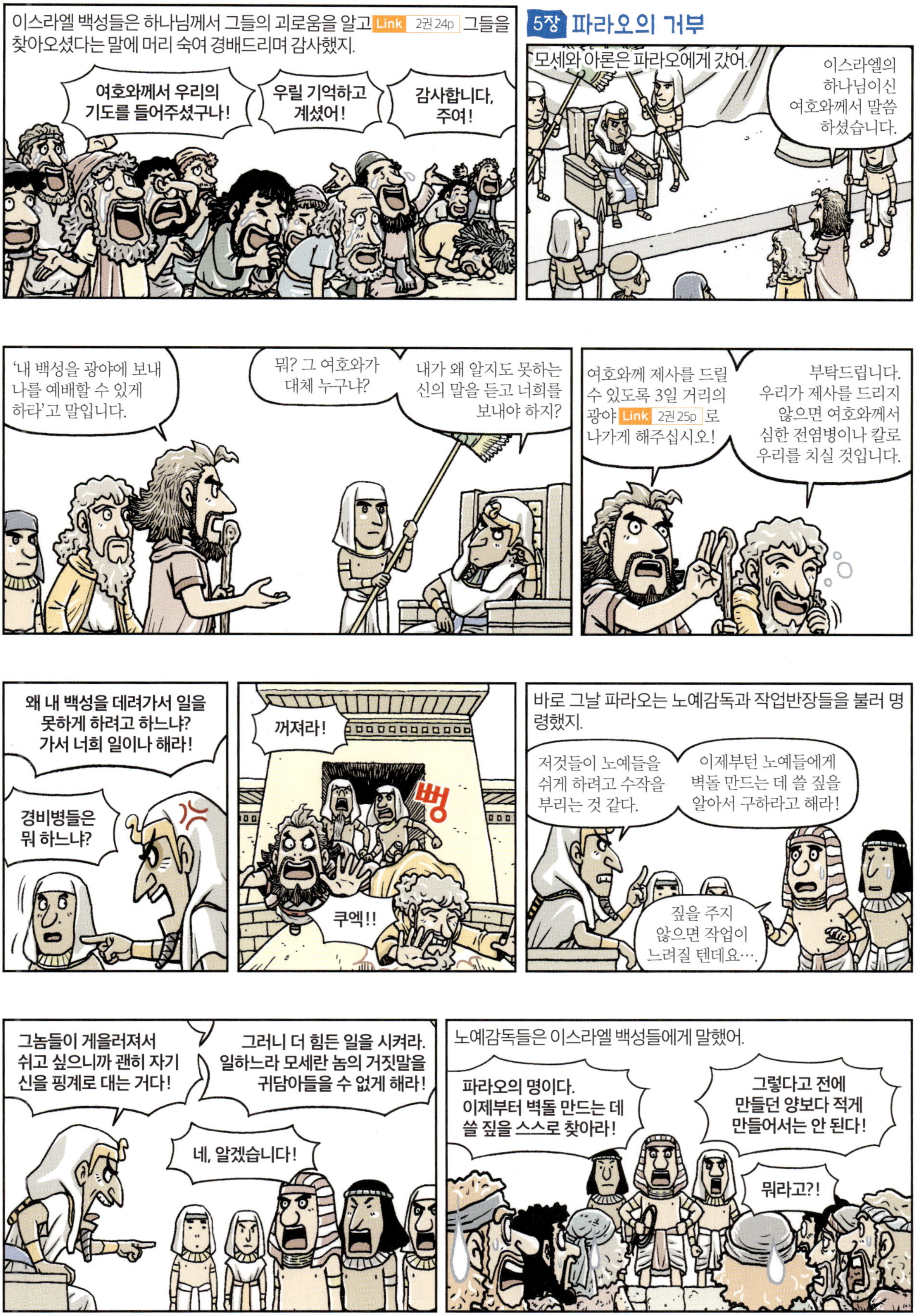
이스라엘 백성들은 하나님께서 그들의 괴로움을 알고 Link 2권 24p 그들을 찾아오셨다는 말에 머리 숙여 경배드리며 감사했지.
여호와께서 우리의 기도를 들어주셨구나!
우릴 기억하고 계셨어!
감사합니다, 주여!
5장 파라오의 거부
모세와 아론은 파라오에게 갔어.
이스라엘의 하나님이신 여호와께서 말씀하셨습니다.
'내 백성을 광야에 보내 나를 예배할 수 있게 하라'고 말입니다.
뭐? 그 여호와가 대체 누구냐?
내가 왜 알지도 못하는 신의 말을 듣고 너희를 보내야 하지?
여호와께 제사를 드릴 수 있도록 3일 거리의 광야 Link 2권 25p 로 나가게 해주십시오!
부탁드립니다. 우리가 제사를 드리지 않으면 여호와께서 심한 전염병이나 칼로 우리를 치실 것입니다.
왜 내 백성을 데려가서 일을 못하게 하려고 하느냐? 가서 너희 일이나 해라!
경비병들은 뭐 하느냐?
꺼져라!
뻥
쿠엑!!
바로 그날 파라오는 노예감독과 작업반장들을 불러 명령했지.
저것들이 노예들을 쉬게 하려고 수작을 부리는 것 같다.
이제부턴 노예들에게 벽돌 만드는 데 쓸 짚을 알아서 구하라고 해라!
짚을 주지 않으면 작업이 느려질 텐데요….
그놈들이 게을러져서 쉬고 싶으니까 괜히 자기 신을 핑계로 대는 거다!
그러니 더 힘든 일을 시켜라. 일하느라 모세란 놈의 거짓말을 귀담아들을 수 없게 해라!
네, 알겠습니다!
노예감독들은 이스라엘 백성들에게 말했어.
파라오의 명이다. 이제부터 벽돌 만드는 데 쓸 짚을 스스로 찾아라!
그렇다고 전에 만들던 양보다 적게 만들어서는 안 된다!
뭐라고?!

백성들은 이집트 사방으로 흩어져 짚을 대신할 곡초 그루터기를 찾았어.
벽돌 만들 시간도 부족한데 짚을 구해 오라니….
게다가 전과 똑같은 양의 벽돌을 만들라잖아.
나쁜 놈들, 말도 안 되는 일을 시키고 있어!
너희들 반항하는 거야?
벽돌 양이 줄었잖아!
촤
악
으윽!
짚도 구하기 힘들구만.
윽!

※곡초 그루터기 : 곡식의 줄기를 벤 후에 남은 밑 부분.

노예감독들은 이스라엘 사람들 중에서 작업반장을 뽑아 그들을 다그쳤지.
어째서 오늘도 생산량을 채우지 못했느냐?
퍽
크아악
아이고!
컥!
이스라엘 작업반장들은 파라오에게 가서 하소연했어.
파라오여, 노예감독들이 짚도 주지 않으면서 짚을 줄 때와 똑같은 양의 벽돌을 만들라고 우리를 괴롭히고 있습니다.
흥, 내가 시킨 거다. 이놈들아….

그러니 노예감독들에게 한마디 해서….
불평 마라, 이 게으름뱅이들아! 너희가 일하기 싫으니 이곳을 떠나겠다고 하는 것 아니냐?!
당장 돌아가 일이나 해라! 짚을 주지 않아도 여전히 전과 같은 수의 벽돌을 만들어야 한다!
말도 안 됩니다!
네?!
제발 봐주십시오!
에잇, 맞고 갈래? 그냥 갈래?
퍽
아이고…
퍽
꽤액! 사람 살려!!

그들은 돌아가는 길에 모세와 아론을 만났지. 모세와 아론이 그들을 기다리고 있었거든.
어? 모세와 아론 아냐?
여어~!
파라오에게 잘 말해보셨습니까?
너희 때문에 파라오와 그 신하들이 우릴 미워해! 넌 그들에게 우릴 죽이도록 칼을 쥐여준 꼴이야!
여어~ 같은 소리 하고 있네!
하나님께 벌이나 받아라!
크
아
아
아이고!
왜 우리한테 화풀이야?

주님, 어찌하여
이 백성들을 학대당하게
하시며 어찌하여 저를
보내신 겁니까?
제가 파라오에게 주의 이름으로 말한
뒤로 백성들이 더욱 고통당하고
있습니다. 그럼에도 주님께서는 주의
백성을 구원하지 아니하십니다.
이것들이 요령을
피워? 학대의 끝을
보여주마!
젠장, 이게
다 모세
때문이야.
짝
짝
헉!

6장 언약의 재확인

모세야, 너는 파라오가 나의 큰 능력을 보고
이스라엘 백성을 쫓아내듯 보내는 것을 보게 될 것이다!
내가 아브라함과 이삭과 야곱이 지내던
가나안 땅을 그들에게 주기로 약속했다!
이제 노예살이 하는 이스라엘(야곱) 자손들의
신음을 듣고 그 약속을 기억하노라!
그렇다면 제발
백성들을 구해주세요.
너는 이스라엘 백성들에게 이렇게 말해라!
자, 모여보세요.
하나님께서 하신
말씀을 전해
드릴게요.
왜 자꾸 사람을
오라, 가라야?!
벽돌 만들
시간도 없는데!
나는 여호와니라!
내가 이집트의 학대에서 너희를 구해낼 것이며
이집트인들에게는 큰 재앙을 내릴 것이다!
하나님께서 이렇게
말씀하셨습니다.
잉? 참말이여?
그리하여 너희를 내 백성으로 삼고 나는 너희의 하나님이 될 것이다!
너희는 내가 너희를 구원한 하나님 '여호와'인 줄 알게 될 것이다!
드디어 노예에서
벗어났구나!
만세!
이 모든 것이 우리의
하나님 '여호와'가
계셨기 때문이야!
내가 반드시 너희 조상 아브라함과 이삭과 야곱에게 주기로
맹세한 땅으로 너희를 인도하여 그 땅을 너희에게 줄 것이다!
가자!
하나님이 인도하시는
약속의 땅으로!

모세가 그렇게 하나님의 말씀을 전했지만…,
또 소설 쓰고 있네.
흥! 일이나 합시다.
이스라엘 백성들은 마음의 절망과 고된 노동 때문에 모세의 말을 듣지 않았지.
지, 진짜네… 히잉!
어서 벽돌이나 만들자고.
뻥쟁이!
파라오에게 가서 이스라엘 백성을 이 땅에서 내보내야 한다고 말해라!
허거덕!
휘청
파라오 앞에서 너를 나 여호와와 같게 할 것이다!
아이고 하나님~ 이스라엘 백성들도 제 말을 듣지 않는데 파라오가 듣겠습니까?
게다가 제가 말을 잘 못하는 것도 아시잖아요.
그렇다면 내 말을 아론에게 전해 그가 너 대신 파라오에게 말하게 해라!
형님이 저 대신 파라오에게 말해야 한답니다.
이거야 원, 동생이 시원찮아서…!
하지만 나는 아론이 말할 때 파라오의 마음을 고집스럽게 할 것이다!
이스라엘 백성들을 보내주십시오!
싫다고! 흥!!
그 후에도 내가 이집트 땅에서 많은 기적을 일으키겠지만 파라오는 여전히 네 말을 듣지 않을 것이다!
으… 그, 그냥 보내주죠!
흥, 시, 싫다!
내가 더 큰 능력으로 이집트에 무서운 재앙을 내린 다음에야 파라오는 이스라엘 백성들을 보낼 것이다!
그리고 그때서야 비로소 이집트 사람들은 내가 여호와인 줄 알게 될 것이다!
으으, 여호와라는 신이 있다더니….
정말 살아있는 신이야.
하하하
무서워! 잉잉!

그리하여 모세와 아론은 하나님께서 명령하신 대로 파라오에게 갔어. 그때 모세의 나이는 80세였고 아론은 83세였지.
모세야, 아론아! 너희는 어서 파라오에게 가서 내 명령을 전해라! 이스라엘 백성들을 이집트에서 인도해내라!
하나님, 정말 파라오에게 말해도 될… 아야야야야!
그만!!
일단 하나님께서 명령하신 대로 파라오에게 가자!
질 질 질

이집트 탈출을 위해 모든 정열을 쏟아 부을 두 사람, 모세와 아론의 족보는 다음과 같아.

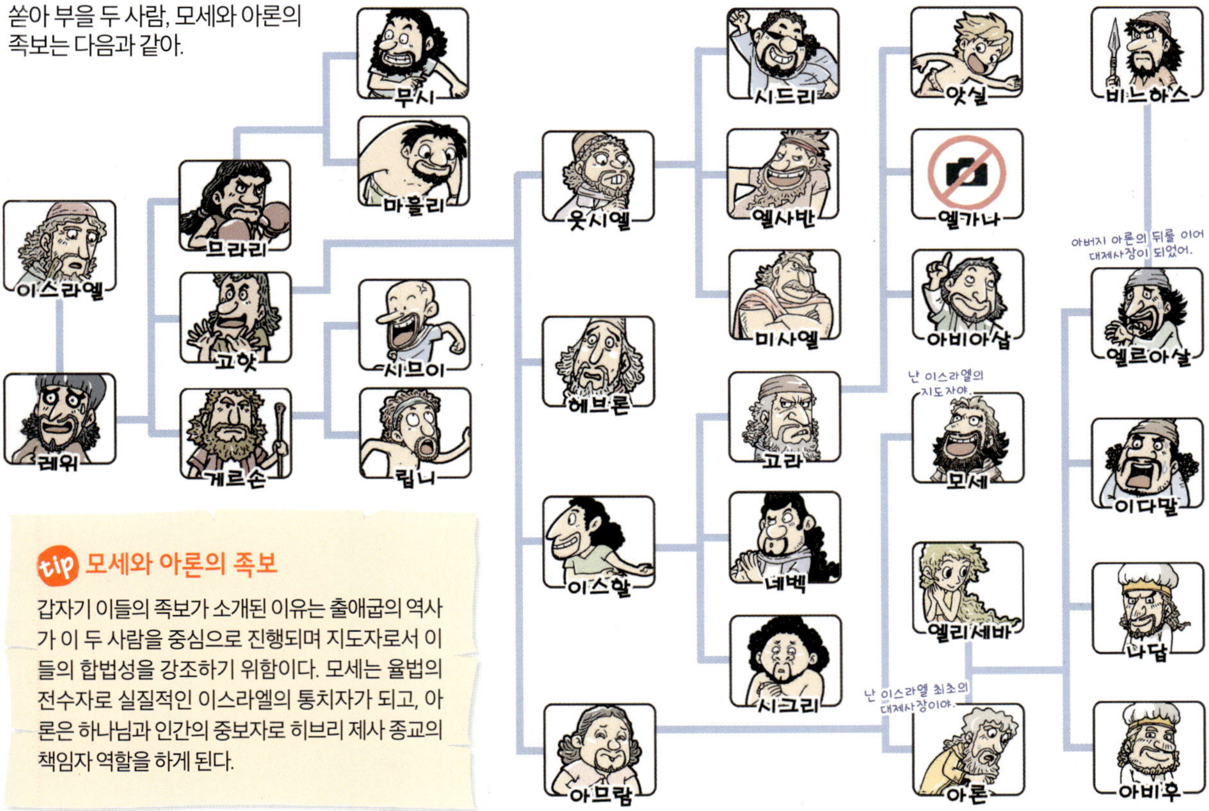
이스라엘
레위
므라리
고핫
게르손
무시
마흘리
시므이
립니
웃시엘
헤브론
이스할
아므람
시드리
엘사반
미사엘
고라
네벡
시그리
앗실
엘가나
아비아삽
난 이스라엘의 지도자야.
모세
엘리세바
난 이스라엘 최초의 대제사장이야.
아론
비느하스
아버지 아론의 뒤를 이어 대제사장이 되었어.
엘르아살
이다말
나답
아비후

tip 모세와 아론의 족보

갑자기 이들의 족보가 소개된 이유는 출애굽의 역사가 이 두 사람을 중심으로 진행되며 지도자로서 이들의 합법성을 강조하기 위함이다. 모세는 율법의 전수자로 실질적인 이스라엘의 통치자가 되고, 아론은 하나님과 인간의 중보자로 히브리 제사 종교의 책임자 역할을 하게 된다.

7장 뱀으로 변한 지팡이

모세와 아론은 파라오 앞에 섰어.
백성들을 보내 주십시오!
흥, 하나님을 증명할 기적이라도 보여 보든가.

형님! 지팡이를 던지세요!
얍!!
휙

펑
…
큭, 장난치나?

파라오가 부른 이집트의 마술사들이 던진 지팡이도 뱀이 되었지.
뱀이 되어라!
펑
펑
그러자 아론의 지팡이가 변한 뱀이 그 뱀들을 잡아먹었어.
보십시오, 우리의 뱀은 저들의 뱀과 다릅니다.
덥석
꺼억
그러나 하나님의 말씀대로 파라오는 모세와 아론의 말을 듣지 않았지.
흥! 그래서?
너, 너무 약했나?

첫째 재앙 : 피의 강

형님, 하나님께서 아침이 되면 나일 강에 파라오가 나올 테니 그때 그를 만나라고 하셨어요.
흠, 알겠다.
아침이 되자 파라오가 나일 강으로 나왔어.
왕은 히브리 사람들을 광야로 보내 하나님을 예배하게 하라는 말씀을 듣지 않았습니다!
뭐야, 저 녀석은 모세 아니냐?
에이~ 아침부터 저놈이….

이제 이 지팡이로 나일 강의 물을 치면 강물이 피로 변할 것입니다. 그러면 물고기는 모두 죽고 악취가 나서 더 이상 강물을 마실 수 없을 것입니다. 이 일로 왕은 그분이 하나님을 알게 될 겁니다!
대사 참 길구나!
거 참 말 많네. 숨차겠다.
아론 형님, 이집트의 모든 강과 운하, 연못과 늪을 향해 지팡이를 든 손을 뻗으세요!
알았네.
이집트 모든 땅의 물과 나무 그릇이나 돌 항아리에 있는 물까지도 피로 변할 것이다!
얍!!
철퍽
아론이 나일 강물을 치자 파라오와 신하들이 보는 앞에서 강물은 피로 변했지.
슈우우우
아니!?
뭐, 뭐야?

그러자 나일 강의 물고기들이 죽어 악취가 났고, 강의 물을 마실 수 없게 됐어. 이집트 땅이 피로 넘쳐났지.
윽! 냄새가 지독해.
으… 집 안에 있던 물도 모두 피로 변해 먹을 물이 없어.
그러나 이집트의 마술사들도 똑같은 일을 했고, 그것을 본 파라오는 마음이 더욱 고집스러워졌어. 모든 것이 여호와께서 말씀하신 대로 된 거야.
푸하하, 저희도 할 수 있죠!
누구나 할 수 있는 이런 허접한 속임수로 나를 농락하려 들다니!
허접한 건 아닌데….
파라오는 왕궁으로 돌아갔고 이 일을 무시해버렸지.
흥이다!
쩝.
강물을 마실 수 없게 되자 이집트 사람들은 우물을 팠어.
새로 판 우물에서 나오는 물은 괜찮아.
아, 정말 다행이다.

하나님께서 나일 강의 물을 피로 변하게 하신 지 7일이 지났어.
바로 옆에 강이 있는데 이게 뭔 고생이람!
투덜거리지 말고 어서 파! 그래야 물을 마시지.
7일이 지났으니 이제 다른 재앙이 올 거예요.
쯧쯧, 백성들만 고생하는군.

tip 나일 강

이집트 사람들은 나일 강을 '호피'라 부르며 풍요의 신이라 생각했다. 나일 강의 물이 농사를 풍요롭게 하는 원천이었기 때문에 이 강을 신으로 모시고 제사를 지내며 우상으로 섬겼던 것이다.
참고로, 이스라엘 사람들에게 7이란 수는 하나님의 수이며 완전한 수였다. 그래서 7일 동안 재앙이 있었던 것이다.

8장 둘째 재앙 : 개구리 소동

오늘은 어떤 재앙을 내린다고 하시던?
이번엔 개구리래요!
이스라엘 백성들을 보내주지 않으면 여호와께서 개구리로 벌을 주실 것입니다.
흥, 개구리를 보내주려고? 어이구 고맙기도 하여라~.
아론 형님! 강과 운하, 늪을 향해 지팡이 든 손을 뻗어주세요.
개구리들아, 이집트 땅으로 올라와라!

그러자 개구리들이 나일 강에 가득 찼고 왕궁의 침실까지 들어왔지.
으아~ 오, 온통 개구리야!
까아악!
엄마야, 징그러워!
개굴
개굴
개굴
또한 화덕과 반죽 그릇, 심지어 사람들의 몸속으로도 기어들어왔어.
하, 한 마리가 아니구나.
꾸역
꾸역
개굴
개굴
개굴
개굴
파라오의 마술사들은 개구리를 나오게 할 수는 있었지만 없앨 수는 없었어.
쳇, 개구리가 나오게 하는 건 눈속임으로 가능하지만….
없애는 건 방법이 없어.
에잇, 무능한 것들!
파라오는 모세와 아론을 불러 말했지.
여호와께 기도해 개구리를 몰아내라. 그러면 너희 백성들을 보내겠다!
그래요? 언제 몰아낼까요?
큭큭, 개구리가 고맙다더니….
내일까지 없애라!
개굴
그러죠. 파라오께서 원하는 대로 될 겁니다. 당신은 이 일을 통해 여호와 하나님을 알게 될 것입니다.
개구리는 나일 강에만 있게 될 것입니다.
모세와 아론은 궁에서 물러나와 기도했지.
하나님, 이 땅에서 개구리를 없애주세요!
그러자 하나님께서 집과 뜰과 밭에 있던 개구리들을 모두 죽게 하셨어.
만세, 개구리들이 다 죽었다!
개구리 독립 만세~!
니나노~!

죽은 개구리들이 무더기로 쌓이자 썩는 냄새가 이집트 전체에 진동했지.
으… 냄새 쩔어~.
크~ 죽은 개구리들이 너무 많아.
큭
하지만 파라오는 다시 고집스러워졌어.
이제 우리 백성을 보내주시오.
좋게 말할 때 가서 일이나 해라, 응?

tip 개구리

이집트의 개구리들은 나일 계곡에 많이 서식했고, 이집트 사람들은 개구리를 거룩한 동물로 여겨 숭배했다. 그들은 아이를 많이 낳는 것과 풍요를 상징하는 '헥트'라는 신으로 개구리를 섬겼다.

셋째 재앙 : 이 소동

하나님의 명령대로 모세는 아론에게 말했어.
형님, 땅 위의 먼지를 지팡이로 치세요!
먼지를? 이렇게?
탁

그러자 이집트 땅의 먼지가 이가 되어 사람과 짐승들을 덮쳤지.
콜록, 콜록!
위이잉
이가 눈과 코에까지 들어가서 미칠 지경이야!
위잉
으아, 가려워! 웬 이가 이리 많아졌지?

마술사들이 마술을 부려 이가 생기게 하려 했지만 할 수 없었어.
이젠 나오게도 못하냐?
이… 이 일은 전능자의 힘입니다.
우리가 믿는 신보다 강한 신이 한 일입니다.
노예들이 믿는 하나님이라는 신이 한 것이 분명합니다.
벅
벅
벅
벅

하지만 파라오는 고집을 부리며 그들의 말을 인정하지 않았지.
이것들이 못하니까 핑계는… 에라이~!
아이고!
꽤액!
퍽
퍽
사람 살려!

tip 이

이집트 사람들은 송아지를 신으로 섬겼기 때문에 송아지에 붙은 '이'까지 신으로 섬겼다. 이집트의 이는 눈에 보이지 않을 정도로 작고 눈과 콧속에 들어가 쏘기 때문에 사람들뿐만 아니라 동물들에게도 아주 고통스러운 곤충이었다.

넷째 재앙 : 파리 소동

아침 일찍 일어나 파라오를 만나라! 그가 강으로 나올 것이니, 나의 말을 전해라!
파라오야, 기다려라~ 히히!

여호와께서 '내 백성을 보내지 않는다면 파리 떼를 보내겠다!'고 하셨습니다!
그렇게 하나님의 백성과 왕의 백성을 구별하는 것은 여호와께서 이 땅에 있음을 알게 하려는 것입니다!
이집트 모든 땅에 파리가 들끓게 되겠지만 이스라엘 백성들이 사는 고센 땅에는 파리 떼가 없게 할 것입니다!
헛소리하지 말고 일이나 하세요!
잡히면 혼난다, 응?

※고센 : 나일 강 삼각주 유역에 위치하여 지리적 조건상 나일 강에서 발생하는 여러 재앙을 가장 많이 받을 수밖에 없는 지역이다.

엄청난 파리 떼가 파라오의 궁과 그의 신하들 집으로 몰려들었어.
으악!! 이… 이게 뭐야!
파리 떼다!
위이이잉
모세 그 자식이 정말?!
이집트의 모든 땅이 파리 떼 때문에 황무지로 변했지.
위이잉
아이고~ 더는 안 되겠다. 모세를 불러라!
네!
부르셨습니까?
척
너희 하나님께 제사를 드려라. 단, 이 땅에서 드려라!
우히히! 그러면 노예도 잃지 않고 재앙도 피할 수 있겠지?
역시 난 똑똑해.
킄킄
안 됩니다. 이집트인들은 우리가 여호와께 제물 바치는 걸 극도로 싫어하지 않습니까? 그들 앞에서 우리가 제물을 바치면 그들은 돌을 들어 우리를 죽일 것입니다.
이놈들이 신성한 소를 죽여 제물로 바친다고?
와아아
돌로 쳐 죽여야 해!
그러니 우리를 광야로 3일 길 Link 2권 25p 정도 가게 해주시고, 그곳에서 예배드릴 수 있도록 해주십시오.
이것이 주님의 명령입니다!
좋다. 하지만 너무 멀리는 가지 말라! 이제 나를 위해 기도해다오!
제가 물러가서 하나님께 기도드리면 내일 파리 떼를 없애 주실 겁니다.
또다시 속이지 않길 바랍니다.
에잇, 속고만 살았냐?
어서 가서 기도나 해라!
참 나, 속였잖아.

모세가 기도하자 하나님께서 파리 떼를 모두 없애주셨어.
스르륵
와~ 파리 떼가 물러간다!
만세!
살았다!
하지만 파라오는 다시 마음이 고집스러워져 약속을 지키지 않았지.
이제 약속대로 저희 백성을 보내주시지요.
뭐? 무슨 약속?!
맞기 전에 빨리 가서 일이나 하세요~.

tip 파리 떼(바알)

파리 떼를 신으로 섬겼다는 사실을 이해하기 힘들겠지만 당시에는 파리 떼가 새까맣게 떼를 지어 웅웅대는 움직임이 신비스럽다고 생각하여 숭배한 것으로 보인다. 예수님께서도 말씀하셨던 '바알'은 귀신의 왕으로서 파리 떼를 가리킨다.

9장 다섯째 재앙 : 가축들의 죽음

모세는 하나님의 명령대로 다시 파라오에게 갔어.
백성들을 보내주지 않으면 여호와께서….
큥, 그러면 또 어쩔 건데?
이집트의 모든 가축이 심한 악질에 걸리게 하실 것입니다.
그러나 이스라엘의 짐승들은 한 마리도 죽지 않을 것입니다.
그래? 잘해봐! 수고해.
다음 날 악질로 이집트의 짐승들이 엄청나게 죽어갔어. 하지만 이스라엘의 짐승들은 죽지 않았지.
이… 이게 어떻게 된 일이냐?
노예들의 가축은 죽지 않고 우리의 가축들만 죽어나가고 있습니다.
뭐라고?!
그럼에도 파라오는 이스라엘 백성들을 보내주지 않았어.
이… 이제 어떻게 합니까요?
흥, 가축 몇 마리 죽었다고 노예들을 보내줄 순 없다!
덜덜
아이고~ 몇 마리가 아닙니다요.

※악질 : 가축에게 발생하는 치명적인 전염병.

tip 악질

이제까지의 재앙은 주로 사람과 짐승에게 고통을 주는 것으로 끝났다. 그러나 이제부터의 재앙은 생명과 직결되는 재앙으로 강도가 높아졌다. 이 악질로 많은 가축들이 죽었는데, 이것은 이집트 사람들이 동물들을 우상으로 섬겼기 때문이다. 하나님은 이 일을 통해 동물은 동물일 뿐 섬길 대상이 아님을 보여주셨다.

여섯째 재앙 : 독종(종기)

또 너희들이냐?
저희 양손에는 아궁이의 재가 가득합니다.
모세가 재를 공중에 던지자 그 재는 먼지가 되어 온 땅에 흩어졌어.
저 하늘에 종기가 되거라!
휘 잉
뭐야? 이놈들, 아주 가지가지 하는구나!

그 재는 이집트의 모든 사람과 가축의 몸에 종기를 일으켰지.
으아, 가려워!
으윽! 너무 고통스러워!
계속 긁었더니 피가 나!
으 아 악
마술사들은 더 이상 모세 앞에 설 수 없었어. 그들에게도 종기가 났기 때문이야.
아이고, 사람 살려!
으아아~ 하나님, 그만 봐주세요.
이건 그 마술사의 목소리 아닙니까?
그러거나 말거나….

하지만 파라오의 마음은 더욱 고집스러워졌지. 하나님이 그의 마음을 돌리려고 하지 않고 내버려두셨기 때문에 여전히 모세와 아론의 말을 듣지 않았던 거야.
이놈들아! 내가 죽어도 너희 백성들을 보낼 순 없다. 꺼져라!
휙
휙
이야~ 정말 독종이네.
이쯤 되면 보내줘야 하는 거 아냐?

tip 독종(종기)

독종은 발진티푸스를 말한다. 발진티푸스에 걸리면 피부에 종기가 툭 튀어나오는데, 엄청나게 가려워 고통스럽다고 한다. 일종의 피부병인 독종은 블레셋 사람들이 섬겼던 우상이기도 했다. 이집트 사람들이 믿었던 의술의 신 '임호텝'은 이 독종을 해결할 수 없었다.

일곱째 재앙 : 우박

모세는 아침 일찍 파라오에게 갔지.
이놈들, 왜 또 왔느냐?
몰라서 묻나?
계속 고집을 피우시면 여호와께서 또 다른 벌을 내리겠다고 하셨습니다.

뭐라고? 이 독한 놈아. 내 꼴을 봐라. 또 다른 재앙을 내린다는 말이 나오냐?
흥, 여호와께서 내린 벌을 보고 그분 같은 존재가 이 땅에 없음을 알게 될 것입니다.
헐~ 독한 놈이 누군지 모르겠군.

여호와께서 당신들을 살려두시는 이유는 그분의 능력을 보여주어 그분의 이름이 모든 땅에 두루 퍼지게 하기 위함입니다.
아이고~ 잘못했습니다요. 엉엉!
이거 뭔 개 잡는 소리야?
이집트 왕이 이스라엘의 하나님에게 까불다가 피떡이 됐대.
나도 그 소문 들었어. 이집트가 폐허가 됐다던데?
대단하군.

파라오께서 여전히 교만하여 저희 백성을 보내주지 않으니 내일 이맘때 지금까지 없었던 큰 우박이 내릴 겁니다.
가축과 사람들이 들에 그대로 있으면 모두 우박에 맞아 죽게 될 것입니다.
아이고~ 이번엔 우박이래!
후다닥
방정 떨지 마시오. 우박은 무슨….

파라오의 신하들 중 두려워진 몇 명은 급히 종과 가축들을 안전한 곳으로 피하게 했어.
어서 가축들을 데리고 창고에 피해 있어라.
이 좋은 날 왜 저러시지?
주인님이 뭔가 겁에 질려있는데?

그러나 여전히 하나님 말씀을 두려워하지 않는 신하들은 종과 가축들을 그대로 들에 두었지.
흥, 다른 속임수는 몰라도 누가 하늘을 마음대로 할 수 있단 말이야?
너는 손을 들어 하늘을 가리켜라. 우박이 이집트 온 땅에 내릴 것이다!
척
모세가 지팡이를 들어 하늘을 가리키자 천둥소리가 나며 번개가 치기 시작했지.
우르릉
그리고 지금까지 없었던 큰 우박이 이집트의 모든 사람과 가축, 농작물, 나무들을 쳤어.
콰 콰 콰 쾅
으악!
음머~!
사람 살려!
하지만 이스라엘 백성들이 사는 고센 땅에는 우박이 전혀 떨어지지 않았지.
뭔 일 있나?
어째 옆 동네는 시끄럽네.
우르릉
파라오가 모세와 아론을 불렀어.
내가 죄를 지었다. 나와 내 백성들이 잘못했어. 여호와께서 옳으셨다.
후 두 두
여호와께 기도해 천둥과 우박을 그치게 해다오. 그러면 너희 백성들을 보내주겠다!
정말입니까?
그래, 그러니 어서 가서 기도해다오!
알겠습니다. 성에서 나가자마자 여호와께 기도하면 천둥과 우박이 멈출 것입니다.
하나님께서 천둥과 우박을 내리신 것은 온 땅이 여호와의 것임을 당신이 알게 하려는 것입니다.
그, 그러하냐?
뭐, 하지만 당신과 당신의 신하들은 그래도 하나님을 두려워하지 않겠지요?
암요!
무슨 소리? 우린 여호와 하나님이 충분히 두렵다!

모세가 성 밖으로 나가 손을 들어 기도했지.
하나님, 이제 멈춰주세요!
후 두 두
그러자 비와 천둥과 우박이 그쳤어.
짜잔~ 됐습니다!
쳇, 재수 없어.
건방진 놈!
파라오와 신하들은 다시 고집스러워졌고, 이스라엘 백성들을 보내주지 않았지.
그들을 보내지 마시옵소서!
당연하지, 이렇게 당하고 노예까지 빼앗긴다는 건 말도 안 돼.

tip 우박

우박은 돌처럼 단단한 얼음덩어리로, 농작물과 사람과 가축들에게 막대한 피해를 입혔다. 12~3월 사이에 이집트에서도 우박이 내렸지만 이렇게 심한 적은 없었다. 이집트 사람들은 하늘의 신 '누트'를 섬겼는데, 이번에도 그들의 신이 아무 소용없음을 하나님께서 우박을 통해 보여주신 것이다.

10장 여덟째 재앙 : 메뚜기 소동

하나님의 명령대로 모세는 다시 파라오에게 갔어. 하나님께서 파라오와 신하들이 고집을 부리도록 내버려두신 이유는 그들에게 기적을 보여주기 위해서야.
흥, 절대 안 보낸다!
어디 갈 때까지 가보자고요.
안녕~
잘 지내셨어요?

또한 하나님께서 어떤 기적을 통해, 어떻게 이집트를 벌하셨는지 이스라엘 자손들에게 알리고 그들이 하나님을 알기를 바라셨던 거야.
헉! 또 왔어?
아직도 우리 하나님의 위대함을 잘 모르시겠나 보군요?
개, 돼지도 아니고 어떻게 아직까지 모를 수가 있나…?
징그러운 놈들.
왕께서는 언제까지 여호와 앞에서 교만하게 굴 것입니까?
내… 내가 뭐?
이제 그만 좀 하지?

이스라엘 백성을 보내주지 않으면 여호와께서 내일 이 땅이 메뚜기 떼로 뒤덮이게 하실 것입니다.
메뚜기?!
입국을 불허한다. 돌아가라고 해!
메뚜기 떼는 이집트를 삼켜서, 우박 피해를 입지 않은 모든 것과 들에서 막 자라나는 나무와 풀까지도 먹어 치울 것입니다. 이 궁궐과 이 땅의 모든 집이 메뚜기로 가득 찰 것이니 그와 같은 것은 지금까지 한 번도 본적이 없을 것입니다.
으아악, 메뚜기 떼다!
우 우 웅
사람 살려!

모세는 이렇게 경고한 후 파라오에게서 물러났어.
생각할 시간을 좀 드리죠.
끄응.
저것들이 아주 대놓고 협박질이네.
깡패도 아니고.
왕이시여, 그냥 보내주지요.
저놈들의 덫에 우리가 언제까지 걸려있어야 합니까?
이집트가 망한 것을 왕은 아직 모르시는 겁니까?
이 망할 놈들, 아까는 보내지 말자더니….
파라오는 모세와 아론을 다시 불렀어.
좋다, 가서 너희 하나님을 경배해라. 그런데 갈 사람들이 누구, 누구냐?
당연히 남녀노소와 양 떼와 소 떼 모두 갈 것입니다. 여호와께 절기를 지켜야 하기 때문이지요.
당연한 걸 물어보기는….
뭐? 몽땅 간다고? 이놈들이 노예들을 다 빼앗아가려는구나.
이 염치없는 놈들아! 내가 그 꼴을 두 눈 뜨고 볼 것 같으냐? 모두 가는 건 절대 안 된다. 너희가 장정들만 간다 하지 않았느냐?
우리가 언제요?
와~ 완전 웃겨!
이것들이 어디서 꼼수를 부려?!
이놈들, 꺼져라!
퍽
말로 하자고, 말로!
네 손을 이집트 땅 위에 뻗어라!
순 억지 뺑갱이 왕 같으니라고.
그러게, 무슨 왕이 저래?
모세가 두 손을 뻗자 동쪽에서 밤새도록 강한 바람이 불었고, 아침이 되자 동풍에 실려 메뚜기 떼가 몰려왔지.
우우웅
이전에도 앞으로도 볼 수 없을 만큼 많은 메뚜기 떼가 몰려와 이집트 온 땅을 덮었어.
메뚜기 떼다!
으악!
우우웅
엄마야~!

메뚜기들은 땅을 시커멓게 덮었고, 우박 피해를 입지 않은 모든 것을 먹어 치웠지. 밭의 채소와 나무에 달린 과일들은 다 사라졌어.
으아아~!
재앙이다!
사각
사각
사각
사각
파라오가 급히 모세와 아론을 불렀어.
여호와와 너희에게 내가 죄를 지었다. 이번만 용서해다오.
또 돌아서면 억지 부릴 거잖아요.
흥, 구라쟁이!

무슨 소리? 이번엔 진짜야. 제발 너희 하나님 여호와께 기도해, 이 죽음의 재앙을 내게서 떠나게 해다오!
진짜라는데요?
흥, 두고 보면 알겠지.
모세가 다시 기도하자 하나님께서 바람의 방향을 바꾸셨어. 바람은 서쪽에서 동쪽으로 강하게 불었고 메뚜기들을 홍해로 몰고 갔지.
만세~ 메뚜기 떼가 물러간다!
우우웅
이제 살았다!

그렇게 이집트에 메뚜기가 하나도 남지 않게 되었어.
아, 이제 어떻게 살아야 하나?
하지만 파라오는 다시 고집을 부리며 이스라엘 백성들을 보내주지 않았지.
흐흐흐… 가긴 어딜 가!

tip 메뚜기

메뚜기 떼는 무리지어 행동하는 성향을 가졌는데, 곡식과 나무에 피해를 끼치는 그 무서운 파괴력 때문에 공포의 대상이 되었다. 메뚜기 떼를 막는 신 '세라피아'를 섬기던 이집트 사람들은 세라피아가 아무것도 아님을 인정할 수밖에 없었다.

아홉째 재앙 : 어둠이 덮치다

하늘을 향해 손을 뻗어라! 그리하면 어둠이 이집트 온 땅을 3일 동안 덮을 것이다! 그 어둠은 너무 짙어 손으로 더듬고 다녀야 할 정도로 캄캄할 것이다!
어둠이여, 오라!
스스슥
이집트의 모든 땅에 3일 동안 짙은 어둠이 깔렸지.
우리의 태양신은 뭐 하고 있는 거야?
으으… 아무것도 안 보여.

사람을 알아볼 수 없을 정도로 캄캄해서 이집트 사람들은 어떤 곳으로도 움직일 수 없었어. 하지만 이스라엘 백성들이 사는 곳에는 빛이 있었지.
이게 뭔 일이래?
저쪽은 왜 저렇게 깜깜하지?
이집트가 망해 간다더니… 끌끌.

tip 어둠

이집트 사람들은 태양을 신으로 섬겼다. 다른 나라들에서도 태양신을 섬겼지만, 이집트는 '태양신의 나라'라고 불릴 정도로 정도가 심각했다. 그런데 여호와께서 그 태양을 가리심으로써 그들이 섬기던 태양도 신이 아니라는 사실을 보여주셨다.

파라오가 다시 모세를 불렀지.
가서 너희 하나님을 경배해라! 여자와 아이도 데리고 가라. 다만 양 떼와 소 떼는 놓고 가라!
네? 가축을 놓고 가면 제사를 어떻게 드립니까?
여호와께 우리가 어떤 가축을 제물로 드리게 될지 모르기 때문에 일단 다 데리고 가야 합니다.
이익!! 이놈을 그냥!!
창
파라오는 여전히 고집스러웠어.
네 말대로 못 하겠으니 가버려라!
다시는 나타나지 마라. 또다시 나타나면 너를 죽이고 말겠다!
휙
휙
휙
아이고!

크아아아
나도 다시는 댁을 안 보고 싶다고!
휙
뭐, 저딴 게 다 있냐?
11장 열 번째 재앙
파라오와 이집트에 내릴 벌이 한 가지 더 있다. 그 벌을 받은 후에야 파라오가 너희를 이집트에서 쫓아내듯 보낼 것이다!
그렇다면 굉장히 무서운 벌인가 보네요?
이스라엘 백성들에게 이웃의 이집트인들에게 은과 금으로 만든 패물을 요구하라고 해라!
알겠습니다. 그동안 일한 대가는 받아 가야죠. 히히.

그런 후, 하나님께서는 이집트 사람들이 이스라엘 백성을 친절하게 대하게 하셨지.
여기 이 빵 좀 먹게나!
새삼스럽게 뭐 이런 친절을?
갑자기 친한 척 하긴!
또, 파라오를 제외한 그의 신하들과 이집트 모든 백성들이 모세를 위대하게 바라보게 하셨어.
모세님, 안녕하세요!
하나님과 같게 해주신다던 약속을 이렇게 지키시는구나.
잘 지내시죠?

아, 마지막으로
한 말씀만 더
전해도 될까요?
빨리 하고 꺼져!
그리하면 이집트 땅에서 처음 태어난 것은 모두 죽을 것이다. 왕의 맏아들부터 노예의 맏아들까지 그리고 가축의 처음 태어난 새끼까지 다 죽을 것이다. 그때에 이집트 온 땅에서 크게 울부짖는 소리가 날 것이다! 그러나 이스라엘 백성에게는 아무런 일이 없을 것이다. 그것으로 너희는 나 여호와가 이집트와 이스라엘을 구별했다는 것을 알게 될 것이다!
나 여호와가 한밤중에
이집트의 모든 곳을 다닐 것이다!
휘 이 익
엉엉엉,
아들아~!
으악!
내 아기!
흑흑흑!
움 머 어
메 에 에
흥, 그래서?
그렇게 되면 왕의 모든
신하들이 내게 엎드려
절하면서 제발 떠나달라고
사정할 것입니다.
모세는 크게 화를 내면서 파라오 앞에서 물러나왔어.
이 일이 있은 후에야
나는 떠날 것이오!
그러니 지금 우릴 보내
주는 것이 좋을 거요!
아니… 저 깡패 놈이
어디다 대고 협박질이야!
파라오가 너희 말을 듣지 않을 것이다. 그것은 내가 아직
더 많은 기적을 이집트 땅에 보여야 하기 때문이다!
하나님,
얼마든지
보여주세요.
이제 저들의
태도에 질립니다.
파라오는 많은 기적과 모세의 경고에도 불구하고 이스라엘 백성들을 보내주지 않았지.
이노오옴…!
절대, 절대로
안 보내줄 꼬야.
우아~ 완전
땡고집이네.
어이구, 정말
걱정스럽다.
부들
부들

12장 유월절
너희는 이번 달을 일 년의 첫 달이 되게 해라!
그러면 달력을 다시 만들어야겠네요.
이번 달이 1월인 거지!
tip 새로운 월력
새로운 월력을 사용하는 이유
① 하나님 통치의 시작
② 노예생활의 끝 날을 기념
③ 주권을 지닌 독립된 나라의 새로운 월력은 일종의 종교력이라고 할 수 있으며, 현재 태양력의 3, 4월과 비슷한 시기다.
그리고 모든 이스라엘 백성들에게 내 말을 전해라!
네, 말씀하세요.
하나님이 이스라엘 백성들에게 전하라고 한 말씀은 다음과 같아.
① 첫 달 10일까지 집집마다 양 한 마리(1년 된 흠 없는 수컷)씩 준비할 것.
② 양이 없으면 염소를 준비할 것.
③ 14일까지 그 양(염소)을 잘 두었다가 해 질 무렵에 잡을 것.
메에에
메에에
⑥ 만약 식구가 적어 양 한 마리를 다 먹을 수 없다면 가까운 이웃과 함께 먹을 것.
⑦ 음식을 먹을 때는 금방 길을 떠날 수 있도록 옷을 입고 신발을 신고 지팡이를 든 채 서둘러 먹을 것.
냠냠
쩝쩝
④ 양을 잡고 난 후 양의 피를 우슬초 Link 2권 49p 로 집 문틀의 옆과 위에 바를 것.
구석구석 잘 발라라!
⑤ 그날 밤, 양고기를 불에 구워 쓴 나물과 무교병과 함께 먹을 것.
고기를 날로 먹거나 물에 삶지 말고 불에 구워라.
※무교병 : 누룩을 넣지 않고 구운 둥글고 넓적한 빵.
⑧ 아침까지 음식을 남기지 말 것. 만약 남은 것이 있다면 불에 태워버릴 것.
아구 아구
에구 아까워라 먹자, 먹어!
하하…!
이날 1월 14일을 '유월절'이라 부를 것이다!

그날 밤 내가 이집트 땅을 다니며 처음 태어난 모든 것을 죽일 것이다. 그리고 이집트의 모든 신들에게도 벌을 내릴 것이다!
나는 여호와다!!

tip 이집트 모든 신들에게 벌을 내리다

이집트의 여러 신들은 파라오의 아들과 가축들의 모양으로 만들어져 우상으로 숭배받았다. 따라서 사람과 가축의 처음 태어난 것들의 죽음은 이집트 신들이 심판을 받았다는 것을 의미한다. 이집트의 동물 신은 양의 신 '크넵', 염소 신 '크헴', 고양이 신 '파쉬트', 황소 신 '아피스' 등이 있었다.

그러나 문틀에 양의 피가 발라져 있으면 그것이 표시가 되어 너희가 사는 곳은 그냥 지나갈 것이다!
스 스 스
여긴 내 백성의 집이군!
내가 이집트 땅을 벌할 때도 너희는 재앙을 피할 것이다. 너희는 그날을 기념하여 절기로 삼아 대대로 지켜야 한다!
逾 越
넘을 유
건널 월
재앙이 넘어간다는 뜻이야. 영어로는 passover지.
유월절의 '유월'을 6월로 알고 있는 사람들이 있더라고요.
그리고, 이날 14일 저녁부터 7일간은 무교절로 지켜라!
유월절 저녁부터 무교절이 시작되는군.
유월절 → 무교절
무교절에 지켜야 할 것은 다음과 같아.
① 무교절 7일 동안은 무교병을 먹을 것.
② 누룩을 먹지 말 것(누룩을 먹으면 죽을 것임).
③ 무교절의 첫날과 마지막 날에는 거룩하게 모이고(예배), 음식 준비 외에는 아무 일도 하지 말 것.
근데 누룩이 뭐예요?
빵을 부풀게 하는 효소인데 그 발효되는 과정이 부패와 타락을 상징하기 때문에 먹지 말라고 하는 거야.
무교절은 내가 이집트 땅에서 너희를 구원해낸 날을 기념하는 것이다. 너희와 너희 자손은 이 날을 규례로 삼아 영원히 지켜야 한다!
이스라엘의 모든 장로님들! 하나님께서 위와 같이 말씀하셨습니다.
오오~~.
그러니까 유월절은 재앙을 넘긴 것을 기념하는 절기이고,
무교절은 이집트를 떠나는 것을 기념하는 절기구나!
하하하
하하

유월절은 대대로 지켜야 할 규례입니다. 약속의 땅에 들어가서도 반드시 이 의식을 지키십시오.
만약 여러분 자손이 유월절에 대해 묻는다면 이렇게 얘기해주면 됩니다.
아버지, 유월절 의식은 왜 지켜야 하나요?
우리가 이집트의 노예로 살 때 하나님께서 이집트 사람들을 치시고 우리를 구해주셨단다. 그걸 기념하는 거야.

자, 장로님들, 가서 어린 양을 잡아 유월절을 지키십시오.
반드시 우슬초 가지에 양의 피를 적셔 문틀 옆과 위에 발라야 합니다.
그리고 절대 집 밖에 나가면 안 됩니다.
알겠네!
우리 모두 절기를 반드시 지킬 것이네.
모세가 말을 마치자 백성들은 엎드려 여호와를 경배했지.
오오~~.
주님을 높여 드립니다.
우리를 살리실 분은 하나님이십니다.

tip 우슬초

팔레스타인의 담 벽에서 흔히 발견되는 박하 과의 식물이다. 문둥병 환자를 깨끗하게 하는 의식에도 쓰이던 이 풀은 영적인 깨끗함을 상징한다.

이스라엘 백성들은 모세가 전한 하나님의 말씀대로 했어.
그러니까 여기다 양의 피를 바르면 된다는 거지?
거기 덜 발랐잖아.
살고 싶으면 잘 바르라고!

밤이 되자 하나님께서 이집트 땅의 처음 난 것들을 모두 죽이셨어.
휘이이잉
파라오의 아들부터 감옥에 있는 사람들의 아들까지.
슈우우우…
그리고 가축의 처음 태어난 것들까지 죽이셨지.
움머~~
쿵

한밤중에 파라오와 신하들과 이집트 모든 사람들이 놀라 일어났지. 죽음을 겪지 않은 집이 없었거든. 곧이어 이집트 온 땅에 크게 울부짖는 소리가 울려 퍼졌어.
크흐흑, 이, 이럴 수가!
으아악! 아들아!
메에에
움머어
엉~ 엉~ 엉~ 아들아!
숨을 쉬거라!!

tip 첫째 아들의 죽음

이집트 사람들은 태양신보다 파라오를 더 위대한 신으로 섬겼다. 그러나 파라오의 아들이 죽자 비로소 파라오가 신이 아님을 알게 된다. 이집트인들의 우상과 관련된 이 재앙들을 통해 오직 여호와 하나님만이 참신이심을 알려준다.

이집트를 떠나는 이스라엘 백성

밤중에 파라오가 모세와 아론을 급히 불러 말했지.
빨리 이집트에서 떠나라. 어서 가서 여호와께 예배드려라!
흥, 믿어도 될까요?
이번엔 진짜죠?

파라오는 물론 이집트 모든 사람들이 이스라엘 백성들에게 떠나달라고 말했어.
여러 말 말고 너희가 원하는 대로 가축들과 함께 당장 떠나라. 그리고 나를 위해 복을 빌어다오.
그러죠 뭐.

어서, 어서 가시오! 이러다 우리가 다 죽고 말겠소!
천천히 합시다~.
갑자기 급하긴.

이스라엘 백성들은 빵이 담긴 반죽 그릇을 옷에 싼 다음 어깨에 메고 떠날 준비를 했지.
서둘러요.
미리 준비를 해뒀죠.

떠나기 전 그들은 이웃에 사는 이집트 사람들에게 가서 말했어.
우리가 일한 삯을 주시오!
여, 여기 있으니 모두 가지고 어서 떠나시오!

그날 밤 하나님께서 이집트 사람들의 마음을 친절하게 하셨지. 그래서 이스라엘 백성들은 값진 물건을 많이 가지고 하나님의 인도에 따라 몇 개의 부대로 나누어 이집트를 떠날 수 있었어.
드디어 출발이다!
이스라엘 사람들과 함께 노예살이 하던 이방인들도 함께 떠나고 있으니까.
와~ 엄청 많네.
200만 명 정도는 될 거란다.
가축들 수도 어마어마하네요.
이스라엘 백성들은 라암셋을 떠나 숙곳으로 향했지.
자, 서둘러요! 파라오의 맘이 언제 바뀌어 쫓아올지 모릅니다!
급히 나오느라 음식을 준비하지 못한 그들은 가지고 나온 빵 반죽으로 무교병을 만들어 먹었어.
지금부터 무교절 Link 2권 48p 인 거지?
그렇지!
430년 동안 이집트에서 노예로 살다가 430년이 끝나는 바로 그날 밤 '여호와의 군대'가 이집트를 나왔어.
노예인 우리를 하나님께선 여호와의 군대라고 하셨지.
허허허! 세상에 이런 허술한 군대가 또 있을까?

※라암셋(람세스) : 나일 강 동편 기슭, 비돔 북방에 위치한 성읍.
※숙곳 : 라암셋 남동쪽에 위치한 것으로 보이나 정확한 위치는 알 수 없다.

이날 밤 하나님께서는 이스라엘 백성들을 인도하시며 밤새도록 지켜주셨지.

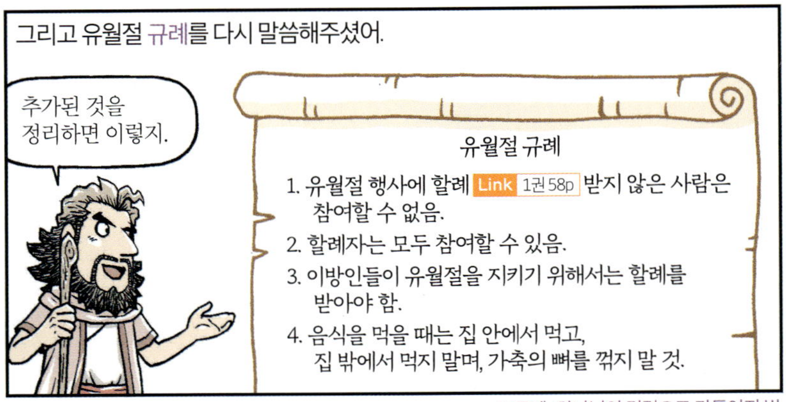
그리고 유월절 규례를 다시 말씀해주셨어.
추가된 것을 정리하면 이렇지.
유월절 규례
1. 유월절 행사에 할례 Link 1권 58p 받지 않은 사람은 참여할 수 없음.
2. 할례자는 모두 참여할 수 있음.
3. 이방인들이 유월절을 지키기 위해서는 할례를 받아야 함.
4. 음식을 먹을 때는 집 안에서 먹고, 집 밖에서 먹지 말며, 가축의 뼈를 꺾지 말 것.

※규례 : 하나님의 명령으로 만들어진 법.

모든 이스라엘 백성은 하나님께서 모세와 아론에게 말씀하신 대로 행했어.
이방인이라도 하나님을 믿고 유월절을 기념할 수 있는 거지?
그럼~.

tip 예수님과 유월절 어린 양

어린 양	예수님
4일 전에 준비됨	창세 전에 준비됨
흠이 없어야 함	죄와 흠이 없음
죽임을 당함	십자가에서 죽임을 당함
뼈를 꺾지 않음	뼈가 꺾이지 않으심
문설주에 피를 발라 심판이 지나가게 함	피 흘리심으로 죄를 용서받게 하고 구원하심

13장 처음 태어난 것에 관한 율법

처음 태어난 것은 모두 거룩하게 구별하여 내게 바쳐라! 사람이든 짐승이든 이스라엘에서 처음 태어난 것은 다 내 것이다!
네, 알겠습니다.

이제부터 이집트를 떠난 오늘을 기억하십시오.
아빕월의 이날, 하나님께서 종이었던 우리를 이집트 땅에서 인도해내셨습니다.
당연히 기억해야지요.
잊을 걸 잊어야지!

그리고 주께서는 우리를 가나안 땅으로 인도하시고 그 땅을 주실 것입니다.
야호!
우리에게 땅이 생긴다니!
감동이야!

※아빕월 : 히브리(이스라엘)력의 첫 번째 달. Link 2권 47p 태양력의 3~4월 사이.

그 땅에 도착하면 매해 첫째 달의 무교절 Link 2권 48p 을 지켜 이집트에서 역사하신 하나님을 기억하고 마음에 새겨야 합니다.
다 적어뒀어요!
걱정 마세요!

또한 약속의 땅에 들어가면 사람이든 짐승이든 처음 태어난 것은 모두 하나님께 드려야 합니다. 하나님의 것이니까요.
헉, 그, 그럼 아들까지…?
옴마야!!
처음 태어난 아들도 제물로 바쳐야 한다는 말인가요?

아니오. 첫째 아들을 대신할 가축을 제물로 바치면 됩니다.
헤헤, 다행이다.
휴!

tip 아들을 제물로?

하나님은 사람이나 어린아이를 제물로 바치는 행위를 증오하셨다. 그래서 인신제사(사람을 우상에게 바치는 제사)를 한 사람은 반드시 돌로 쳐 죽이라고 하셨다.

Link 2권 124p

훗날 자녀들이 이것에 대해 묻는다면,
이집트에서 우리가 노예로 있을 때 파라오가 우릴 보내주지 않자 하나님께서 처음 태어난 이집트의 모든 것을 죽이셨단다.

하지만 이스라엘 백성의 첫째 아들은 처음 태어난 양을 대신 희생시켜 죽임을 당하지 않았지.
아함…
그렇게 이스라엘 백성을 이집트에서 구하신 하나님을 기억하기 위해 처음 태어난 가축으로 제사를 드리는 거란다.
이렇게 말해 주면 됩니다.
이집트를 떠난 후 하나님께서는 가나안을 향해 직선 거리로 가게 하지 않고 멀리 돌아가게 하셨어.
가나안으로 가는 길은 저쪽인데…?
가나안까지 최단거리로 가려면 블레셋 땅을 통과해야 하고, 그렇게 되면 그들과 전쟁을 해야 돼.
가사
예루살렘
블레셋
브엘세바
모압
라암셋 (람세스)
네게브
아말렉
고센
숙곳
신 광야
에담
가데스바네아
에돔 (세일)
애굽
술 광야
카이로
믹돌
비하히롯
바알스본
바란 광야
엘바란(에시온게벨)
신 광야
미디안
시내 산(호렙산)
물론 가깝긴 하지만….
그러면 이스라엘 백성들은 두려워 이집트로 돌아가려 할 것이기 때문이지.
누가 감히 우리 땅을 맘대로 지나가느냐?
헉, 우린 도망 나오느라 전열도 갖추지 못했는데…!
여기서 죽느니 차라리 이집트로 돌아가자!
이스라엘 백성은 숙곳을 떠나 술 광야 끝에 있는 에담에 진을 친 후, 하나님의 인도로 홍해 쪽 광야로 내려갔어.
자, 홍해로 돌아간다!
휴, 블레셋을 안 거쳐도 되는구나.
블레셋 놈들은 무서워!
홍해
참, 이집트를 나오면서 모세는 요셉의 유골을 가지고 나왔어.
요셉
조상님의 유언이니까.
내가 죽기 전에 '이집트 땅을 떠나게 될 때 제 뼈를 가져가 주십시오' Link 1권 175p 라고 했기 때문이야!

※에담 : '그들과 함께'라는 뜻으로 이집트가 끝나고 술 광야가 시작되는 부근으로 추정된다.
※홍해 : 시내 반도 서안과 이집트 본토 사이에 위치한 수에즈 만의 내륙 가까운 곳으로 보고 있으나 정확한 위치는 알 수 없다.

하나님께서는 에담에서부터 낮에는 구름기둥으로 인도하셨고,
구름기둥 덕분에 한낮의 뜨거운 사막에서도 시원하구나.

밤에는 불기둥으로 밝히시며 인도하셨지. 낮에는 구름기둥이, 밤에는 불기둥이 백성들 앞에서 사라지지 않았어.
형님, 하나님의 인도하심은 정말 놀라워요!
그래, 대단하구나.

14장 파라오의 추격

믹돌과 바다 사이에 있는 비하히롯 앞에 진을 쳐라! 바다 건너편에 바알스본이 있는 곳이다!
어? 서둘러 도망쳐야 하는데?

내가 파라오의 고집을 꺾지 않아 그가 너희를 쫓아오겠지만 내가 그와 그의 군대를 물리쳐 내 영광이 드러날 것이다. 그것으로 이집트 백성은 내가 여호와임을 알게 될 것이다!
자, 모두 정지!
여기서 장막을 치고 잠시 쉽시다!
비하히롯

※믹돌: '탑, 망대'라는 뜻으로 정확한 위치는 알 수 없다.
※비하히롯, 바알스본: 수에즈 만의 이집트 내륙 가까운 곳으로 추정된다.

이집트 왕은 이스라엘 백성들이 이미 도망쳤다는 소식을 들었지.
뭐? 벌써 다 없어졌다고?
미리 준비했다가 바로 튄 것 같습니다.
그러자 파라오와 신하들의 마음이 바뀌기 시작했어.
크~ 아들이 죽은 충격으로 가라고 하긴 했지만… 내가 어쩌자고 그런….
이집트는 엄청난 노동력을 잃어버렸습니다.

파라오는 자신의 전차를 타고 이집트의 모든 전차를 이끌고 나왔지.
그놈들이 비하히롯에 있다고 하니 광야에 갇혀 헤매고 있는 것이 분명하다!
와아아
사기꾼들을 잡아라!
두두두두

하나님께서 파라오의 고집스러운 마음을 내버려두셨기 때문에 그가 이스라엘 백성들의 뒤를 쫓은 거야.
이노오옴들~ 날 농락했겠다!
두두두두
어? 저기 웬 먼지구름이지?
파라오의 군대는 비하히롯 앞에 진을 치고 있던 이스라엘 백성들을 곧 따라잡았지.
으악, 파라오의 전차 부대다!
이스라엘 백성들은 이집트 왕과 그의 군대를 보고 너무나 무서워서 하나님께 부르짖었어.
오, 주여! 어찌하면 좋습니까?
주님, 살려주세요!!
흐흐~ 이놈들, 고작 여기까지냐?
그들은 모세에게 달려갔지.
왜 우리를 이집트에서 데리고 나온 거요?
이집트에 무덤이 없어 우리를 광야에 끌어내 죽이려는 거요?
이집트에 있을 때 우리를 내버려두라고 하지 않았소!
종으로 사는 것이 광야에서 죽는 것보다 훨씬 나아!
두려워 말고 굳게 서서 하나님께서 어떻게 우리를 구원하시는지 지켜보십시오!
오늘이 지나면 저 이집트 사람들을 다시는 보지 못할 것입니다!
그, 그런 일이 가능합니까?
앞은 홍해입니다.
우리는 도망갈 곳도 없어요.
진정하시오. 하나님께서 우리를 위해 싸워주실 겁니다.
오… 주께서…?
만세!!

모세가 부르짖자 하나님께서 말씀하셨어.
너는 왜 내게 부르짖느냐? 이스라엘 백성에게 계속 앞으로 가라고 해라!
네? 하지만 앞에는 바다가 있습니다!
네 지팡이를 들어 바다를 가리켜라. 바다가 갈라질 것이다. 그러면 백성들은 마른 땅을 지나 바다를 건널 수 있을 것이다!
이 바다가 갈라진다고…?
흠흠
이스라엘 백성들 앞에서 인도하던 구름기둥이 뒤로 물러나 이집트 군대와 이스라엘 백성들 사이에 멈추었어.
구름기둥이 이동한다.
이집트 군사의 앞을 막는 것 같은데?
쿠오오
구름기둥은 이집트 군대가 있는 곳을 어둡게 만들었지.
갑자기 왜 이렇게 어두워?
어둠이 밀려온다!
여긴 어디야?
반면 이스라엘 백성들이 있는 곳은 환해졌어.
자, 어서 서둘러요!
빨리!
이집트 군대는 밤새도록 구름기둥이 가져온 어둠 때문에 이스라엘 백성들을 따라잡지 못했지.
앞이 안 보여!
대체 어디로 가야 하는 거야?
젠장, 이게 뭐야!
홍해다!
이제 어떻게 하지?
앞은 바다, 뒤는 군대….
모두들 촐랑대지 말고 잠시 기다려보시오!
모세가 손으로 바다를 가리키자 하나님께서 밤새 강한 동풍을 불게 해 바닷물을 뒤로 밀어내셨어.
뭐지?
태권브이라도 나오려나?
설마….
콰아아
휘이잉

드디어 바다가 둘로 갈라지고 양쪽에 바닷물이 벽을 이루었지. 그 사이로 마른 땅이 드러났고, 이스라엘 백성들은 그 땅을 밟고 바다를 건너기 시작했어.

어떻게 이런 일이?
쿠르르릉
우와, 말도 안 돼!
헐~ 눈으로 보면서도 믿기지가 않는다.
하나님은 정말 대단하시구나!
어서 건너자!

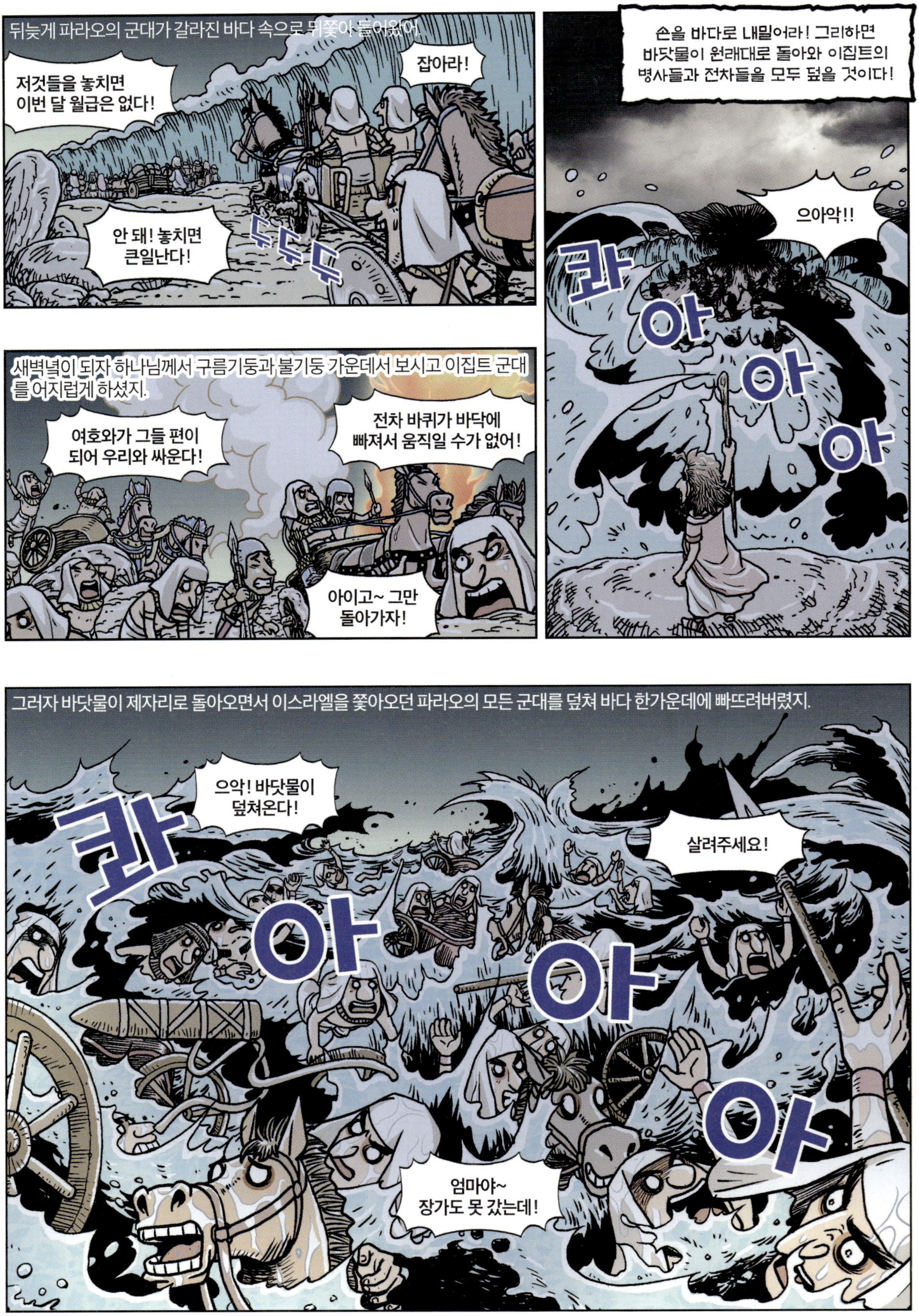
뒤늦게 파라오의 군대가 갈라진 바다 속으로 뒤쫓아 들어왔어.
저것들을 놓치면
이번 달 월급은 없다!
잡아라!
안 돼! 놓치면
큰일난다!
두두두
새벽녘이 되자 하나님께서 구름기둥과 불기둥 가운데서 보시고 이집트 군대를 어지럽게 하셨지.
여호와가 그들 편이
되어 우리와 싸운다!
전차 바퀴가 바닥에
빠져서 움직일 수가 없어!
아이고~ 그만
돌아가자!
손을 바다로 내밀어라! 그리하면
바닷물이 원래대로 돌아와 이집트의
병사들과 전차들을 모두 덮을 것이다!
으아악!!
콰아아아
그러자 바닷물이 제자리로 돌아오면서 이스라엘을 쫓아오던 파라오의 모든 군대를 덮쳐 바다 한가운데에 빠뜨려버렸지.
으악! 바닷물이
덮쳐온다!
살려주세요!
콰아아아
엄마야~
장가도 못 갔는데!

파라오의 군대는 모두 바다에 빠져 한 사람도 살아남지 못했어.
그러나 이스라엘 백성들은 바다를 가로질러 맞은편 땅에 도착했지. 하나님께서는 이렇게 이스라엘 백성들을 구하셨어.
아아….
꿀꺽!
이스라엘 백성들은 바닷가에 널린 이집트 사람들의 시체를 보았지.
그리고 이제야 하나님과 그 종 모세를 경외하고 믿게 되었지.
와아아아
여호와 만세! 모세 만세!
여호와를 찬양하라~!
하하하하… 해방되었다!
살았다!!
하나님, 감사합니다!
그들은 하나님께서 하신 놀라운 기적을 보았어.
만세!!
응?

15장 모세와 미리암의 노래

그들은 다 함께 하나님을 찬양하기 시작했지.
내가 여호와를 찬송하리라!
그는 나의 힘
나의 노래
나의 구원이시라!
홍해의 기적을 찬양하라!
주님의 오른손이 영광을 드러내고 원수를 쳐부수었노라!
파라오와 그의 군대를 거센 물로 덮으니 그들이 돌처럼 깊은 바다에 잠겼노라~!

다른 모든 나라가 이 일을 듣고 두려워 떠네~ 그들의 마음에 공포가 가득하네♪♪
하나님, 주 같은 분이 어디 계십니까?
하나님을 찬양하리라~ 하나님께서 영원토록 우릴 다스릴 것이니~♪♪
여자 예언자 미리암이 소고를 들자 모든 여인들이 따라 소고를 치며 춤을 추기 시작했지.
하나님을 찬송하라!
그분은 높고 영화로우시니 말과 그 말 탄 자를 바다에 던지셨음이라~♪♪
와아~!!

※미리암 : 아론의 누나.

tip 소고를 들고 추는 춤

소고는 이집트에서 흔했던 타악기로 탬버린과 비슷하다. 성경에서 하나님을 찬양하며 춤을 춘 것은 이때가 처음이다. 이 춤은 여호와를 온몸으로 찬양하는 율동으로, 이후 여인들이 소고를 치며 춤을 추는 축제는 전쟁에서 승리한 용사들을 축하하는 전통적인 행사가 되었다.

단 물로 변한 마라의 쓴 물

모세는 이스라엘 백성들과 함께 홍해를 떠나 수르 광야로 들어갔지. 그들은 3일 동안 걸었는데 물이 없었어.
헉헉.
너무 목이 말라….
물을 찾아야 할 텐데….

※수르 광야(술 광야) : 이집트와 가나안 중간 지대에 펼쳐진 넓은 광야로 지중해부터 홍해까지 펼쳐져 있다.

마침내 마라에 도착했지만 그곳의 물은 써서 마실 수가 없었어.
오오~ 물이다!
살았다!!
마 라
마라라고 불린 이유도 그곳의 물이 썼기 때문이야.
퉤엣!
윽, 물이 써요!
으~ 정말 못 마시겠어.
그러자 사람들이 모세에게 불평을 늘어놓기 시작했어.
이제 어떡해야 합니까?
이 물을 어떻게 마셔요?
거 참, 잠시만 기다려보시오.

※마라 : 홍해 남동쪽에 위치한 지역으로 정확한 위치는 알 수 없다. 마라는 '쓰다'라는 뜻이다.

모세가 하나님께 부르짖자 하나님께서 어떤 나무를 보여주셨지. 모세는 그 나무를 물에 던졌어.
뭐 하는 거야?
나무는 왜…?
이제 물을 마셔보시오.
첨
벙
물은 어느새 단 물로 변해있었어.
어라? 물이 달잖아!!
뭐? 정말이야?

하나님께서 이스라엘 백성들에게 율법과 계명을 주시고 시험하신 장소가 이곳 마라야.
어디?
와! 시원하다!
나도, 나도!
하하하
하나님께서 어떤 율법과 계명을 주시고 어떤 시험을 하셨는지에 대한 기록은 없어.
너희는 너희 하나님인 내 말을 잘 들어라! 너희는 내가 보기에 옳은 일, 즉 나의 모든 율법과 계명을 지켜라. 그리하면 내가 이집트에 내렸던 재앙 중 어느 하나도 너희에게 내리지 않겠다. 나는 너희를 치유하는 여호와이니라!
알겠습니다!

그 후 이스라엘 백성들은 엘림으로 갔지. 그곳에는 우물 열두 개와 종려나무 70그루가 있었어.
이곳에서 쉬겠습니다.
엘림
이스라엘 백성들은 그곳 우물가에 장막을 쳤지.

※엘림 : 마라 남쪽에 위치한 지역으로 보이며, 정확한 위치는 알 수 없다.

16장 만나와 메추라기

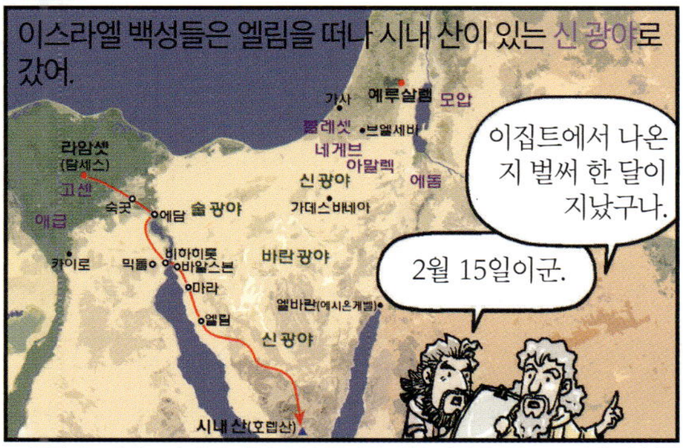
이스라엘 백성들은 엘림을 떠나 시내 산이 있는 신 광야로 갔어.
가사
예루살렘
모압
블레셋
브엘세바
네게브
아말렉
에돔
라암셋 (담세스)
고센
숙곳
에담
술 광야
신 광야
가데스바네아
애굽
카이로
믹돌
비하히롯
바알스본
마라
바란 광야
엘림
엘바란(에시온게벨)
신 광야
시내 산(호렙산)
이집트에서 나온 지 벌써 한 달이 지났구나.
2월 15일이군.

그때 백성들은 또다시 모세와 아론을 원망했지. 사실 백성들이 모세와 아론을 원망하는 것은 하나님을 원망하는 것과 같았어.
차라리 이집트에서 죽는 게 나을 뻔했어!
거기선 배부르게 먹었는데….
이러다 굶어 죽겠어!
참 나, 노예로 있으면서 언제 배부르게 먹었다고….

※신 광야 : 가데스바네아 지역의 신 광야와 이름이 같은 곳으로 시내 산 북쪽에 위치한 고원지대.

내가 너희를 위해 비가 내리듯 양식을 내려줄 테니 매일 하루 동안 먹을 만큼만 가져가라!
또한 매주 6일째 되는 날에는 날마다 거둔 양의 두 배가 될 것이다!
내가 이 일을 통해 백성들이 내가 가르친 대로 하는지 시험해볼 것이다!
네, 알겠습니다.
저녁엔 고기를, 아침엔 빵을 배불리 먹게 해주겠다. 그때 너희는 내가 하나님 여호와임을 알게 될 것이다!
네, 하나님! 백성들에게 전하겠습니다!
모세와 아론이 이스라엘 백성들에게 하나님 말씀을 전했지.
하나님께서 원망하는 소리를 들으셨으니 그분의 영광을 보게 될 것이오!
히힛, 투덜거리길 잘했어.
와, 정말요?
이때 이스라엘 백성들이 광야 쪽을 바라보니 하나님의 영광이 구름 속에 나타났어.
당신들의 원망은 우리에게 한 것이 아니라 하나님께 한 것이라는 걸 명심하시오!
하늘이 열린다!
우리의 불평을 들어주시다니… 감사합니다!
아, 그렇군!
그날 저녁, 메추라기가 내려와 이스라엘 백성들의 장막을 덮었지.
와아, 메추라기다!
저걸 잡아 먹으면 되겠다!
어서 잡읍시다!
아침에는 이슬이 장막 주위를 덮었고,
얼마 후 이슬이 걷히자, 서리와 같은 얇은 조각들이 땅 위에 있는 거야.
어? 바닥에 이게 뭐지?
처음 보는 건데?
이것은 주님께서 여러분에게 주신 식량입니다.
하루 먹을 양만큼만 가져가세요.
가족 수에 맞추어 1인당 1오멜씩 거두시오.
양을 어떻게 잰담?
하루 먹을 만큼만 적당히 담아.
어림짐작으로 가져가는 수밖에요.

※1오멜 : 2.2리터 정도. 곡물을 저장하는 토기를 오멜이라고도 함.

모두 각자 필요한 만큼 가져갔지만 어떤 사람들은 모세의 말을 듣지 않았어.
그걸 아침까지 남겨두지 마시오!
히힛, 혹시 모르니 내일 먹을 것까지~.
그런데 다음 날 아침에 보니 남은 식량에 벌레가 생겨 있었지.
헉!
버, 벌레가…!
매일 아침 사람들은 각자 필요한 만큼 가져갔고, 들판에 남은 것은 해가 높이 뜨면 녹아버렸어.
얼래? 다 녹아 없어지잖아?
이래저래 많이 가져가봐야 필요 없네요.
6일째 되는 날에도 하루 먹을 양을 가져왔는데 재어보니 두 배로 늘어있었지.
어? 썩을까 봐 1오멜만 가져왔는데…?
어떻게 된 거죠?
이스라엘 지도자들이 이 일에 대해 모세에게 말했어.
평상시처럼 1오멜씩 가져왔는데 재보니 2오멜이 되어있습니다.
내일은 거룩한 안식일이오.
하나님께서 내일 먹을 것을 남겨두라고 하셨으니 그대로 가져가시오.
아항, 그렇군!
역시 주님 짱!
백성들은 모세의 명령대로 그것을 아침까지 남겨두었지만 썩지도 벌레 먹지도 않았어.
어? 이번엔 벌레도 안 먹고 괜찮은데요?
오오… 신비롭네.
7일째가 되는 날에는 땅에서 음식을 얻을 수 없었는데, 이는 안식일 Link 2권 95p 이었기 때문이야.
오늘은 안식일이니, 들에 나가도 아무것도 얻지 못할 것이오. 그러니 어제 가져온 음식을 드시오.
앞으로 6일째 되는 날에는 이틀 분을 가져와도 되겠군!
스윽
어떤 사람들은 7일째 날에도 들에 나갔지만 아무것도 얻지 못했어.
쳇, 정말 아무것도 없잖아.

너희가 언제까지 내 명령과 가르침을 지키지 않을 것이냐?
동작 그만!!
헉!
내가 너희에게 안식일을 주었으니 6일째 되는 날에는 이틀 분량의 음식을 줄 것이다. 안식일에는 집을 떠나지 말고 그대로 있어라!
자, 잘못했어요~!
거기 서!!
후다닥
그리하여 7일째 되는 날에는 백성 모두가 쉬었어.
에고… 늙으니 뛰는 것도 힘드네.
무슨 원수를 졌다고.
헉
헉
헉
헉
이스라엘 백성들은 그 음식을 만나라고 불렀는데, 고수 씨 같이 희고, 맛은 꿀 섞은 과자 같았지.
만나?
만나는 '이것이 무엇이냐?'라는 뜻이에요! 무엇인지 모르니까.
만나는 너무 맛나다니까요!
너희는 이 음식을 항아리에 1오멜을 채워놓아라!
어디에다 쓰시려고…?

※고수 씨 : 미나리 과에 속하는 고수풀의 씨. 겨자씨 만함.

이스라엘 백성들이 광야에서 먹었던 이 음식을 잘 간직했다가 훗날 자손들이 볼 수 있게 하라!
형님, 이것을 자손 대대로 간직하라고 하십니다.
알겠네!
이 만나 항아리는 후에 언약궤 안에 잘 보관되지.
언약궤에 대해서는 나중에 자세히 설명해줄게.

이스라엘 백성들은 가나안 땅에 도착할 때까지 40년 동안 만나를 먹었어.
먹어도 먹어도 질리지 않아요~.
이젠 만나를 못 먹게 될까 걱정이군.
냠냠

17장 바위에서 물이 솟다

이스라엘 백성들은 다시 신 광야를 떠나 하나님께서 명령하시는 대로 이곳저곳으로 옮겨 다녔지.
으… 목말라.
또 어디로 가는 걸까?
내가 아남?

이스라엘 백성들은 르비딤에 장막을 치고 머물렀는데, 거기에는 마실 물이 없었어. 그러자 백성들이 모세에게 대들며 말했지.
우리에게 마실 물을 주시오. 이러다 목말라 죽겠소!
하나님께서 우리와 함께 계시는 것이 맞소?
지금 나한테 대드는 것이오?
아직도 하나님을 시험하는 겁니까?
르비딤

※르비딤 : 시내 산 북서쪽에 위치한 것으로 보이나 정확한 위치는 알 수 없다.

목이 마른 백성들의 불평은 더욱 거세졌어.
우리 자식들과 가축들을 목말라 죽게 하려고 우리를 이곳으로 데리고 나왔소?
잘 살고 있던 우리를 왜 이집트에서 데리고 나온 거야?

tip 목마름

마라에서 쓴 물을 단 물로 바꾸시는 하나님의 능력으로 목마름을 해소한 것이 불과 얼마 전의 일이었다. Link 2권 61p 그럼에도 잠시 동안의 목마름을 참지 못해 금방 죽을 것처럼 하나님을 원망한 이유는 무엇일까? 그들이 받은 은혜를 너무도 금방 잊어버린 것이다.

모세가 하나님께 부르짖었어.
제가 이 백성을 어떻게 해야 합니까?
이들이 제게 돌을 던지려 합니다!

이스라엘 백성들 앞으로 나아가라!
조용 조용!
무슨 얘기 하는지 들어보자.
나일 강을 쳤던 지팡이를 들고, 이스라엘 장로들과 함께 앞서 가거라!
장로님들은 저를 따라오세요!
왜 장로님들을 부르는 거지?
글쎄?

그리고 내가 정하는 한 바위를 지팡이로 쳐라!
으랏차!!
빠악
그러면 그곳에서 백성들이 마실 물이 터져 나올 것이다!
뭐야? 아무 일도 없잖아.
갖은 폼을 다 잡더니.
툭툭
어이구, 삭신이… 기다려봐요!
푸슛!!
콸 콸
헉! 물이다!

콸
와~ 물이다!
물! 물!
콸
콸
물이 나온다~!
이젠 살았어!

이스라엘 백성들이 '하나님께서 우리와 함께 계신가, 계시지 않은가'라며 시험했으므로 모세는 그곳 이름을 맛사라고 했어.
에휴!
어리석은 백성들아! 언제까지 하나님을 의심할 것이냐?
물이다!
맛사(므리바)
어서 마셔!
나도, 나도!
푸하~ 살 것 같다!

※맛사 : '시련' '유혹'이라는 뜻.

또한 백성들이 다투어서 므리바라고도 불렀지.
하나님을 시험한 불신앙을 대대로 기억하기 위해 이런 이름들을 지었지!
하하하!
시원해!

※므리바 : '말다툼' '쟁투'라는 뜻.

아말렉과의 싸움

르비딤에서 목마름을 해결하던 그때, 아말렉 사람들이 이스라엘을 공격했어.
이집트에서 도망 온 노예 놈들! 여기가 어디라고 설쳐?!
우린 아무 짓도 안 했어!
와 아 아

tip 아말렉

에서의 손자 아말렉의 후예들을 가리킨다. 이들은 주로 물이 풍성한 목초지를 찾아 유목생활을 했는데, 이들이 이스라엘을 공격한 이유는 이스라엘 백성들이 자신들의 목초지를 차지할지도 모른다는 불안감 때문으로 보인다.

여호수아야, 사람들을 뽑아서 아말렉 사람들과 싸우러 나가라. 내일 내가 하나님의 지팡이를 손에 들고 언덕 위에 서 있겠다.
네!

tip 여호수아

모세의 뒤를 이어 이스라엘의 지도자가 된다. 모세는 아말렉과 전투에서 여호수아에게 총사령관의 직책을 주고 모든 작전권을 주었는데, 이것으로 보아 이 때부터 모세의 신임을 받은 것 같다.

여호수아는 아말렉 사람들과 싸우러 나갔지. 그때 모세와 아론과 훌은 언덕 위로 올라갔어.
서두릅시다.
나를 따르라. 아말렉을 쳐부수자!
와아아~!
언덕에서 모세가 팔을 들고 있는 동안에는 이스라엘이 이겼지만,
와아~!
아말렉 따위가!

※훌 : 여호수아와 마찬가지로 당시 상당히 높은 위치에 있었던 인물로 보이나 알려진 것은 없다.

팔을 내리면 아말렉 사람들이 이겼어.
아이고~ 팔 아파!
어이구, 안 되겠다!
이 노예 놈들!
와아아아
바다 사이를 걸어서 건넜다고 뻥이나 치고 말이야!
크윽~ 밀린다!
모세가 지치자 아론과 훌은 돌에 모세를 앉히고 그의 팔을 붙들어 올렸지.
힘내십시오. 이스라엘이 이기고 있습니다.
아이고~ 빨리 끝내지.
모세는 해가 질 때까지 팔을 내리지 않았고 여호수아는 아말렉 사람들을 물리칠 수 있었어.
이겼다!
야호!

이 싸움에 대해 책으로 써서 내가 함께했던 이 전쟁을 백성들이 잊지 않게 해라. 또한, 여호수아에게도 꼭 말해주어라!
이번 싸움의 승리는 하나님의 도우심 때문이었네. 이 사실을 후세까지 잘 전해야 하네!
알겠습니다!
나는 아말렉 사람들을 이 땅에서 완전히 없애버릴 것이다!
우리가 뭘 그리 잘못했다고….
하나님을 무시하고 약한 형제 민족을 공격했기 때문이야!

※형제 민족 : 이스라엘은 에서의 동생 야곱의 후손들이다. 따라서 에서의 후손인 아말렉은 이스라엘의 형제 민족이다.

모세는 그곳에 제단을 쌓고 여호와 닛시라고 했지.
주님의 깃발을 높이 들어라. 주님께서 대대로 아말렉과 싸우실 것이다!
여호와 닛시~
와아아~
여호와 만세!
여호와 닛시

18장 이드로의 방문

이드로는 미디안 사람들이 믿는 신의 제사장으로 모세의 장인이야. Link 2권 22p
나 기억나지? 내 이름은 두 가지가 있어.
르우엘
이드로

※여호와 닛시 : '여호와는 나의 깃발'이라는 뜻.

※이드로라는 이름은 제사장으로서의 공식 직함을 가리키고, 르우엘은 개인 이름이라고 본다.

이드로는 하나님이 모세와 이스라엘 백성들에게 하신 모든 일에 대해 들었지.
여호와라는 신이 이스라엘 백성들을 이집트에서 인도해 내셨다고 합니다.
모세라는 사람이 지도자라고 하네요.
미디안
뭐라고? 우리 사위가?
이때 모세의 아내 십보라와 두 아들 게르솜과 엘리에셀은 이드로와 함께 지내고 있었어. Link 2권 28p
짐 싸라. 모세에게 가자!
네? 남편에게요?

※게르솜 : '내가 낯선 나라의 나그네다' 라는 뜻.

※엘리에셀 : '내 하나님이 도우신다' 라는 뜻.

이드로는 모세의 아내와 아들들을 데리고 광야로 길을 떠났지.
아버지 보고 싶지?
네!!
잘 지내고 있겠죠?
모세는 장인이 온다는 소식을 듣고 나와서 엎드려 절하고 입을 맞추었어. 그들은 서로의 안부를 물었지.
잘 지냈는가?
네, 장인어른! 건강하시지요?
호렙 산

아버지!
아이고 내 새끼들~
쳇, 연락 한 번 안 해주고….
흑흑
모세는 이드로에게 하나님께서 이스라엘 백성들을 구하시려고 파라오와 이집트 사람들에게 하신 일을 모두 이야기했어.
지팡이를 팍 드니까 세상에… 홍해가 좌악~ 갈라지더니….
와아!
오오~~ 그런 일이!
탁

또한 그동안 겪은 어려움과 그때마다 하나님께서 그들을 구원하신 일에 대해서도 이야기했지.
목이 말라서 제가 반석에 지팡이를 팍 치니까 물이 '푸슉' 하고 나오는 겁니다!
대단하구먼!
이드로는 하나님께서 이스라엘을 위해 하신 일에 대해 듣고 매우 좋아했지.
하나님을 찬양하세.
그분께서 자네들을 이집트 사람들과 그 왕에게서 구해주셨지 않은가?!
물론이지요!
이제 내가 알았네. 교만한 이집트인들을 벌하신 걸 보니 여호와는 어떤 신들보다 크시다는 것을!
그렇죠!
이드로는 번제물과 희생제물을 가져와 하나님께 제사를 드렸어. 그리고 아론과 이스라엘 모든 장로들은 이드로와 함께 하나님 앞에서 음식을 먹었지.
나는 이방인이지만 하나님을 안 믿을 수가 없네!
내가 여호와를 섬겨도 되겠는가?
그분은 어떤 인종이나 민족이든 상관없이 받아주십니다.

※번제물 : 불에 태워 드리는 제사에 사용되는 제물.

다음 날 모세는 아침부터 저녁까지 백성들 사이의 문제를 재판하기 위해 백성들에게 둘러싸여 있었어.
이 일에 대해 어떻게 해야 합니까?
어떻게 할까요?
이런 상황에는 어쩌지요?
왜 자네 혼자 종일 백성들에게 둘러싸여 재판을 하고 있는가?
아, 장인어른! 백성들이 하나님의 뜻을 알려고 저를 찾아오기 때문입니다.

분쟁이 생기면 저를 찾아오고, 저는 하나님의 법과 가르침으로 재판을 하지요.
그런가? 하지만 그렇게 하다가는 자네도 백성들도 지치고 말걸세.
내 말을 들어보게나. 하나님께서 자네에게 감동을 주어 내 조언을 좋게 들어주길 바라네.
무슨 좋은 아이디어라도…?

tip 백성들 재판

아직까지 이스라엘은 모든 행정 체계가 정비되지 않은 상태였다. 따라서 장정만 60만 명이나 되는 백성들의 개인적인 문제를 모세가 혼자 처리한다는 것은 거의 불가능했다. 하지만 이스라엘 백성들은 모세만이 하나님의 뜻을 알고 있다고 생각했다. 이제 하나님의 선하신 법이 필요한 시기가 된 것이다.

자네는 하나님 앞에서 백성들을 대표해야 하고, 또 백성들의 문제를 하나님께 가져가야 하네. 혼자서 모두 감당하기는 힘들지.
그렇지요.
그러니 먼저 백성들에게 하나님의 규례와 법, 해야 할 일과 하지 말아야 할 일을 가르치게.
흠, 그런 다음에는요?
그런 다음, 백성들 가운데 하나님을 경외하고, 믿음직스럽고, 욕심이 없는 사람들을 뽑아서 백성들 위에 세우게!
어디 보자~ 누굴 뽑나?
그리고 그들을 천부장, 백부장, 오십부장, 십부장으로 세우고 쉬운 문제는 그들이 직접 백성들을 재판하도록 하게.
이 정도 문제는 내가 직접 판결해도 되겠군.
그렇게 되면 저한테까지 오는 일은 얼마 안 되겠군요!
바로 그걸세.
지도자는 꼭 필요한 중요한 일을 챙겨야지.
※천부장 : 천 명의 책임자.
※백부장 : 백 명의 책임자.
모세는 모든 일들을 장인의 말대로 했어.
그렇게 어려운 문제만 자네에게 가져오도록 하면 자네도 일을 충분히 감당할 수 있을걸세.
하나님께서 허락하신다면, 그렇게 하도록 하게!
저야 좋죠, 뭐.
물론 나도 좋지.
자네에게 여유가 생겨야 내 딸도 챙기고 손주 녀석들도 챙길 것 아닌가?
히히, 메롱~!
모세는 이스라엘 백성들 중에서 능력 있는 사람들을 뽑아 지도자로 세웠지.
이제 여러분은 백성들의 리더입니다!
넵!!
맡겨만 주십시오!
이들은 쉬운 문제는 각자 재판하고 어려운 문제만 모세에게 가져왔어.
모세 님, 이런 문제는 어떻게 판결해야 할까요?
마침 잘 왔네. 심심했는데.

얼마 후 이드로는 모세의 배웅을 받으며 집으로 돌아갔지.
하하~ 또 들르겠네. 잘 지내게!
안녕히 가세요~ 도와주셔서 감사합니다!

tip 민수기 10장 12절

시내 산 도착 후 다음 이야기는 <민수기> 10장 12절로 연결된다. 이후의 <출애굽기>와 <레위기>(레위기는 이스라엘의 법전이라고 생각하면 된다)는 주로 하나님의 율법과 성막에 대한 이야기이기 때문에 구약시대 역사의 흐름을 이어서 보고 싶다면 <민수기> 10장 12절 Link 2권 149p 로 넘어가서 읽으면 된다.

19장 시내 산에 도착한 이스라엘 백성

이집트를 떠난 지 2개월 만에 이스라엘 백성들은 시내 산 광야에 도착해서 그 앞에 장막을 쳤어. 이스라엘 백성들은 이곳에서 약 11개월 동안 머물며 하나님의 약속과 율법을 받게 돼.
이곳이 바로 하나님의 산이야!
오오~!
와!
대단하군요!
시내 산

※시내 산 : 모세가 하나님을 만났던 호렙 산과 같은 곳.

2. 이스라엘 민족의 언약 체결과 율법

19장 시내 산에서 말씀하심

모세는 하나님을 만나기 위해 산으로 올라갔지.
시내 산
하나님, 저 왔어요!

여호와께서 이스라엘 백성들과 언약을 맺기 위해 말씀하셨어.
나에게 순종하고 언약을 지키면, 이스라엘은 나의 소유가 될 것이다. 또한 제사장의 나라가 되어 거룩한 백성이 될 것이다!
넵, 확실히 전달하겠습니다!

tip 하나님의 언약

하나님의 언약을 지키면 세 가지 복을 주신다고 하셨다.

① 하나님의 소유가 됨 : 여기서 소유는 하나님이 보물로 여길 만큼 소중하게 여기겠다는 뜻.

② 제사장 나라가 됨 : 하나님께 나아갈 수 있고 기도를 들어주신다는 의미.

③ 거룩한 백성이 되게 하심 : 우상과 욕심이 아닌 진실과 거룩으로 빛나는 나라가 된다는 의미.

모세는 산 아래로 내려가 여호와의 말씀을 전했지.
좋소, 그럼 여호와께 그리 전하겠소!
여호와께서 하신 말씀대로 언약을 맺겠습니다!
하나님의 백성이 되면 분명 많은 복을 받을 거야!
당근이오, 당근!

모세는 다시 산에 올라가 백성들의 뜻을 여호와께 전했지.
백성들 모두 하나님과 언약을 맺기를 원합니다!
3일 뒤 내가 시내 산으로 내려가 너와 얘기할 것이다. 백성들이 그 모습을 보면 너를 영원히 믿게 될 것이다!

그러니 너는 가서 백성들에게 오늘과 내일 이틀 동안 깨끗하게 하라고 말해라!
삘
삘
올라갔다 내려갔다, 아이고~ 힘들어.

여호와께서 시내 산에 내려오셨을 때 백성들이 주의할 점을 말씀해 주셨어.
① 경계선을 정해 그 선을 넘지 못하게 할 것. 선을 밟아서도 안 됨.
② 누구든지 이것을 어기면 죽게 됨.
③ 이것을 어겨 죽은 사람이 있다면, 누구도 그 시체에 손대지 말 것.
④ 시체에 손을 대면 사람이든 짐승이든 돌이나 화살로 죽여야 함.
⑤ 나팔소리가 울려 퍼지면 그때부터 산에 올라와도 됨.
모두 모이시오!
모세 님이 오셨다.
다들 모여!
맛있는 거 안 사왔어?!
모세는 산에서 내려와 백성들에게 하나님의 명령을 전했어.
3일 후 하나님을 봐야 하니 정결하게 하고 옷을 빨아 입으시오!
세탁소에 맡겨야 하나.
내 옷은 깨끗한데….
야, 목깃에 때 봐라!
특히 부부는 하나님과 만나기 전날 밤 함께 자지 마시오!
히히히, 그럼 오늘 미리….
아잉, 부끄럽게~
셋째 날 아침이 되자 산 위에 짙은 구름이 끼면서 천둥과 번개가 쳤지. 그리고 나팔소리가 크게 울려 퍼졌어.
우르릉 쾅
빰 빠 라 밤
헉!
저… 저게 뭐야?!
여호와께서 불 속에서 산으로 내려왔고, 산은 연기로 덮였어. 마치 가마에서 나는 연기처럼 산에서 연기가 솟아올랐고 산 전체가 크게 흔들렸지.
우 르 릉
꿀꺽!! 사… 살 떨리네.
이, 이거 겁나는데…?

모세는 백성들을 데리고 나와 산기슭에 세웠어. 하나님을 만나게 하기 위해서 말이야.
이 선을 넘어오면 안 됩니다! 밟기만 해도 죽어요.
정말 하나님을 만나는 거야?
지익
아… 떨려!
이봐, 밀지 마!
나팔소리가 점점 커지자 모세는 하나님을 찾았어.
빠
빠
밤
하나님! 저희가 왔습니다.
저도요~ 저도 왔어요.
야, 저놈 선 넘는다.
쟤 좀 말려!
여호와께서 시내 산 꼭대기에 내려오셨고, 모세는 산 꼭대기로 올라갔지.
백성들에게 경고하여 나를 보기 위해 가까이 오지 못하게 하라! 이 경고를 어기면 그들이 제사장이라 할지라도 죽을 것이다!
이미 말했습니다. 백성들은 경계선 안으로 들어오지 않을 거예요.
내려가서 제사장과 백성들이 가까이 오지 못하게 하라! 그리고 아론을 데려오너라!
콰
쾅
누가 선을 넘으려고 하나 보다.
네, 알겠습니다.
모세는 다시 백성들에게 내려가 하나님의 말씀을 전했어.
자, 다들 뒤로 가세요. 넘어오면 진짜 큰일 납니다! 하나님께서 벌 주신다니까요.
저 사람이 밀었다고요.
내가 언제?
훠이
백성들은 천둥과 번개 소리, 나팔소리, 산의 연기로 인해 산에서 멀리 떨어졌지.
어이구, 깜짝이야!
빨리 물러서라고!
쾅
헉!!
그들은 두려움에 떨며 말했어.
모세 님, 당신이 말씀하시면 우리가 듣겠습니다.
네, 그러니 하나님께서 우리에게 직접 말씀하지 않도록 해주세요.
그분의 음성을 직접 들으면 우리가 죽을지도 몰라서 그래요.

두려워 마시오. 하나님께서 오신 이유는
여러분에게 경외하는 마음을 주셔서
죄를 짓지 않도록 하기 위함입니다!
아… 그래도…
겁나는데….

모세는 다시 산으로 올라가 짙은 암흑으로 들어갔지.
아이고~
다리야.

tip 여호와께서 내려오신 이유

여호와께서 우레와 번개와 함께 내려오신 이유는 이스라엘 백성들이 이 장엄하고 놀라운 광경을 보고 하나님을 두려워하고 공경하는 마음을 갖게 하기 위함이었다. 뿐만 아니라 하나님의 존재를 통해 모세가 앞으로 받을 법이 인간이 준 것이 아님을 알게 하고, 겸손한 마음으로 지켜야 함을 일깨워주기 위해서였다.

20장 십계명

하나님이 모세에게 말씀하셨어.
나는 이집트에서 너희를 인도해 낸 여호와니라. 지금부터 하는 말을 이스라엘 백성들에게 전하라!
쿠르릉
척
네! 말씀만 하세요!

하나님은 이스라엘 백성들이 지켜야 할 열 가지 큰 명령을 주셨어. 바로 십계명이야.

1. 나 외의 다른 신을 섬기지 말라.
2. 우상을 만들지 말라.
3. 여호와의 이름을 망령되이 일컫지 말라.
4. 안식일을 지키라.
5. 네 부모를 공경하라.
6. 살인하지 말라.
7. 간음하지 말라.
8. 도적질하지 말라.
9. 거짓 증언하지 말라.
10. 네 이웃집을 탐내지 말라.
험… 십계명은 중요하니까 좀 더 자세하게 설명을 해주지.

1. 하나님 외에는 다른 신을 섬기지 말라
아뵤~
와장창
퍽
하나님만이 유일한 신이므로 다른 나라에서 섬기는 신들을 섬기면 안 돼.

2. 우상을 만들지 말라
하늘과 땅, 물속에 있는 어떤 모양도 금이나 은, 나무, 돌로 만들어 신으로 섬기면 안 돼.

3. 여호와의 이름을 망령되이 일컫지 말라
이 명령은 라멕 처럼 거짓말하며 함부로 하나님 이름을 부르지 말라 Link 1권 29p 는 말씀이야.
네 죄를 네가 알렸다?!
흑흑흑.
라멕
4. 안식일을 지키라
일주일 중 일곱 번째 날이 안식일이야. 엿새 동안 열심히 일하고 7일째 되는 날 하나님을 예배하며 쉬라는 말씀이지.
5. 네 부모를 공경하라.
6. 살인하지 말라.
7. 간음하지 말라.
8. 도적질하지 말라.
9. 거짓 증언하지 말라.
이건 따로 설명이 필요 없겠지?
10. 네 이웃집을 탐내지 말라
여기서 이웃집이란 이웃의 가축, 땅, 집, 노예, 심지어 아내까지 포함하는 말이지.
끙… 저걸 내가 꿀꺽할 수 있는 방법이 없을까?
십계명 외에 제사에 대한 것도 말씀해 주셨어.
① 하나님을 위해 흙으로 제단을 쌓을 것.
② 양과 소로 번제와 화목제를 드려 예배할 것.
③ 하나님을 예배하면 그곳에 오셔서 복을 주실 것임.
④ 돌로 제단을 쌓을 때에는 망치와 정과 같은 연장으로 다듬은 돌로 쌓지 말 것.
⑤ 층계를 밟고 제단 위에 올라가지 말 것.
5번은 층계를 오를 때 옷 속의 알몸이 보이면 부정하기 때문이야.

※번제: 불에 태워 드리는 제사. ※화목제: 하나님과 인간과의 관계를 화목하게 하기 위해 드리는 제사.

21장 종, 사형, 피해 보상
여호와께서 그 외 다른 법규에 대해서도 말씀해 주셨어.
제5계명, 6계명에 관련된 법이군!
1. 종에 관한 법
같은 히브리인끼리 노예가 되는 건 보통 세 가지 경우지.
① 가난해서 빚을 갚지 못할 때.
② 훔친 물건을 배상하지 못할 때.
③ 부모가 종으로 팔았을 때.
종이 된 후 7년째에는 몸값을 받지 말고 자유를 주어야 해. 이 법은 사람이 사람을 평생 소유할 수 없도록 정하신 거야.
드디어 7년이 됐다~ 자유다!
엥, 벌써??

자유를 주기 전에 살펴봐야 할 것은 다음과 같아.
처자식은 두고 가야 해. 알지?
① 혼자 종살이를 했으면 혼자 나감.
② 아내와 결혼해 함께 종으로 왔으면 함께 나감.
③ 종살이 중 주인이 여자를 주어 자식을 낳았으면 처자식은 주인 소유므로 혼자 나가야 함.
허걱, 이럴 수가!
만약 종이 종살이 중 얻은 아내와 자식으로 인해 자유를 원하지 않는다면
크흑, 아내와 자식이 없으면 자유가 무슨 소용입니까? 차라리 포기하지요.
좋아, 그럼 재판장에 가서 확인을 받자.

종과 주인은 재판장에게 가서 판결을 받은 후 문이나 문설주에 대고 송곳으로 종의 귀에 구멍을 뚫어야 하지. 그러면 종은 영원토록 그 주인을 섬기게 돼.
으아~ 살살… 살살!
사내놈이 엄살은… 조금만 참아. 히히.
덜덜
여종은 남종과 좀 달라서 자유를 줄 수 없는 경우가 있었어.
뭐야? 이건 남녀차별이잖아!
여, 여종이 주인의 첩이 되는 경우가 있어서 그래.
흔들 흔들

※문설주 : 문짝을 끼워 달기 위해 문 양쪽에 세운 기둥.

tip 여종

고대 사회에서는 가장의 권한이 매우 커서 자식들을 필요에 따라 팔 수가 있었다. 보통 가난하거나 빚이 있는 경우 팔았다. 이때 종이 된 남자나 여자는 모두 7년째에 해방될 수 있지만, 여종이 주인의 첩이 되었을 경우에는 계속 주인을 섬겨야 했다.

여종에 대한 법은 다음과 같아.
① 만약 주인이 여종과 잠자리를 같이 한 후 마음에 들지 않을 때는 자유를 주어야 함.
전 계속 종으로 살아도 좋아요. 제발~
쿵 쿵 쿵
오늘부터 자유니까 가라고 가. 제발!!
다른 나라는 7년째에 해방시키는 제도가 없기 때문에 종을 다른 나라에 팔아선 안 돼.

② 주인이 여종을 아들에게 주기로 했으면 자기 딸처럼 여겨야 함.
그래 아가, 첫날밤은 잘 보냈느냐?
아잉~ 아버님도~.
너무해요. 아버지.
③ 만약 아들이 또 다른 아내를 얻었다 하더라도 첫 번째 아내에게 옷과 음식을 주고 잠자리를 함께 해야 함.
하하
호호
흥, 다른 여자를 얻었다고 날 쳐다보지도 않는다면 난 자유를 찾아서 떠나면 돼!

2. 사형에 관한 법
① 사람을 때려 숨지게 한 사람.
② 자기 아버지나 어머니를 때린 사람.
③ 사람을 유괴한 사람 (그를 팔았건 데리고 있건 상관없음).
④ 아버지나 어머니를 저주한 사람.
너희들처럼 흉악한 죄인은 모두 사형이야.
캭
히익!
아이고.
흑흑
헉헉, 그… 근데 만약 실수로 사람을 죽였으면 어떻게 되나요?
하나님께서 정하신 도피성 Link 2권 212p 으로 도망가면 살 수 있어.
하지만 미리 계획된 살인이라고 밝혀지면 도피성으로 도망가더라도 끌어내 죽일 수 있지.
커억~ 시, 실수라니까요….
3. 피해 보상에 관한 법
① 싸우다가 돌이나 주먹으로 쳐서 상대가 쓰러졌으나 죽지 않고 지팡이를 짚고 걸어 다닐 수 있으면 벌을 받지 않아도 된다.
사람을 이 꼴로 만들었으니 피해 보상은 해야지? 내놔 봐.
너 임마! 딱 한 대 때렸는데 꼴이 왜 그래?
그러게 왜 사람을 때려?
② 주인이 종을 몽둥이로 때려 그 자리에서 죽었다면 주인은 벌을 받아야 한다.
흠… 곧 숨이 끊어지겠군요. 5,4,3….
아이고 안 돼! 재가 여기서 죽으면 나도 죽어!
③ 종이 매를 맞고 하루나 이틀 동안만 살아 있어도 주인은 벌을 받지 않는다.
주인의 매질이 고의가 아니라고 판단하고, 종의 죽음으로 생긴 재산 손해를 죄 값으로 본 거지.
휴~ 살았다.
죽은 놈만 손해지. 흑흑.
④ 두 사람이 싸우다 임신한 여자를 건드려서 여자가 유산만 하고 다친 데가 없다면 여자의 남편이 요구하는 돈을 배상해야 함.
저기… 재판관의 판결이 너무 과한데 조금만 깎아주면….
지금 장난하나! 내 아이가 죽었단 말이야!
흑흑, 우리 아기.
⑤ 그러나 여자가 다치기까지 했다면 목숨은 목숨으로, 눈은 눈으로, 이는 이로, 손은 손으로, 발은 발로, 화상은 화상으로, 상처는 상처로 갚아야 함.
내 아내의 다리가 부러졌으니 너도 똑같이…!
아이고~ 제발, 형님, 삼촌, 선생님!

⑥ 주인이 종을 때려 눈이 멀거나 이가 빠지면 그 대가로 종에게 자유를 주어야 함.

흠, 눈은 그렇다 쳐도 이는 빠질 수도 있지 않나?
좋겠다. 주인님 저도 이빨 하나 빼놓고 가면 안 될까요?
안녕히 계세요~ 빠빠이!

tip 종의 이

고대 사회에서는 종을 때려 이를 빠지게 하는 일이 자주 발생했다. 그래서 사람의 이는 몸의 사소한 부위라고 생각되었는데, 이처럼 아주 사소한 부위라도 다치면 자유를 주게 한 이유는, 종의 신체적 권리를 최대한 보장하기 위함이었다.

⑦ 소가 사람을 들이받아 죽였을 경우 소를 돌로 쳐 죽여야 함. 단, 그 소의 고기를 먹으면 안 됨. 이때 소의 주인에게는 죄가 없다.

⑧ 만약 소가 들이받는 버릇이 있어서 주변 사람들이 충고를 했는데도 울타리에 가두지 않았다가 그 소가 사람을 들이받아 죽였을 경우에는 소뿐만 아니라 그 주인도 돌로 쳐 죽여야 함.

⑨ 그러나 죽은 사람의 가족이 소를 죽이지 않는 대신 돈을 달라고 할 경우, 소의 주인은 죽은 사람의 가족이 달라는 대로 주어야 함.

⑩ 소가 어떤 사람의 종을 들이받아 죽였을 경우, 소의 주인은 종의 주인에게 은 30세겔을 줘야 함.

⑪ 어떤 사람이 구덩이를 파놓았다가 소나 나귀가 빠져 죽거나 다쳤을 경우, 짐승의 주인에게 돈으로 갚아야 함. 죽은 소는 구덩이 임자의 것이 됨.

⑫ 어떤 사람의 소가 다른 사람의 소를 들이받아 죽였을 경우, 살아 있는 소를 팔아 돈을 나누어 가지고, 죽은 소는 고기를 나누어 가진다.

⑬ 만약 그 소가 들이받는 버릇이 있는데도 울타리에 가두지 않아 다른 소를 죽였을 경우, 살아 있는 소로 배상하고 죽은 소를 자신이 가진다.

소와 관련된 법이 왜 이리 많아?
팍
소는 재산으로서 큰 가치를 지니고 있으니까요.
움머어

※1세겔 : 11.42그램으로, 은 1세겔은 노동자가 4일 동안 일하면 받을 수 있는 품삯이다.

22장 재산, 도덕과 종교

4. 재산에 관한 법

①소나 양을 도둑질하다 걸리면 한 마리당 소는 다섯 마리, 양은 네 마리 더 배상해야 함.

웡~
CCTV
흥! 안 걸리면 되지.

② 밤에 도둑질하다 걸려 맞아 죽었다면 도둑을 죽인 사람에게는 죄가 없음.
③ 해가 떴을 때 도둑을 죽였을 때는 도둑을 죽인 사람에게 잘못이 있음.

이 도둑놈, 넌 잡히면 죽었다!
타다다닥
아이고, 조금만… 조금만… 해가 뜰 때까지만… 헉헉.

④ 붙잡힌 도둑은 훔친 것의 두 배를 갚아야 함. 만약 갚지 못하면 자기 몸을 종으로 팔아 배상해야 함.
해가 떴네요. 헤헤, 살았다.
요놈 운 좋다. 배상은 어떻게 할 거야?
헉
헉
⑤ 가축이 다른 사람의 밭이나 포도원의 풀을 뜯어 먹으면 가축의 주인은 자기 밭이나 포도원에서 수확한 것 중 가장 좋은 농산물로 물어주어야 함.
야, 거, 거긴 우리 밭이 아냐!
흐흐, 딱 걸렸지롱.
남의 밭
밭 주인
⑥ 밭을 태우면 불을 낸 사람이 다 물어주어야 함.
아이고, 큰일났다. 불이야~!
화르르륵
어이구, 잘 타네~ 얼마를 받아야 하나…? 올해 농사는 끝났으니 놀러나 다녀야겠다. 헐헐.
밭 주인
⑦ 이웃이 맡긴 물건이나 돈을 도둑질 당한 후 그 도둑을 잡으면 도둑은 두 배로 갚아야 함.
⑧ 도둑이 잡히지 않았을 땐 집 주인이 재판관 앞에서 이웃의 물건에 손을 대었는지 조사를 받아야 함.
잉잉~ 제게 맡긴 포도를 제가 왜 훔칩니까?
시끄럽다 빨리 싸! 네 응아에서 포도씨 하나라도 나오면 각오해!
⑨ 잃어버린 물건이나 가축에 대해 서로 '내 것'이라고 주장하는 사람들은 재판을 받아야 함.
이 양은 내 것이라고 판결이 났으니 넌 두 배로 갚아야 해. 양 두 마리 가져와. 알았어?
으그, 서방이 아니라 웬수야 웬수!
아이고, 잘못했어.
재판장
메~
⑨ 이웃이 가축을 맡겼는데 그 가축이 죽거나 다치거나 사라졌을 경우
• 가축을 맡은 사람의 잘못이 아닌 경우: 여호와 앞에서 가축에게 손을 대지 않았다고 맹세해야 하며, 가축의 주인은 맹세를 받아들여야 함. 그러면 가축을 맡은 사람은 보상하지 않아도 됨.
• 가축 맡은 사람이 도둑질한 경우: 주인에게 보상해야 함.
• 가축이 들짐승에게 죽었을 경우: 죽은 가축을 증거로 주인에게 보여줘야 함. 그러면 가축에 대한 보상을 하지 않아도 됨.
이게 내 양이라고? 장난하냐?
그, 그게… 늑대가 통째로 물고 가서….

⑩ 이웃에게 가축을 빌렸을 때
• 주인이 없는 자리에서 빌린 가축이 다치거나 죽은 경우:빌린 사람은 그것을 보상해야 함.
• 주인이 함께 있을 때 빌린 가축이 죽은 경우:보상하지 않아도 됨.
• 죽은 가축을 돈을 주고 빌렸을 경우:그 돈이 손해 배상이 되어 보상할 필요가 없음.
빨리! 빨리 따라와!!
아니, 왜 그래? 무슨 일이야?
큰일났어. 빨리!
다다다
헉헉… 무슨 일인데….
봤죠? 지금 죽었습니다.
꼴까닥
휴, 간신히 맞췄네. 주인이 있을 때 죽었으니 됐다.
5. 도덕과 종교에 관한 법
① 결혼하지 않은 처녀를 유혹해서 잠자리를 함께 했다면 여자의 몸값을 내고 아내로 맞아들여야 함.
흐흐, 고맙네 사위. 이제 은 50세겔 정도만 내면 돼.
부끄~
내, 내가 술김에 무슨 짓을….
② 여자의 아버지가 결혼을 반대하면 결혼은 하지 못하고 여자의 몸값만 내야 함.
헤헤, 어르신 제가 실수를… 은 100세겔 드릴 테니 결혼을 반대해 주시면….
에이~ 조금 더 쓰게. 쫀쫀하게….
③ 마술 부리는 여자는 살려두지 말 것.
악한 영을 이용해 백성을 유혹하다니….
끼리릭
④ 짐승과 교접하는 사람은 살려두지 말 것.
탕
⑤ 여호와 외에 다른 신에게 제물을 바치는 사람은 반드시 멸할 것.
콰쾅
쿠쿠쿠쿵!
으아악~ 크악!!
⑥ 나그네를 억누르거나 학대하지 말 것.
우리도 이집트 땅에서 나그네였잖아! 그때를 생각해서라도 나그네들을 괴롭혀선 안 돼!

⑦ 과부나 고아를 괴롭히지 말 것.
크크, 과부나 고아야말로 제일 만만한 내 밥이지.
나쁜 놈. 똥통에나 빠져라!
꽤액
우직
똥통에 빠지면서 머리를 부딪쳐서 완전히 갔네?
끌끌, 나쁜 짓만 하더니….
아싸!!
짝!
⑧ 가난한 사람에게 돈을 빌려줄 때는 빚쟁이처럼 굴지 말 것. 또한 이자도 받지 말 것.
에이~ 내가 어찌 이자를 받겠나?
아참, 이 양은 잠시 우리 집에서 키우겠네.
나쁜 놈. 똥통에나 빠져라.
⑨ 만약 돈을 빌려줄 때 겉옷을 담보로 잡았다면 해가 지기 전에 돌려줄 것.
해 떴어. 다시 옷 내놔!
어이쿠~
퍽
⑩ 재판장을 욕하거나 지도자를 저주하지 말 것.
그럼 나쁜 지도자들은 어떻게 해?
투표하면 되잖아, 투표!!
투표소
⑪ 처음 추수한 곡식과 처음 만든 포도주는 하나님께 바칠 것.
⑫ 맏아들 또한 하나님께 바칠 것.
Link 2권 52p
히익~ 설마 아이를 제물로 바치라는 건 아니겠죠?
당연하지! 하나님이 그런 걸 원하실 리가 없지. 아이를 대신할 가축을 바치면 돼!
⑬ 소나 양의 첫 새끼를 바칠 경우 7일 동안은 어미와 함께 있게 하고 8일째 하나님께 바칠 것.
태어나자마자 제물로 바치는 건 좀 그렇지.
메에에에~
⑭ 맹수에게 찢겨 죽은 동물은 부정하니 그 동물의 고기는 먹지 말 것.
아이고, 맹수한테 죽은 소를 먹을 수도 없고… 배고파.
개 팔자가 부럽군.
우걱
우걱

23장 재판, 안식, 절기

① 거짓 증거 하지 말 것.
② 재판관은 뇌물을 받고 거짓말하지 말 것.
③ 재판관은 가난하다고 무조건 편을 들거나 혹은 불리하게 하지 말 것.
④ 원수의 재산이라도 보호해 줄 것.
6. 정의에 관한 법
땅 땅 땅
헤헤, 잘 좀 봐주세요~.
뇌물 죄 추가요!
⑤ 이방 나그네를 압제하지 말 것.
뭐야! 이방인이라고 무시하는 거야? 엉?
아이고, 이놈이?!
퍽
7. 안식년과 안식일에 관한 법
① 안식년이란 6년 동안 땅에 식물을 심고 추수하고 7년째 되는 해를 말함.
• 안식년에는 땅을 갈거나 씨를 뿌리지 말 것.
• 안식년에 땅에서 식물이 저절로 자라면 가난한 백성과 들짐승이 먹게 해줄 것.
자자, 맘 놓고 따 먹어. 이 형님이 밭주인에게 얘기해 놨어. 험험.
와우, 정말 넌 멋진 친구야. 고마워!
우리가 친구 하나는 잘 뒀어, 그치?
안식년
② 안식일이란 6일 동안 일하고 7일째 되는 날을 말함.
•안식일엔 쉴 것. 이때 소, 나귀뿐만 아니라 종의 자식과 나그네도 쉬게 할 것.
•안식일을 지킬 때에는 다른 신들의 이름은 생각도 하지 말고 입 밖에도 내지 말 것.
아 이놈들아, 드러누워서 뭐하는 거냐!
안식일이라 꼼짝 않고 시체놀이 하는 거예요.
어이쿠~ 안식일엔 쉬면서 하나님께 예배하라고 했지 누가 그렇게 누워 있으라고 했어!
8. 세 가지 절기에 관한 법
이스라엘 백성은 1년에 세 번의 절기를 지켜야 해. 각 절기 때에는 20세 이상의 모든 성인 남자들이 여호와 하나님 앞에 나와 예배해야 하고.
① 절기의 종류
•무교절:7일 동안 무교병을 먹어야 함.
•맥추절:밭에 심어놓은 곡식의 첫 열매를 바쳐야 함. 칠칠절, 오순절, 초실절이라고도 함.
•수장절:추수한 곡식이나 열매를 저장하는 연말에 지킴. 초막절, 성막절이라고도 함.
하나님이 하신 일을 기억하기 위해 꼭 지켜야 하는 절기들이야.
왜 성인 남자들만 예배할 수 있죠?
뭐야? 맘 상하게~
남녀차별하는 거예요?!
하하, 말이 그렇다는 거지 여자나 어린 아이도 예배할 수 있어.

※절기: 한국의 명절과 같은 것으로 볼 수 있다.

② 하나님께 제물의 피를 바칠 때 유교병은 부정하므로 함께 바치지 말 것.
이건 부정하니까 내가 먹어서 없애야겠어.
크, 핑계도 좋다!
냠냠.
맛있다~
③ 절기 때 바쳐진 제물의 기름은 다음날까지 남기지 말 것.
남은 기름을 어떻게 하지?
불에 태워 없애면 돼요!
화르르
④ 제물은 첫 열매 중 가장 좋은 것으로 가져올 것.
자, 보자~ 어떤 게 제일 좋을까.
쌔앵

⑤ 가축의 새끼를 삶을 때에는 그 어미의 젖에 삶지 말 것.
켈켈… 어미의 젖에 그 새끼를 삶는 건 너무 잔인하잖아.

약속과 지시

하나님은 이 모든 규례를 주신 후 약속하셨어.
내가 천사를 보내어 이스라엘 백성을 내가 준비한 땅으로 인도할 것이다. 그러니 너희는 천사의 말을 귀담아 듣고 순종하라!
하나님이 약속하신 고지가 보인다. 나를 따르라!
와아
돌격 앞으로!
근데 전쟁 영화를 너무 많이 보신 거 아냐?
천사
쾅

가나안 땅에 도착하면 내가 그곳에 사는 민족들을 멸망시킬 것이다. 너희는 약속의 땅 가나안을 정복하라!
땅문서라도 가지고 있냐?
약속의 땅이다!
왜 우리 땅에 와서 행패냐?
와아아
여호와께서 우리와 함께하신다!
또한 그곳 사람들의 모든 우상을 없애라. 그들의 우상들에게 절하거나 경배하면 절대 안 된다!
우상들을 모두 부숴버려라!
크르르
흑흑, 내 태권브이~
아이고, 몰렉 님!
이럴 줄 알았으면 고철로라도 팔아먹는 건데….

너희는 오직 나 여호와만 예배하라. 그리하면
내가 너희와 함께하여 가나안 땅 백성을 모두 쫓아낼 것이다.
너희에게 그 땅을 차지할 수 있도록 강한 힘을 줄 것이다!
저놈들의 여호와란 신은 너무 강해!
우리 신은 뭐하고 있는 거야?
엉엉, 우리가 믿는 거 신 맞아?
우리 땅
꺼져!
이제 여기는 우리 땅이야!
쾅
가나안

너희는 가나안 땅 사람들과 그들이 믿는 신에게
약속을 하지 말고 그들을 확실히 쫓아내라!
불쌍해서 봐준다.
찍 소리 하지 말고 조용히 여기서 살아.

그렇게 하지 않으면 언젠가
그들이 너희를 죄에 빠지게 할 것이다!
두고 보자, 이스라엘 놈들.
흐흐, 조금씩 놈들에게 타락의 바이러스를 퍼뜨려줄 테다.
감히 날 때렸겠다?

24장 언약을 확인함

여호와께서 모세에게 말씀하셨어.
너는 아론과 나답, 아비후, 70인의 장로들과 함께 올라와서
나를 예배하라! 그런 다음 너 모세만 나에게 가까이 오라.
아무도 이 산에 올라오게 하지 마라!
그리고 백성에게 내려가서 내가 말한 모든 것을 전하거라.
어서 내려가자.

모세가 백성들에게 여호와의 모든 말씀과 규례를 전하자
그들은 한 목소리로 대답했지.
여호와께서 하신 모든 말씀을 그대로 따르겠습니다!
좋소! 그렇다면 내일 여호와께 맹세하는 의식을 치루겠소!
옳소!!

모세는 여호와께서 말씀하신 모든 것을 기록했어.
문서로 정확히 남겨놔야지.

※나답, 아비후 : 아론의 아들들.

다음날 아침 일찍 일어난 모세는 산기슭에 이스라엘의 12 지파를 나타내는 돌기둥 열두 개를 쌓았지.

그리고 젊은이들이 여호와께 번제물을 바치게 했어. 젊은이들은 소를 화목제물로 바쳤지.

※12지파 : 이스라엘의 열두 명의 아들 집안을 12지파라고 부름.

모세는 제물의 피를 절반은 제단 위에 뿌리고 절반은 그릇에 담았지.

그리고 언약서를 가져와 백성들에게 읽어주었어.
이 모든 것을 지키겠다고 약속할 수 있습니까?
여호와께서 말씀하신 모든 것을 받들어 지키겠습니다!
와아~

※언약서 : 여호와께 받은 규례를 기록한 두루마리.

모세는 그릇에 담긴 제물의 피를 백성들에게 뿌렸어.
여호와께서 여러분과 맺는 약속의 피입니다!
으윽! 뿌릴 거면 미리 말 좀 해 주시지!
촥
어이구~ 이거 오늘 처음 입은 건데….

그후 모세는 아론과 나답, 아비후, 이스라엘의 장로 70명과 함께 산으로 올라갔지.
엥? 또 올라가야 돼?
아이고~ 사람 잡네.
이놈아, 경로우대 쿠폰 같은 건 없냐?

그곳에서 그들은 하나님과 함께 먹고 마셨어.
하하, 이런 멋진 파티를 할 거면 얘기해 줬어야지!
푸하하… 언제든 얘기하라고 한 걸음에 올라올 테니!
하하하
어이구, 아까는 사람 잡는다더니.
하하하

여호와께서 모세에게 말씀하셨어.
내가 있는 산으로 올라와라. 백성들을 가르치려고 몸소 돌판에 기록한 율법과 계명을 주겠다!
돌판? 고기 구워 드시게요?
돌판에서 기름을 쫘악 빼고… 쩝쩝.
모세는 보좌관 여호수아와 함께 하나님의 산으로 올라갔지.
룰루랄라~
헉헉…
헐~
헉
헉
모세가 산에 올라가자 구름이 산을 덮었어. 여호와의 영광이 시내 산으로 내려온 거야.
스르륵…

구름은 6일 동안 산을 덮었고, 7일째에 여호와께서 구름 속에서 모세를 부르셨지.
모세야, 이곳으로 올라오너라!
다녀올 테니 이곳에서 기다려라.
조심히 다녀오세요!
헉헉… 대장님 전 틀렸습….
안 돼, 정상이 바로 앞이라고!
이스라엘 백성들이 보니 산 위의 구름이 타오르는 불 같았어.
우와, 저것 봐! 저거 정말 구름 맞아?
엄청나다. 장관이구나!
하나님이 저기 계신 것이 분명해!

모세는 구름 가운데를 지나 산 위로 올라가 그곳에서 40일 밤낮을 지냈지.
냠냠… 나올 생각을 안 하시네?

25장 성소와 예물

여호와께서 모세에게 말씀하셨어.
이스라엘 백성들에게 말해 내게 예물을 바치게 하라. 단, 정말로 바치고 싶어 하는 자들만 가져오게 하라!
어떤 예물을…?

여호와께 드릴 예물은 다음과 같아.

금
은
놋
파란 실
자주색 실
빨간 실
고운 모시
염소 털
붉게 물들인 숫양 가죽
해달 가죽
조각목
등잔 기름
분향할 때 쓰는 향료
사람 머리에 붓는 기름
에봇
흉패에 달 보석

예물을 가져오면 그것으로 나를 위해 성소를 만들게 하라.
그러면 내가 그곳에 머물며 백성들과 함께 살 것이다!
전세로 사신대,
월세로 사신대?
부동산
계약서
뜨아

너희는 내가 가르쳐주는 대로 성막과
그 안에 들어갈 기구를 만들라!
멋지게
만들어야지.

성막 내부에 들어갈 기구 중 먼저 언약궤를 만드는 법은 다음과 같아.

① 조각목으로 궤를 만들 것.
② 궤에 금을 입힐 것.
③ 궤에 금고리 네 개를 달고 그곳에 금으로 씌운 장대를 만들어 끼워 넣을 것. 운반할 때 사용하며 항상 끼워 놓을 것.
④ 순금으로 속죄판을 만들어 궤를 덮을 것.
⑤ 궤 안에 증거의 판, 십계명이 써 있는 돌판을 넣을 것.

속죄판
재료 : 순금

궤
재료 : 조각목, 순금
길이 : 2규빗 반(1.12미터)
너비 : 1규빗 반(0.67미터)
높이 : 1규빗 반(0.67미터)

내가 언약궤 위의 두 그룹 사이에서
너와 만날 것이다. 그곳에서 네게
명령할 모든 것을 말할 것이다!

진설병 상 만드는 법은 다음과 같아.

① 조각목으로 만들어 순금을 입힐 것.
② 고리를 만들어 장대를 끼울 것.
③ 상 위에 놓을 접시와 숟가락, 대접, 병, 잔을 순금으로 만들 것.
④ 상 위에 진설병을 두고 항상 여호와 앞에 있게 할 것.

재료 : 조각목, 순금
길이 : 2규빗(0.9미터)
너비 : 1규빗(0.45미터)
높이 : 1규빗 반(0.67미터)

※진설병 : '얼굴 앞에 놓인 떡'이라는 뜻으로 하나님께 바치는 '제단 떡'임.

등잔대 만드는 법은 다음과 같아.

① 순금을 두드려 만들 것.
② 등잔대와 불집게와 불똥 그릇을 순금 1달란트로 만들 것.
③ 등잔 일곱 개에 불을 붙여 성소 안을 밝힐 것.

※1달란트 : 약 34킬로그램.

등잔 기름 등잔에 사용할 기름과 주의 사항이야.

① 올리브를 짜서 만든 기름을 사용할 것.
② 그 기름으로 등불을 항상 켜놓을 것.
③ 아론의 아들들이 성소의 등불이 꺼지지 않도록 지킬 것.

불철주야!

향 제단 다음은 성소에 피울 향 제단이야.

① 조각목으로 만들고 순금을 입힐 것.
② 네 모퉁이는 뿔이 나오게 할 것.
③ 제단 둘레에 금테를 입힐 것.
④ 향 제단은 성소의 휘장 앞에 놓을 것.
⑤ 아론은 아침과 저녁으로 향 제단 위에 매일 향기로운 향을 피울 것.
⑥ 향 제단에는 다른 어떤 향이나 번제물, 소제물, 전제물을 드리지 말 것.
⑦ 단 1년에 한 번, 아론은 제단 뿔에 피를 부어서 죄를 씻는 의식을 할 것.

콸콸
헉! 너무 많아요!
대속죄제 날만은 피를 붓는 것이 가능해!

재료 : 조각목, 황금
길이 : 1규빗(0.45미터)
너비 : 1규빗
높이 : 2규빗(0.9미터)

향 향 제단에 쓰일 향에 대한 규례야.

① 소합향, 나감향, 풍자향, 유향을 가져와 같은 양으로 섞고 소금을 쳐서 만들 것.
② 그 중 얼마를 빻아 고운 가루로 만들어 향 제단에 놓을 것.
③ 향을 다른 용도의 향료로 쓰려고 만드는 사람은 죽게 됨.

뿡
윽, 속이 안 좋아서….
크~ 다른 향을 피우면 절대 안 되는데….

놋 물동이

① 물동이와 그 받침을 놋으로 만들 것.
② 물을 담아 성막과 제단 사이에 놓을 것.
③ 제사장들은 이 물로 손과 발을 씻을 것.
④ 성막에 들어가거나 제사를 드리기 전 이 물로 미리 손과 발을 씻어야 죽지 않음.

손 발 씻으라고 했지 누가 목욕하라고 했냐?!
더 깨끗하게 씻으려는데 왜 못하게 하세요? 배 아파요?

제단 희생제물을 태우기 위한 제단을 만드는 방법은 다음과 같아.

① 조각목으로 만들 것.
② 네 모서리에 각각 뿔을 만들 것.
③ 전체를 놋으로 입힐 것.
④ 네 개의 고리를 만들어 놋을 입힌 장대를 끼워 운반할 수 있도록 할 것.
⑤ 단 위에 희생제물을 올릴 수 있게 놋으로 그물을 만들 것.
⑥ 제단 위의 모든 연장과 그릇은 놋으로 만들 것.
⑦ 재를 담는 통, 삽, 대야, 고기 갈고리, 불타는 나무를 옮길 때 쓸 냄비를 만들 것.

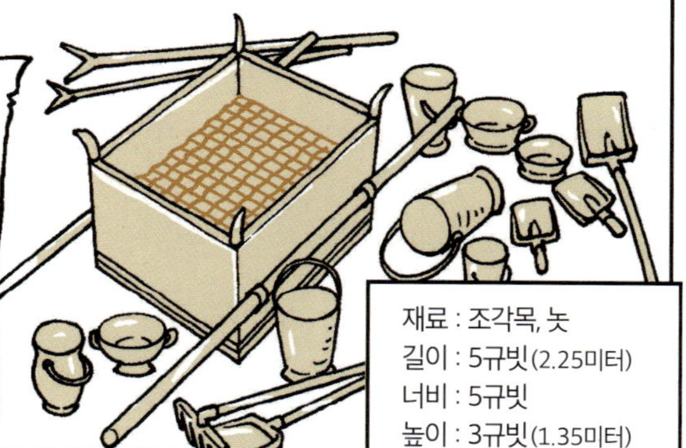

재료 : 조각목, 놋
길이 : 5규빗(2.25미터)
너비 : 5규빗
높이 : 3규빗(1.35미터)

26장 성막

① 성막의 앙장 순서

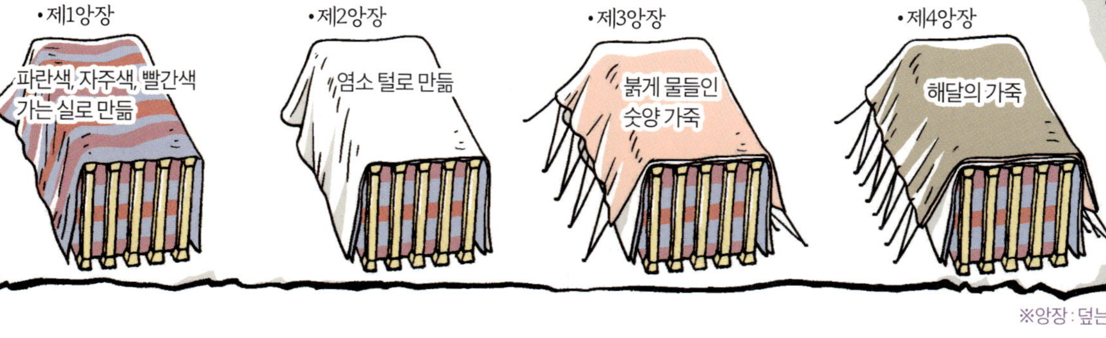
•제1앙장
파란색, 자주색, 빨간색 가는 실로 만듦
•제2앙장
염소 털로 만듦
•제3앙장
붉게 물들인 숫양 가죽
•제4앙장
해달의 가죽

※앙장 : 덮는 장막.

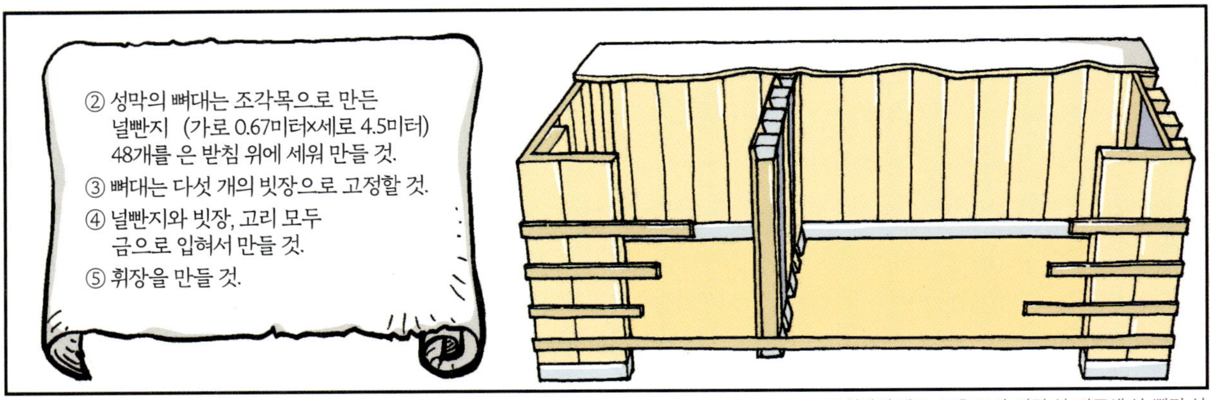
② 성막의 뼈대는 조각목으로 만든
널빤지 (가로 0.67미터×세로 4.5미터)
48개를 은 받침 위에 세워 만들 것.
③ 뼈대는 다섯 개의 빗장으로 고정할 것.
④ 널빤지와 빗장, 고리 모두
금으로 입혀서 만들 것.
⑤ 휘장을 만들 것.

※휘장의 재료 : 고운 모시, 파란 실, 자주색 실, 빨간 실.

⑥ 은 받침 위에 조각목에 금을 씌워 만든
기둥 네 개를 성막 안에 세울 것.
⑦ 네 개의 기둥에 휘장을 늘어뜨려
성막 안을 지성소와 성소로 나눌 것.
⑧ 성막의 입구는 다섯 개의 기둥을 세운 후
휘장을 걸어 늘어뜨릴 것.
휘장

⑨ 지성소에는 언약궤를 둘 것.
⑩ 성소에는 북쪽 위치에 진설병 상을,
남쪽 위치에 등잔대를 놓을 것.
지성소에는 언약궤, 성소에는
등잔대, 진설병 상, 향 제단을
두었다는 걸 기억해야 해요.
성경을 볼 때
많은 도움이
되니까….
아이고,
뭐가 이리
복잡해?
향 제단
진설병 상
등잔대
언약궤
지성소
성소

27장 성막의 뜰

다음은 성막 주변의 뜰과 울타리를 만드는 방법이야.
① 북쪽과 남쪽의 뜰 주위에 기둥 스무 개를 놋으로
만들 것.
② 서쪽의 뜰 주위에 기둥 열 개를 놋으로 만들 것.
③ 고운 베실로 짠 휘장으로 세워진 기둥을 둘러
울타리를 만들 것.
④ 울타리를 고정할 갈고리와 고리는 은으로 만들 것.
누가 여기 기둥 한 개
더 세웠어?
열 개라잖아, 열 개!
그쪽은
휘장을 쳐!

⑤ 동쪽에 입구를 만들 것.
•양쪽에 각각 세 개의 기둥을 세우고 15규빗 (6.75미터)의 휘장을 두를 것.
•입구에는 네 개의 기둥을 세우고 20규빗 (9미터)의 휘장을 두를 것.
•높이는 5규빗(2.25미터)이 되도록 할 것.
너희 눈에는 이게 제대로 된 것 같냐?
훌륭한데요. 헤헤.
이녀석들 좀 맞아야 정신이 돌아오겠다.
네?
헤헤~
⑥ 뜰의 길이는 100규빗(45미터), 너비는 50규빗(22.5미터)이 되게 만들 것.

28장 제사장의 옷 : 에봇

이제 네 형 아론과 그의 아들들을 불러 오라. 그들은 나를 섬기는 제사장이 될 것이다!
우리가 제사장이 된다니…
가문의 영광입니다.
아론에게 영광스럽고 아름답게 보이는 거룩한 옷을 만들어 입혀라. 그 옷은 제사장의 옷이 될 것이다!
형님, 허리가 프짐하시네요?

대제사장의 옷을 만드는 방법은 다음과 같아.
① 금실, 파란 실, 자주색 실, 빨간 실과 고운 모시를 사용해서 만들 것.
② 가슴덮개, 에봇, 겉옷, 반포속옷, 관과 띠를 만들 것.
어때? 폼 나?

tip 가슴덮개의 보석

첫째 줄 : 홍옥, 황옥, 녹주옥
둘째 줄 : 홍수정, 청옥, 금강석
셋째 줄 : 호박, 백마노, 자수정
넷째 줄 : 녹주석, 줄마노, 벽옥

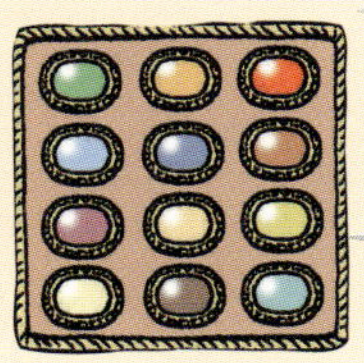

보석은 열두 개로, 각 보석에는 12 지파의 이름이 도장처럼 새겨졌다.

③ 가슴덮개 속에는 우림과 둠밈을 넣을 것.
이건 제비 뽑는 도구라는데 모양이 알려져 있질 않아.
작가
부들 부들

④ 허리에서부터 허벅지까지 오는 속옷을 만들어 몸을 가릴 것.
계단을 오를 때 하반신의 알몸이 보이는 것은 부정한 일이지.
⑤ 제사장들이 성막에 들어갈 때 이 속옷을 반드시 입을 것.
이것은 영원히 제사장들이 지켜야 할 규례야. 속옷을 안 입고 성막에 들어가면 죽게 된단다.
헉! 죽는 다고요?
어서 입어!

관유
① 관유를 만들 때는 몰약 500세겔, 육계 250세겔, 창포 250세겔, 계피 500세겔과 올리브기름 1힌을 가져와 섞어서 만들 것.
창포
올리브기름
계피
육계
몰약
비율을 잘 맞춰야….
그거 잘못해서 폭발하는 건 아니겠지?

② 관유를 언약궤, 등잔대, 진설병 상, 향 제단, 번제단, 물동이와 모든 기구에 우슬초로 바를 것.
③ 제사장으로 구별하기 위해 아론과 그의 아들들에게 부을 것.
④ 관유를 다른 용도로 만들거나 제사장 외의 사람에게 부으면 죽게 됨.
아이고~ 이거 언제 다 바르냐.
좌악
나한테는 기름을 부어야지!

29장 제사장을 거룩히 세움

아론과 그의 아들들을 제사장으로 세워 나를 섬길 수 있도록 하라!
대제사장
척!
제사장들
아론
나답
아비후
엘르아살
이다말

※관유: 성별하는 향유. ※1힌: 3.6리터.

그들을 제사장으로 세우기 전에 준비할 것이 있다!
① 흠 없는 수송아지 한 마리, 흠 없는 숫양 두 마리와 무교병, 기름 섞인 무교과자, 기름 바른 무교전병을 담은 광주리를 가져올 것.
② 성막 입구에서 아론과 그의 아들들을 물로 씻을 것.
③ 대제사장의 옷을 아론에게 입힐 것.
④ 관유를 아론의 머리에 부어 바를 것.
⑤ 아론의 아들들에게는 일반 제사장 예복을 입힐 것.
제사장 되기 어렵네.
주르륵
이게 '기름부음' 받는 거예요.

그리고 제사장이 되기 위한 예식을 치러야 한다!
① 제사장의 죄를 씻기 위해 속죄제를 드릴 것.
② 번제를 드릴 것.
③ 제사장 위임을 위한 화목제를 드릴 것.
④ 광주리에 든 것들로 요제를 드릴 것.
어디 보자~ 오늘은 어떤 놈으로 제물을 드릴까나…?
히익!
옴마~

※속죄제 : 죄를 씻기 위해 드리는 제사. ※번제 : 불로 태워 드리는 제사. ※화목제 : 하나님과 사람과의 화목을 위해 드리는 동물 희생 제사.
※요제 : 제물을 앞뒤로 흔들어 바치는 제사.

모세와 제사장들의 몫
① 모세의 몫:아론을 제사장으로 임명할 때 요제로 바친 숫양의 가슴.
② 아론과 그 아들들의 몫:화목제 때 요제로 바친 숫양의 가슴과 넓적다리.
헉, 형은 왜 그리 많아요?
뭐야?!
우리도 먹고살아야죠!!

기타 제사장 의식에서 지켜야 할 사항
① 대제사장의 옷은 그의 자손들에게 물려줄 것.
② 아론의 뒤를 이어 대제사장이 될 자손은 그 옷을 입고 기름부음을 받을 것.
③ 대제사장으로 임명받은 사람은 성막에 들어가 성소에서 섬길 때 그 옷을 7일 동안 입고 있을 것.
④ 제사장으로 임명할 때 쓴 숫양의 고기는 성막에서만 삶을 것.
⑤ 제사장들은 성막 입구에서 고기와 광주리에 들어 있는 음식을 먹을 것.
⑥ 다음날까지 고기와 빵이 남으면 그것을 불태워야 함.
⑦ 제사장을 임명하는 예식은 7일 동안 행할 것.
⑧ 7일 동안 매일 속죄제로 숫소를 바칠 것.
⑨ 제단 위에 속죄제를 드리고 제단 위에 기름을 부어 거룩하게 할 것.
그러면 그 제단은 매우 거룩해지고 그 제단에 닿는 것도 거룩하게 됨.

매일 드리는 번제

매일 아침, 저녁으로 바쳐야 할 제물은 다음과 같아.
아침, 저녁으로 매일 두 번씩 제사 드리는 것을 상번제라고 하지요.
헉, 매일 두 번? 무지 빡세겠다!

번제	어린 양(1년 되고 흠 없는 숫양)
소제	고운가루 1/10에바 + 기름 1/4힌
전제	포도주 1/4힌

흠, 이 제물의 냄새가 주님을 기쁘시게 한답니다.
그래? 하나님이 기뻐하신다면야 두 번이 아니라 백 번이라도 해야지.

여호와께서 모세에게 말씀하셨어.
제사하는 성막에서 내가 이스라엘 백성들을 만날 것이다. 그리하면 그곳은 영광으로 거룩해질 것이다!
나는 이스라엘 백성과 함께 살고 그들의 하나님이 될 것이다. 이 모든 일은 내가 이스라엘 백성과 함께 살기 위함이다!
기억하라, 나는 이스라엘 백성의 하나님 여호와다. 나와의 만남을 통해 이스라엘 백성은 내가 이집트에서 인도해 낸 여호와 하나님이라는 것을 알게 될 것이다!
아아, 하나님과 백성들이 만나게 되다니!

30장 속전제도

1..2..3..4..
5..6..12..45..89..
125..227..517..841..
113..456..953..1463..
2348..4174..6834..
인구조사를 해서 이스라엘 백성 중 20세 이상의 남자 수를 세거라!
하암...
내일 저녁까지는 끝나겠지?

그들이 자기 목숨을 대신한 값을 내게 바치게 하라. 그래야 백성의 수를 셀 때 그들에게 재앙이 일어나지 않을 것이다!
예물을 드리는 것은 죄를 용서해 주시는 하나님의 은혜에 감사하는 헌금제도입니다.
카드는 안 돼요?

※속전 : 죄를 면하기 위해 바치는 돈.

인구조사를 받는 사람은 누구든지 은 반 세겔을
내게 하라. 이것은 나에게 바치는 예물이다!
저는 더 내도 되는데요.
안 돼요, 부자든 가난한 자든 똑같이 내야 합니다.
그거 나 줘도 되는데… 쩝.

너는 이 은을 받아 성막을 위해 써라. 그러면 내가
이스라엘 백성을 기억하여 생명을 지켜줄 것이다!
크크, 은도 많은데 한번에 성막을 열 개쯤 지어버릴까?
끌끌, 매를 벌어라 매를….

※반(0.5)세겔 : 약 5.7그램.

31장 브살렐과 오홀리압

하나님, 그런데 그걸 제가 다 만들 수 있을까요?
양을 치던 제가 무슨 기술이 있는 것도 아니고….

걱정 마라. 너에게 명한
모든 것을 다 만들 수 있도록
사람을 뽑아주겠다!
휴, 다행이네요. 어떻게 그걸 다 만들까 걱정했거든요.

유다 지파의 브살렐에게 나의 영을 부어주고,
그에게 모든 일을 할 수 있는 기술과 능력,
지식을 줄 것이다!
슈웅
브살렐

※브살렐 : 훌 Link 2권 67p 의 손자이자 우리의 아들.

또 단 지파 오홀리압을
뽑아 브살렐을 돕게 할 것이다!
오홀리압
오~ 갑자기 아이디어가 각 떠올라!
저도 도와드리겠습니다!
파파팍

다른 기술자들에게도 능력을 더해 주어
내가 명령한 모든 것을 다 만들 수 있게 할 것이다!
후후, 여호와께서 우리에게 능력을 주셨으니, 다 덤벼라!

안식일

너희는 안식일을 지켜라. 이것을 통해 내가 너희를
거룩하게 구별되도록 만들었음을 알게 될 것이다!
일주일 내내 빈둥거리더니 오늘도 그러고 있냐?
오늘부터 일하려고 했는데 안식일이라 잖아요. 히히~.

내가 6일 동안 하늘과 땅을 만들고 7일째
되는 날에 쉰 것처럼 너희도 6일 동안
일하고 7일째 되는 날 나를 기억하며 쉬라!
쿠르릉
아버지~ 뭐 하시는 거예요?! 오늘은…

파지직
꾸애액!!
아버지!
이날을 거룩히 지켜라. 누구든지 이 날에 일하는 사람은 죽을 것이다!
오… 오늘은 안식일이잖아요.
푸시식.
빠, 빨리 도 말하는 구나.
이스라엘 백성은 안식일을 기억하고 그날을 자손 대대로 지켜라!
나… 나는 안식일을 지키지 않으면 어찌되는지 보여주려고….
어이구!
시내 산에서 여호와께서 이 모든 말씀을 마치셨지.
자, 이상이다. 내가 한 모든 말을 백성들에게 전해라!
40일 동안 수고 많으셨어요.
그리고 모세에게 돌로 만든 증거판 두 개를 주셨어. 그 돌판에는 하나님께서 직접 쓰신 말씀이 적혀 있었지.
오~ 이것이 바로 십계명이구나!

32장 금송아지

한편 백성들은 모세가 산에서 내려오지 않자 아론에게 몰려와 말했지.
모세 님, 죽은 거 아냐?
우린 어떻게 되는 거지!?
우리에게 신을 만들어주십시오!
불안해 죽겠습니다!
허참.
조… 좋소, 그럼 여러분의 아내와 자식들이 달고 있는 금귀고리를 빼서 나에게 가지고 오시오!
금귀고리는 왜?
뭘 왜야? 시키는 대로 하자.
그래도 요즘 금값이 얼만데….

백성들은 금귀고리를 모두 모아 아론에게 가지고 갔어.
아론 님에게 가져다드리는 것이니 너무 섭섭해 마라!
내 귀고리….
아론은 그 금을 녹여 송아지상을 만들고 이스라엘 백성들에게 말했어.
이스라엘아, 이것이 바로 너희를 이집트 땅에서 인도해 낸 신이다!
오오오~~
으음, 딱 하나님 같네.
금송아지다!
멋지다!
그리고는 송아지상 앞에 제단을 쌓았지.
내일은 여호와를 위해 제사를 드리겠다!
와아~~
신난다!
오예~~
여호와께서 기뻐하실 거야!
다음날 아침 일찍 백성들은 금송아지 제단 앞에 번제와 화목제를 드렸지. 그리고 그곳에서 마음껏 먹고 마시며 즐겁게 놀았어.
역시, 신은 눈에 보여야 섬기는 맛이 나지.
야호~
좋구나!
여호와께서 모세에게 말씀하셨어.
이 어리석은 백성들이 금송아지를 섬기며 죄를 짓고 있다. 내가 그들을 멸망시키겠다!
쿠르릉
네? 그, 그런 짓을?!
하지만 너만은 살려두어 큰 민족을 만들어주겠다!
아이고~ 주님! 어찌하여 주님의 백성들에게 노하십니까?
털썩
모세는 하나님께 간절히 요청하며 매달렸어.
하나님! 아브라함과 이삭에게 하신 약속을 기억하셔서 제발 그들을 멸망시키지 말아주세요!
모세의 간절한 기도로 여호와께서 마음을 돌리셨지.
알겠다, 모두 멸망시키진 않겠다!
감사합니다! 감사합니다!
모세는 양손에 언약이 새겨진 돌판 두 개를 들고 서둘러 내려갔어.
어서 가자!
아니, 왜 그러세요? 무슨 일이라도?
산을 내려가는데 백성들이 시끄럽게 떠드는 소리가 들리는 거야.
노래소리 같은데? 잔치를 하나?
흥, 신났군.

※송아지상 : 이집트에서는 황소를 섬겼기 때문에 그 영향을 받은 아론은 송아지상을 만들었다.

모세가 진영에 가까이 다가가서 보니 금송아지 앞에서 백성들이 춤추는 모습이 보였어.
어? 저건 뭐지?
멍청한 것들!
이 악한 백성들아!!
어? 모세 님!
모세는 너무 화가 나서 양 손에 들고 있던 돌판을 산 아래로 던져 깨뜨렸어.
와장창
도대체 무슨 짓을 하는 거냐!!
헉!
퍽
아이고~
모세는 백성들이 만든 송아지를 가져다가 불에 태운 다음
얼마나 큰 죄를 지었는지 알고나 있습니까?
아… 아니 그게….
가루로 만들어 물에 뿌려 이스라엘 백성들에게 마시게 했지.
웬샷!
크윽~!
아이고, 잘못했어요!
아우… 화 풀어.
백성들이 형님에게 뭐라 했기에 이렇게 큰 죄를 짓게 된 겁니까?
모세의 책망에 아론은 변명만 하며 책임을 회피했어.
너도 알듯이 백성들이 악하잖아. 자신들을 인도할 신을 하도 만들어 달라고 해서 어쩔 수 없이 그만….

게다가 백성들이 가져온 금을 불에 던졌더니 금송아지가 나왔다고!
흥, 그런 말도 안 되는 변명을….
하아~ 이 백성은 도무지 통제 불능이구나.
헉, 엄마야!
이제 당신들 차례야. 이리 와!
모세는 진영 입구에 서서 말했어.
누구든지 여호와를 따르고자 하는 사람은 나오시오!
그러자 레위 집안의 모든 사람들이 모세에게 나왔지.
저요!
저도 빠지면 섭하죠!
저도 함께해요!
여호와께서 명령하셨다. 허리에 칼을 차고 진영의 한쪽 끝에서 다른 쪽 끝까지 다니며 너의 형제와 친구, 이웃을 죽여라!
네?
이웃을 죽이라고요?
헉, 어떻게!
뭐 하느냐! 여호와의 명령이다!
독하게 맘먹자고.
가자! 어차피 각오한 일.
척
어쩔 수 없어.
레위 집안의 사람들은 모세의 말에 순종하여 그날 이스라엘 백성 약 3천 명을 죽였어.
까아아아악
으악!
캭!
착
후다닥
사… 살려줘!
너희 레위 사람들은 여호와를 섬기기 위해 오늘 너희의 자녀와 형제를 희생시켰으니 하나님이 복을 주실 것이다!
그러게 왜 우상을 만들었냐?
왜 기다리지 못했던 거냐고!
크윽!!
착
푹
다음날 모세가 백성들에게 말했지.
여러분은 아주 끔찍한 죄를 지었습니다!

하지만 나는 그 죄를 혹시 용서받을 수 있을까 해서 다시 여호와께 올라갈 것입니다!
흑흑흑.
엉엉엉.
한 번만 용서해 주세요.
모세는 다시 시내 산에 올라가 백성들을 용서해 달라고 간구했어.
쿠릉
주님! 이 백성들을 용서해 주세요. 용서해 주지 않으시려거든 차라리 제 이름을 '주께서 기록하신 책'에서 지워주세요!

tip 주께서 기록하신 책

생명책을 말한다. 여기에 이름이 기록된 사람만이 영원한 생명을 얻게 된다. 모세는 하늘의 영원한 삶조차 포기하겠다고 고백할 만큼 이스라엘 민족에 대한 사랑이 깊었다. 생명을 포기하면서까지 백성을 살리려 한 그의 간절한 기도로 인해 백성들은 다시 용서받게 된다.

여호와께서 모세에게 말씀하셨지.
누구든지 나에게 죄를 지으면 그 사람의 이름을 내 책에서 지울 것이다!
Delete files
'모세'의 파일을 영구적으로 삭제하시겠습니까?
Moses Information File
Type: TXT File
Size: 5.5MB
Modified date: 2017-01-10 PM 2:45
MOSES
Yes
No
내가 용서할 테니 너는 가서 이스라엘 백성들을 내가 약속한 땅으로 인도하거라. 그러나 또 다시 죄를 지으면 그 값을 치르게 하겠다!
쿠르릉
아이고, 하나님! 감사합니다. 정말 감사합니다.
단, 나는 이제 더 이상 너희와 함께하지 않겠다. 대신 천사를 보내줄 테니 그 천사를 따라가거라!
네? 왜요? 이제까지 함께해 주셨잖아요.
삐지셨어요?
너희가 또 다시 죄를 지으면 내가 모두를 멸망시킬지도 모르기 때문이다!
백성들은 이 말씀을 모세에게 전해 듣고 통곡하며 울었어.
엉엉, 잘못했어요.
흑흑흑.
우리의 어리석음을 용서해 주세요!
죄 짓는 것도 빠르고 후회하는 것도 무지 빠르구나.
여호와께서 모세에게 말씀하셨지.
이스라엘은 고집 센 백성이다. 내가 그들과 함께하면 그들을 멸망시킬지 모른다. 그러니 백성들에게 몸의 장식물을 떼고 회개하게 하라. 그 후 함께할지 여부를 결정하겠다!
모두들 여호와께 진정으로 회개하는 모습을 보여드립시다!
히잉!
모든 백성들이 몸의 장식물을 떼어냈어.
아이고~~ 엉엉엉!
잘못했어요!
다시는 우상 숭배하지 않을 게요.

33장 회막

모세는 진영 밖 멀리 떨어진 곳에 장막을 치고 회막이라고 불렀는데 여호와의 뜻을 알기 원하는 사람들은 이 회막으로 왔어.
여호와의 뜻을 다시 물어보겠소!
회막
모세가 회막에 들어가면 구름기둥이 내려왔지.
스르르
오오~ 여호와께서 내려오시는구나.
우와~ 신기해!
우리가 왜 금송아지 따위를 만들었을까?
그러게 말이야.
구름기둥은 여호와께서 모세에게 말씀하시는 동안 회막 앞에 머물렀고 백성들은 장막 입구에서 절했어.
여호와께서는 마치 친구와 말하듯 모세와 얼굴을 맞대고 말씀하셨어.

※회막 : '모이는 장소' 라는 뜻.

모세가 백성들이 있는 진영으로 돌아가면 보좌관 청년 여호수아가 회막을 지켰지.
잘 지키고 있게. 수고해.
척
옙!

하나님의 영광이 나타남

모세는 여호와께 이스라엘을 용서하시고 함께해 달라고 간절히 기도했어.
주님, 이들이 주님의 백성임을 기억해 주시고, 주님의 은혜를 계속 받을 수 있게 해주세요.
저희와 동행해 주세요~ 제발!

좋다. 내가 너와 함께 가겠다. 내가 너를 안전하게 하겠다!
와, 정말이죠? 약속하신 겁니다. 만세!
근데 약속의 증거로 주님의 영광을 제게 보여주시면 안 될까요? 제발~!
헐…!
내가 네 앞을 지나가겠다. 그러나 내 얼굴을 볼 수는 없을 것이다!
그래도 보여주시면 안 될까요?
안 된다. 나의 얼굴을 보고 살 수 있는 사람은 아무도 없기 때문이다!

거기 바위가 있으니
그 위에 서 있어라. 내가 그곳을
지나갈 때 너를 바위의 틈에 넣고
내가 다 지나갈 때까지
너를 내 손으로 가려줄 것이다!
어… 뭐지?
아무것도
안 보이네요?
스스스…
그런 다음 내 손을 치우면 너는 내 등을 볼 수 있을
것이다. 하지만 내 얼굴은 볼 수 없을 것이다!
아아…
주여….

34장 새 돌판

모세는 하나님 명령대로 돌판 두 개를 준비했어.
이거 괜찮겠다.
그리고 다음 날 아침 일찍 시내 산으로 올라갔지.
내가 올라가면
아무도 산에 올라와서는
안 되는 거 알죠? 가축이
풀도 뜯게 하지 마요!
네.
산에 도착하자 여호와께서 구름 속으로 내려오셔서 모세와 함께 섰어.
내가 여호와다!
스으으으…
오! 저, 정말 나의
주님이십니까?
나는 자비롭고 은혜로운 하나님이다. 나는
오래도록 한결같은 사랑을 베풀며 잘못과 허물을
용서한다. 하지만 죄를 그냥 넘어가지는 않는다!
주님, 제가 주님께
은혜를 입었다면 저희와
함께 가 주십시오.
이 백성이 악하고 미련
합니다. 저희 죄를
용서해 주십시오!
흑흑
제발… 저희를 다시
주님의 백성으로
삼아주십시오!
…
알겠다. 내가 언약을 다시
세우겠다. 내가 모든 백성들
앞에서 기적을 일으키겠다!
정말요?
여호와께서 처음의 언약을 다시 세우셨어.
19~23장의 약속을
다시 세울 것이니
잘 적어라!
① 하나님이 가나안 땅에 큰 기적을 행하시고
그 땅의 민족들을 쫓아낼 것임.
② 이스라엘 백성들은 가나안 땅 사람들과 약속을 맺지 말 것.
③ 이스라엘 백성들은 가나안 땅의 우상을 절대 섬기지 말 것.
④ 이스라엘 백성들은 가나안 땅 사람들과
결혼하지 말 것.
⑤ 3대 절기를 지킬 것.
넵!!

모세는 여호와와 함께 먹지도 마시지도 않고 그곳에서 40일 밤낮을 있었지.
지난번에도 40일 동안 있었는데….
여호와께서 언약의 말씀, 곧 십계명을 다시 돌판에 기록해 주셨어.
나 이외에는 다른 신을 섬
지지직
모세는 그 두 개의 돌판을 가지고 산을 내려왔는데, 여호와와 함께 있었기 때문에 얼굴이 환하게 빛났지.
아론과 이스라엘의 모든 백성들은 모세를 보자 그 빛으로 인해 그의 곁에 가까이 가기를 두려워했어.
아니… 저… 비… 빛이….
서, 성스러운 빛이 나!
다들 왜 그래?
모세는 아론과 백성의 지도자들을 불러 여호와께서 시내 산에서 주신 모든 계명을 알려주었어.
다 받아 적었습니다.
다들 용케 선글라스 하나씩은 가지고 있군요.
헤헤, 이번 여름휴가 때 쓰려고요.
모세는 백성들에게 말할 때 수건으로 얼굴을 가렸지.
선글라스 벗으세요. 제가 수건으로 이렇게….
히히, 폼나고 좋았는데….
그러나 회막으로 들어가 여호와께 얘기할 때에는 수건을 벗었어.
아이고, 답답해.
회막에서 나와 다시 말씀을 전할 때는 얼굴의 빛 때문에 항상 수건으로 가려야 했지.
굳이 수건을 쓰실 필요 있나요?
백성들이 얼굴의 빛을 보고 나를 섬길 수도 있잖나.

35장 안식일 규례

모세는 이스라엘 백성들을 모두 모으고 하나님께서 명령하신 것을 전했어.
먼저 안식일에 대해 말하겠습니다. 안식일을 거룩하게 지키며 여호와를 예배하십시오.
그날 일하는 사람은 죽게 될 것입니다.
네, 알겠습니다!
다시는 죄를 짓지 않을 거예요!

그리고 성막을 만들 것입니다. 필요한 예물이 있는데 원하는 사람들만 여호와께 드리십시오! Link 2권 87p
아유~ 당연히 드려야지요.
저도 드릴게요!
저도요!
무얼 아끼겠습니까?

좋소. 필요한 예물은 이런 것들이오!
금, 은, 놋, 파란 실, 자주색 실, 빨간 실, 고운 모시, 염소 털, 붉게 물들인 숫양 가죽, 부드러운 가죽, 조각목, 등잔 기름, 관유에 필요한 향품, 분향할 향을 만드는 향품, 호마노, 에봇과 가슴덮개에 달 보석들.

또한 기술이 좋은 사람들은 와서 여호와께서 명령한 것을 만드시오. 이것이 만들어야 할 물건들 목록이오!
성막, 덮개, 갈고리, 널빤지, 빗장, 기둥, 밑받침, 언약궤, 속죄판, 휘장, 진설병 상, 등잔대, 등, 기름, 향 제단, 분향, 모든 기구, 번제단, 놋그물, 물동이, 말뚝, 밧줄, 제사장 옷.

여호와께 예물을 바치기 원하는 사람들은 그것을 가지고 나왔지.
비켜! 내가 1등으로 예물을 드릴 거야!
웃기지마. 내가 먼저야!
이익, 비겁한 놈들, 새치기 하지 마!
두두두두

모세가 이스라엘 백성들에게 말했어.
여호와께서 브살렐과 오홀리압에게 모든 것을 만들 수 있는 능력을 주셨소!
브살렐
오홀리압
오오~
쟤들이 손재주가 그렇게 좋다며?
말도 마. 소문엔 초등학교도 실업계를 나왔대.

36장 헌납

이제 브살렐과 오홀리압이 작업반장입니다. 일을 돕고 싶은 사람은 앞으로 나오세요!
저요!
저도 함께 해요.
저도….

모세는 그들에게 백성들이 바친 모든 예물을 보여주었어.
자, 이 예물들로 성막을 만드시오!
히익, 엄청나다!
그런데 매일 아침마다 백성들이 계속해서 예물을 가져오는 거야.
제 것도 받아 주세요!
여기 또 있어요!
헉, 또 가지고 왔어?
두두두
이, 이것들이 예물로 날 묻으려고 하는구나!

모세가 말하고 나서야 백성들은 예물을 더 이상 가져오지 않았지.
지금부터 예물을 더 가져오면 혼구멍을 내줄 테다!
어? 갑자기 그러는 게 어딨어?
비겁해!
흐흐, 난 몰래 갖다놓고 와야지.

성막

예물이 모인 후 성막을 만들었어.
① 우선 성막을 덮을 천을 만듦.
② 조각목으로 성막을 세울 널빤지와 은 받침을 만듦.
③ 휘장을 만듦. 휘장엔 날개 달린 그룹 모양을 수놓음.
⑤ 네 개의 기둥을 만들어 휘장을 늘어뜨림.
⑥ 성막 입구에 세울 기둥 다섯 개와 입구를 가릴 막을 만듦.
성막 내부는 휘장을 사이에 두고 지성소와 성소로 나눠지.
탕탕
뚝딱
뚝딱

※그룹 : 아담과 하와가 낙원에서 추방된 후 낙원의 문과 생명나무를 경호한 천사.

37장 브살렐이 만든 성물

브살렐은 조각목으로 궤를 만들고
Link 2권 88p 를 보면 어떻게 만드는지 좀 더 자세히 알 수 있지.
쓱쓱

순금으로는 속죄판을 만들었지.
탕
탕
거기 좀 더 다듬어.
그리고 속죄판을 궤 위에 덮어 언약궤를 만들었어.
크크~ 드디어 합체! 역시 난 재주가 좋아.
험, 내가 코치를 잘한 거지 뭐!
짜~잔

브살렐은 언약궤 외에도 다른 성물들을 만들었지.
① 언약궤.
② 진설병을 올려놓는 상, 상 위에 놓을 접시, 그릇, 병과 잔.
③ 등잔대, 심지를 자르는 가위, 불똥 그릇.
④ 향 제단.
⑤ 거룩한 의식에 쓸 관유와 깨끗한 향.
흐흐~ 이 정도쯤이야. 이제 성막 밖에 놓일 것을 만들어야지!
어쭈, 제법인데?
성막 안에 들어갈 성물들을 모두 만들었네?

38장 제단과 물동이

브살렐이 만든 성막 밖에 놓일 성물들은 다음과 같아.
① 제단.
② 제단 위에 쓸 모든 연장과 그릇 (재를 담는 통, 삽, 대야, 고기 갈고리, 냄비, 놋그물).
③물동이와 받침.
성막 내부의 물건들은 금으로 만들었고 성막 밖에서 사용할 물건들은 모두 놋으로 만들었어.
호~ 내부 물건들이 더 좋은 것 이군.
브살렐

그리고 성막의 뜰에 기둥을 세우고 휘장을 둘러 울타리를 만들었지.
웃차, 웃차!
쿵
아이고, 힘들어!
임마, 그게 아니잖아!
쿵
오~

성막 제작 재료 목록

모세는 아론의 아들 이다말에게 성막을 만들면서 사용한 재료 목록을 작성하게 했어.
넌 자재 관리에 재능이 있으니 목록을 작성해라.
네, 맡겨만 주세요!
이다말
성막에 사용된 자재
• 금 : 29달란트 730세겔 (약 1,200킬로그램)
• 은 : 100달란트와 1,755세겔 (약 3,420킬로그램)
• 놋 : 2,400세겔 (약 2,407킬로그램)

헐, 어디서 이렇게 많은 금과 은이?
20세 이상 남자들이 각각 은 반 세겔씩 냈고, 예물도 따로 받았잖아.
기둥 밑받침 100개, 기둥의 갈고리, 기둥 덮개, 고리 만드는데 은을 썼고….
놋으로는 성막 입구의 밑받침, 제단, 놋그물, 제단의 모든 기구, 뜰을 둘러 친 휘장의 밑받침, 말뚝을 만들었구나.
어이구, 많기도 해라.

브살렐은 오홀리압의 도움을 받아 여호와께서 모세에게 명령하신 모든 것을 만들었어.
나한테 다 시켜놓고 놀러 다닌 거 아냐?
무슨 소리! 금속과 돌에 무늬를 넣는 일과 성막의 설계도, 천에 수놓는 걸 내가 다 했다고!

39장 제사장의 옷

브살렐과 오홀리압은 아론을 위해 제사장 옷 Link 2권 91p 을 만들었어.
크하하, 옷이라면 내 전공이다!
흥, 나도 잘할 수 있어!
쭉
쭉
그러다 천 찢어진다!

대제사장의 예복인 에봇과 가슴덮개, 겉옷을 만들었고 속옷도 만들었지.
한번만 더 싸웠다간 끝장날 줄 알아!
네… 에….

또 허리띠와 머리에 쓸 관과 거룩한 패를 만들었어.
거룩한 패에는 '주님의 성직자' 라는 글씨를 새기라고 했지?
흥, 글자는 배웠냐?

그들은 만든 모든 것을 모세에게 가져왔지.
Mission complete!
척
척

백성들도 여호와께서 명령하신 모든 것을 만들었어.
저희들도 완료했습니다!
척
척

모세는 백성들 모두를 축복했어.
모두 고생했소. 여호와께서 여러분에게 복 주시길 바랍니다.
가급적 많이 달라고 해주세요.
헤헤, 제가 좀 더 고생했죠.

40장 성막을 세우다

모세는 여호와께서 명령하신 대로 첫째 달 첫째 날 Link 2권 47p 에 성막을 세웠지.
오늘은 이집트를 나와 1년이 지난 다음 해 1월 1일이군!
시간 잘~ 간다, 정말.
찍
1
31

먼저 널빤지를 맞추고 고리에 빗장을 끼운 다음 기둥을 세웠어. 그리고 성막 위에 덮개를 씌웠지.
거기 조금 더 팽팽하게 잡아 당겨!
야, 힘 좀 줘봐.
힘쓰고 있잖아!

모세는 증거판을 언약궤 안에 넣었어.
읏차
십계명을 적은 돌판은 여기기에 보관하라셨지?
Link 2권 88p
그리고 언약궤에 장대를 끼우고 속죄판을 덮었지.
휴~ 다 됐다.
후우
그런 다음 성막 안에 언약궤를 집어넣고 휘장을 쳐서 가렸어.
기억해 두세요. 휘장 안쪽은 지성소, 바깥쪽은 성소!
알았어.
모세는 휘장 밖 성소에 다른 성물들을 올려놓았지. 성물의 위치는 다음과 같아.
① 성막의 북쪽에는 진설병 상을 놓고 그 위에 진설병을 올려놓음.
② 진설병 상 맞은편에는 등잔대를 놓고 그 위에 등잔불을 올려놓음.
③ 휘장 앞에는 향 제단을 놓고 그 위에 향기로운 향을 피움.
N
W
E
S
지성소
성소
언약궤
휘장
진설병 상
향 제단
등잔대
성막 밖 성물의 위치는 다음과 같아.
① 성막 입구에 장막을 친 후 그 앞에 번제단을 둠.
② 성막과 번제단 사이에 물동이를 놓고 거기에 씻을 물을 담음.
오… 몸 좀 담궈 볼까?
글쎄, 이건 욕조가 아니라고 했잖아!
모세는 성막과 제단 둘레의 뜰을 휘장으로 둘러쌌지.
얼레? 전에 세웠던 것 같은데.
이그, 그땐 연습이었잖아!
그리고 입구에 휘장을 쳐서 문을 닫았어. 모세는 여호와께서 명령하신 대로 이 모든 일을 마쳤지.
와아아~
드디어 완성!

그러자 구름이 성막을 덮었고 여호와의 영광이 성막 안을 가득 채웠어. 여호와의 영광이 성막에 가득했기 때문에 모세는 성막에 들어갈 수 없었지.
와아아
와아아

이스라엘 백성들은 성막에 구름이 머물러 있는 동안에는 멈췄다가 구름이 걷히면 길을 떠났어.
쿠우우
구름이 하늘로 올라간다.
음, 이제 출발합시다!

광야를 돌아다니는 동안 모든 이스라엘 백성들은 낮에는 여호와의 구름이 성막을 덮고 있는 것을, 밤에는 불기둥이 구름 속에 있는 것을 보았지.
하나님이 우리와 함께 하시는 거 맞지?
당연하죠. 저걸 보고도 의심이 가세요?

레위기

● 나답과 아비후

아론의 아들들로 제사장에 임명되지만 하나님의 명령을 지키지 않아 불에 타죽게 돼.

하나님은 모세와 이스라엘 백성들에게 많은 법과 말씀을 주셨어.
아이고~ 뭘 이리 많이 주시는지….
아저씨, 그게 다 뭐예요?
끙
끙

<레위기>에는 이스라엘 백성들이 하나님을 어떻게 섬겨야 하는지, 또 일상생활에서 어떻게 살아야 하는지에 대한 율법이 기록돼 있지.
이렇게 말이야!
촤 악
어이구~~ 엄청 많네요.

아, 그런데
모세 아저씨~
율법이 뭐예요?
율법이란 하나님께서
이스라엘 백성들에게
준 생활과
행동의 규범
이란다.
아이고, 말만 들어도
골치 아플 것 같아.
집에 갈까?
<레위기>는 이스라엘 백성이 지켜야 할 각종 법이 기록되어 있는 일종의 법전이야.
흠, 사실 나도
골치 아파. 하지만
반드시 필요한
것이라….
켁, 읽다가
숨 막힐 것 같아요.
너 그거 다
보면 이스라엘
가서 사법고시
봐라. 킥킥.
놀라운 것은 <레위기> 속 각종 제사의 내용을 자세히 연구하면 연구할수록
흠… 놀랍도록 닮았군.
뭐가요?
그 모든 것이 1500년 후에 오실 예수 그리스도께서 하실 일을 정확하고 일관성 있게 미리 보여주고 있다는 사실이야.
제사 드리는 사람의
죄를 씻기 위해 제물이
바쳐지는 것처럼
모든 인간의 죄를
씻기 위해 예수 그리스도
또한 제물로 바쳐진다는 것!
네?!

※모든 인간의 죄 : 아담이 지은 원죄(선악과를 따 먹은 죄)와 자범죄(인간이 살면서 짓는 죄)를 말함.

그리고 제사에 제물을
바치는 것이나 예수님이
제물로 바쳐지는 것
모두 하나님과 인간의
관계가 화목해지기
위한 것이라는 거야.
예수님의 죽으심
그 자체가 제사네요?
아… 예수님은 이 모든
걸 알고 오셨구나.
<레위기> 1부는 각종 제사에 대한 율법이, 2부는 깨끗해지기 위한 율법이 기록돼 있어.
너무 어려울 것
같은데 이걸 꼭
배워야 해요?
하
하
하하, 어렵긴 하지만 여기선
최대한 쉽게 요점만 얘기할 거야.
게다가 당시 이스라엘 사람들의
의식과 행동을 이해하기 위해
<레위기>에 대한 이해는
반드시 필요하거든.
음… 최대한
쉽게라지만….

tip 제사의 종류

<레위기>에 나오는 제사는 목적과 방법에 따라 여러 종류가 있다. 좀 더 쉽게 이해하기 위해 제사의 종류를 먼저 알아본다.

1. 제사의 목적에 따라

번제		불에 태워 드리는 제사
소제		곡식을 불에 태워 드리는 제사
화목제	서원제	하나님과 사람 사이가 화목해지기 위해 드리는 제사
	낙헌제	
속죄제		여호와의 명령을 어겼을 때 죄를 씻기 위해 드리는 제사
속건제		배상이 필요한 제사

2. 제사의 방법에 따라

화제	희생제물을 제단 위에서 불사름
요제	제물을 흔들어 바침
거제	제물을 들어 올렸다가 놓음
전제	포도주나 독주를 다른 제물과 함께 부어 드림

1. 각종 제사에 대한 법

1장 번제

시내 산에서 하나님이 모세에게 말씀하신 것은 율법과 성막, 그리고 각종 제사에 대한 것이었어.
너희는 나에게 매일 번제를 드려라! Link 2권 94p
헤헤, 번제쯤이야 뭐….

그 외에도 곡식 제물을 불에 태우는 소제, 화목제, 속죄제, 속건제…!
끄응
한두 가지가 아니잖아.
켁!

먼저 번제는 하나님에 대한 충성과 헌신을 표현하는 제사인데, 제물은 가정 형편에 따라 드리는 종류가 달랐지.
와글
야, 밀지마!
잡아라!
으악!
와글
끙!
에헴~
난 가난해서 비둘기 새끼밖에 준비 못했는데….
껄껄~ 난 좋은 소를 가져왔지.
하나님은 제물의 종류보다 어떤 마음으로 바치는지를 더 중요하게 보신다네.

2장 소제

소제는 곡식 제물을 불에 태워 드리는 제사를 말해.
제사를 드릴 때는 반드시 소제를 드려야 해요.
그렇게 한웅큼만 집어넣으면 남은 곡식들은 어떻게 하려고?
화륵

남은 곡식은 누룩을 넣지 않고 빵으로 구워서 제사장들이 먹을 수 있죠.
우와, 맛있겠다!
아뜨뜨뜨~!

※소제는 번제, 속죄제, 화목제와 함께 항상 드리며 곡식의 양은 함께 드리는 짐승에 따라 다름.

모든 곡식 제물에는 소금을 쳐야 해요.
소금은 하나님과 맺은 약속을 나타내는 겁니다.
척척
아구
아구

tip 모든 제물에는 소금을 쳐라

메모니데스에 따르면 이 율법이 있었던 이유는 이방인들은 소금을 제물로 바치지 않았기 때문이다. 그러나 이후에는 관습이 변해 소금을 사용했다는 증거가 많이 나오고 있는데, 그들이 유대인의 제사를 모방했기 때문이라고 추정하는 사람도 있다. 또 소금이 변하지 않는 것을 상징하기 때문에 아랍인들 사이에서는 여러 사람이 소금을 함께 나누는 것을 우정의 맹세로 간주했다. 이스라엘 백성들은 제물에 소금을 사용함으로써 여호와께 가장 엄숙한 언약을 드렸던 것이다.

※메모니데스 : 유대계의 철학자이자 신학자, 의학자, 천문학자.

3장 화목제

화목제는 하나님과 사람 사이가 화목해지기 위해 드리는 제사를 말해.
예수님도 인간과 하나님 사이를 화목하게 하기 위해 화목 제물로 바쳐진 것이지.

화목제는 꼭 드려야 한다고 정해진 것이 아니라 하나님께서 기뻐하시도록 특별히 스스로 정해 드리는 제사였어.
자, 우선 제물의 피를 제단에 뿌리고, 내장과 내장의 모든 기름을 제단에 불사릅니다. 그리고 가슴과 오른쪽 뒷다리는….
배고파.
좀만 기다려.
야, 새치기 하지 마!
화목제는 다른 제사와 달리 끝나면 우리가 먹어도 된대.
킥킥, 그래서 난 아침을 안 먹고 왔지롱~.

※화목제 : 화목제 역시 가정 형편에 따라 제물의 종류(소, 양, 염소)가 달랐으나 비둘기는 화목 제물로 드리지 않았음.

4장 속죄제

속죄제는 여호와의 율법을 하나라도 어겼을 때 드리는 제사를 말하는데
율법을 위반하셨습니다.

번제나 화목제처럼 사람의 지위나 신분에 따라 드리는 제물이 달랐지.
험.
평소에 워낙 율법을 많이 어겨서 제물도 많이 준비해 뒀대.
이런!

tip 형편에 따른 속죄 제물

가난해서 율법에 정한 제물을 바칠 수 없을 때에는 값이 더 싼 제물을 드릴 수 있었다. 대제사장과 온 백성을 위한 속죄제는 수송아지, 족장을 위해서는 숫염소, 일반 백성을 위해서는 암염소를 각각 드렸다. 가난한 백성의 경우 비둘기나 고운 가루를 드렸는데, 이는 아무리 가난한 사람이라도 속죄제를 드릴 수 있도록 하기 위함이었다.

5~7장 속건제

속건제는 여호와의 성물을 자기가 사용했거나 율법을 어겼을 때,
부들
저… 저 시건방진 놈을 그냥!
부들
차, 참아. 여호와께 드릴 제물이 잖아.
킁, 덤벼. 응응?

※여호와의 성물 : 제물, 첫 열매, 십일조 등.

이웃의 물건을 도둑질하거나 가로챘을 때 등 잘못한 것에 대해 배상이 가능한 죄에 드리는 제사를 말해.
다 필요없어! 이놈을 잡고 속건제를 지내겠다!
쿠애애액~ 여호와께 드릴 제물 살려~!
퍽
퍽
퍽

속건제는 흠 없는 숫양만 제물로 드렸는데, 범죄한 성물이나 물건이 있으면 거기에 물건 값의 1/5을 더해 돌려줘야 했지.
넌 남의 물건을 훔쳤으니 훔친 곡식에 1/5을 더해 가져오고 속건제에 쓸 숫양도 한 마리 가져오너라.
흑, 이렇게 두들겨 맞았는데 조금만 깎아주심….
킁! 좀 덜 맞았구나.

tip 속죄제와 속건제의 차이점

속죄제는 특별한 죄에 대해 드리는 제사이고, 속건제는 보상이 가능한 죄에 대해 드리는 제사라고 할 수 있다.
두 제사의 차이를 살펴보면 첫째, 제물이 달랐다. 속죄제는 소, 염소, 양, 비둘기, 고운 가루를 드렸지만, 속건제로는 오로지 흠 없는 숫양을 드렸다. 둘째, 속죄제는 남은 피를 번제단 밑에 쏟았으나, 속건제는 번제단 사면에 뿌렸다. 셋째, 속건제는 언제나 개인적인 제사였지만, 속죄제는 집단적인 제사도 포함했다. 넷째, 속건제는 속죄제와 달리 특별한 경우에도 드려졌다. 예를 들어, 나병 환자가 나은 후 Link 2권 120p 또는 나실인이 부정한 허물을 용서받기 위해 Link 2권 143p 속건제를 드렸다.

※나실인 [Nazirite] : 이스라엘 사람 가운데 특별히 하나님께 헌신을 서약한 자.

2. 각종 율법

8장 제사장 위임식

모세는 여호와께서 말씀하신 대로 아론과 그의 네 명의 아들들을 제사장으로 임명했어. Link 2권 92p

이 제사장 위임식은 7일 동안이나 계속되었지.
어때 폼나나?
모델해도 되겠지? 후후.
아… 다른 사람을 찾아볼까?

9장 제사장의 첫 직무

제사장 위임식이 끝나고 그 다음 날, 즉 8일째 되는 날 모세는 모든 백성들에게 말했어.
제사에 필요한 예물을 가져오시오!
오늘 제사를 드릴 때 여호와의 영광이 여러분께 나타날 것이오!
정말일까?
설마~
직접 보기 전까지는 못 믿겠어.

곧 백성들이 제물을 가져왔고, 아론은 제사장으로서 첫 직무를 행했지.
하… 이거 처음이라 좀 떨리는걸?
어떻게 해야 하는지 잘 기억하고 계시죠?

우선 자신이 지은 죄에 대한 속죄제를 드리고, 다음에는 대제사장으로서의 헌신과 충성을 다짐하는 번제를 드리고,또 백성을 위한 속죄제와 번제, 그리고 소제, 화목제….
어이구~ 한두 가지가 아니네.
그러게.
쉿~

tip 제사장의 임무

제사장은 중요한 직책이었고, 해야 할 일도 무척 많았다. 성막 안 성소의 등불을 보살펴야 했고, 제단 위의 불을 꺼지지 않게 하는 일, 희생 번제물을 드리는 일, 율법을 가르치고 나병을 진단하는 일, 부정한 것을 깨끗하게 하는 일, 첫 열매를 드리는 일, 서원자의 값을 정하는 일, 진영이 전진할 때 성소의 기구를 덮는 일, 백성을 축복하는 일, 언약궤를 옮기는 일 등이 제사장이 맡은 일들이다. 십일조 받는 것을 감독하는 것도 제사장의 임무였다.

제사를 끝낸 아론과 모세가 백성들을 축복하자 약속했던 대로 여호와 하나님의 영광이 모든 백성들에게 나타났어.
콰르릉!
우왓~ 하늘에서 불이 내려왔다!
제단 위의 번제물과 기름을 불살랐어!
여호와께 영광이 있으라!
하나님은 진짜 계셨어!
우왕~!

10장 나답과 아비후의 죽음

제사장으로 임명된 아론의 아들 나답과 아비후가 향로에 불을 피웠어.
나답
아비후

그런데 그들은 여호와께서 사용하라고 명령한 제단의 불을 사용하지 않았어.
무슨 상관이람, 불만 잘 붙으면 되지.
그럼, 그럼.

나답과 아비후가 다른 불을 담아 여호와 앞에 분향하자, 불이 내려와 그들을 삼켜 버렸지. 나답과 아비후는 여호와 앞에서 죽고 만 거야.
화르륵
으아악
아니!
헉!

오오, 내 아들….
혀, 형님. 옷을 찢거나 머리를 풀어 슬퍼하는 모습을 보이지 마세요.
부들
부들

너희들도 마찬가지다. 만약 슬퍼하는 모습을 보이면 너희들도 죽을 것이다. 그리고 여호와께서는 모든 백성들에게 노하실 거다.
크으~
꼴깍~

※향단의 불은 반드시 제단의 불로 붙여야 했다.

tip 다른 불을 드린 나답과 아비후

단순히 다른 불을 드렸다는 이유로 두 사람이 죽었으니, 그들의 행동에 대한 형벌이 지나친 것일까? 그들은 하나님께서 명령하신 불(제단의 불)로만 분향해야 된다는 것을 알고 있었다. 그럼에도 그들은 9절 이하의 말씀에 근거해 볼 때 술에 취한 상태(추정)에서 하나님이 명하지 않은 다른 불로 분향했다. 그것은 하나님의 명령을 우습게 여기고 망령되이 행한 것이며, 하나님의 존재에 대한 거역과도 같은 것이다. 그러므로 결코 지나친 형벌이 아니었다.

※9절 : 제사장들은 포도주나 독주를 마시고 성막에 들어가면 죽게 될 거라고 말씀하심.

모세는 아론의 사촌인 미사엘과 엘사반에게 나답과 아비후의 시신을 옮기라고 했고, 이스라엘 백성들은 그들의 죽음을 슬퍼했어.
쯧, 불쌍해라.
그러게 왜 하나님의 명령을 어겨서~.
질 질

여호와께서는 아론에게 제사장으로서 할 일에 대해 말씀해 주셨어.
① 성소에 독주나 포도주를 마시고 들어가지 말 것.
② 성물을 거룩한 것으로 구별할 것. 또한 깨끗한 것과 부정한 것을 구별할 것.
③ 모든 율법을 백성들에게 가르칠 것.
잘 지키실 수 있죠?
내 자식들이 하나님의 명령을 어기다 죽는 걸 보았잖나.

이 일이 있은 후 모세는 아론의 아들 엘르아살과 이다말이 속죄 제물로 바친 염소를 태워버린 걸 발견했어.
으앗, 속죄 제물이 다 타버렸잖아!
헉, 그럼…?
…

엘르아살! 이다말! 너희는 왜 속죄 제물을 모두 태워버린 것이냐?
너희는 저 염소를 성소에서 먹어야 했다는 걸 잊었느냐?
어떻게 하지~ 무서워.
제사장 일이 처음이라 실수를….

방금 내 아들들이 속죄제를 드리다가 끔찍한 일을 당했네. 그런 상황에서 내가 속죄 제물을 먹었다면 여호와께서 좋아하셨겠는가?
흐음….

모세는 아론의 말이 옳다고 생각했지.
알겠습니다. 형님의 말에 일리가 있군요.
휴우~
만세~!
열심히 할께요!

tip 두 아들의 실수에 대한 아론의 변

제사장의 첫 집무 수행 시 이스라엘 백성들을 위해 드린 속죄제의 경우 불에 태워서는 안 되며, 거룩한 곳에서 제사장이 먹어야 했다. 그럼에도 불구하고 아론은 이 희생 제물을 완전히 불에 태움으로써 잘못을 범했다. 그러나 아론은 두 아들을 잃고 애통한 심정으로 속죄 제물을 먹는 것은 하나님의 거룩한 성물을 훼손하는 행위일 뿐 아니라 성물을 먹는 자의 바람직한 태도가 아니라고 생각했다고 말하고 있는 것이다.

11장 깨끗한 짐승과 부정한 짐승

하나님께서는 깨끗한 것과 부정한 것, 먹어도 되는 것과 먹으면 안 되는 동물을 구별하셨어.
자, 이젠 구분하겠죠?
크, 난 돼지고기가 좋은데….
움찔
깨끗한 것
부정한 것

하나님께서는 부정한 동물의 시체에 닿아도 부정해지니 절대 닿지 않도록 조심하라고 하셨습니다.
이크!

tip 돼지고기를 먹으면 왜 안 되나요?

돼지는 음식물을 완전히 소화하지 못하기 때문에 유해물질이 남게 되고, 그로 인해 돼지고기가 불결하다는 주장을 하는 등, 모세가 열거한 먹지 말아야 할 짐승들의 목록을 건강상의 이유로 설명하려는 학자들이 있다.
그러나 그 자체로 불결한 짐승은 없다. 부정한 짐승 규례는 다만 이스라엘 백성들에게 그들이 세상의 다른 민족과 다르다는 사실을 일깨워주는 역할을 했다. 이 같이 조금은 이상해 보이는 정결에 대한 구약의 규례들은 하나님께서 그분의 백성들에게 큰 관심을 갖고 계시다는 사실을 보여준다.

12장 산모에 관한 규례

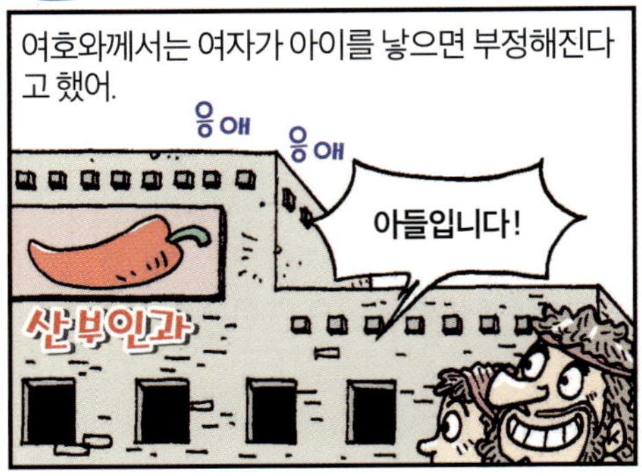
여호와께서는 여자가 아이를 낳으면 부정해진다고 했어.
응애 응애
아들입니다!
산부인과

아들을 낳으면 40일, 딸을 낳으면 80일이 지나야 다시 깨끗해지니 그동안 성물을 만지거나 성막에 나갈 수 없습니다.
뭐라고요!?
벌떡
말도 안 돼! 아이를 낳으면 여자가 부정해진다니~!
방금 애 낳은 거 맞아?
켁 켁
켁켁, 아… 아이를 낳는 게 부정하다는 뜻이 아녜요. 아이를 낳을 때 여자가 피를 흘리기 때문에 부정하다고 한 거지.
그럼, 방금 얘기한 기간만 지나면 깨끗해지는 건가요?

※40일, 80일 : 아들은 7일 부정한 뒤 정결 기간이 33일, 딸은 14일 부정한 뒤 정결 기간이 66일.

부정해진 여인이 깨끗해지기 위해서는 번제와 속죄제를 드려야 했지.
태어난 지 일 년 된 양과 비둘기 한 마리를 가져왔나?
형편이 어려워서 비둘기만 두 마리 가져왔어요.

13, 14장 악성 피부병에 관한 규례

누구든지 피부에 이상이 생기면 제사장에게 가야 했어.
큰일났다! 제사장에게 가보자!
이거 놔요. 그냥 모기한테 물린 것 뿐이라고요!
후 다 닥

흠, 나병은
아닌 것 같은데….
악성 피부병은 나병뿐만 아니라 피부병의 특별한 종류나 곰팡이 낀 상태가 모두 해당됩니다.
딱
이놈아, 모기가 아니잖아!
어이쿠~!
악성 피부병에 걸린 사람은 다른 사람들에게 옮기지 않도록 진영 바깥에서 혼자 지내야 했지.
병에 걸린 것도 서러운데… 흑~.

※성경에서는 문둥병으로 언급되기도 하는 악성 피부병은 죄의 특성(불결함, 파괴성이 강함, 전염성이 심각)과 비슷했기 때문에 의사가 아닌 제사장에게 판별되고 처방되었다.

※나병 : 한센병이라고도 함.

옷에 푸르거나 붉은 반점이 생겨도 그것을 제사장에게 가져가야 했어.
흐음….
그러면 제사장은 그 옷을 보고 오염 부위를 자를 것인지
이런 걸 어떻게 입어요?
불만이야?
또 알아? 앞으로 그런 옷이 유행할지.
아니면 태워버려야 할지를 결정했지.
그럼 그냥 태우지 뭐.
으앙~ 하나밖에 없는 외출복인데.
활
활
악성 피부병에 걸렸다가 나은 사람은 다시 제사장에게 가야 했고, 제사장은 진영 밖으로 나가 환자를 진찰해야 했어.
흠흠… 이제 완전히 다 나은 것 같네.
야호~ 이제 자유다!
잠깐!
왜, 왜요?
콱
바둥
바둥
병에 걸렸다 나은 사람은 깨끗하게 하는 예식을 치러야 해.
그래요? 그러면 빨리 해주세요.
자, 우선 이걸 일곱 번 뿌린 다음에….
으악, 이 빨간 물은 뭐죠?
철
퍽

이 안에는 죽은 새의 피와 살아 있는 새 한 마리, 백향목, 붉은 실, 우슬초가 들어 있다네.
푸드득
크엑~
이게 끝이 아니야. 우선 머리와 눈썹, 수염을 다 밀고 옷을 빤 다음…
위잉
우와앙~ 난 몰라~ 완벽했던 내 얼굴이…!
속건제와 번제, 소제를 드려야 하지.
흑흑, 자유는 개뿔.
이제야 깨끗해졌네.
흑, 정말 어렵네요.
부정한 자가 다시 깨끗해지는 건 그만큼 어려운 일이야.
집에 생기는 악성 곰팡이에 관한 규례도 있어.
흐음… 집에 곰팡이가 생겼잖아?
그, 그럼 혹시….
어서 제사장님께 가 봅시다!
후다닥
집에 붉거나 푸르스름한 색의 점이 있으면 제사장은 그 부정한 곳을 파내도록 했지.
두두두두
히잉~
요 정도로 끝나면 다행이고.
그런데 7일이 지난 후 집에 색 점이 번지면 그건 악성 곰팡이기 때문에 집을 헐고 자재들을 성 밖 부정한 곳에 버려야 했어.
아이고, 내 집!
쾅
악성 곰팡이라 어쩔 수 없다네.

색 점이 번지지 않으면 제사장은 그 집이 깨끗하다고 선언하고 깨끗하게 하는 의식을 해주었지.
이제 자네 집은 깨끗하네,
만세~!!
휴우

15장 남자와 여자의 몸에 관한 규례

여호와께서는 모세와 아론에게 유출병이 있는 사람은 부정하다고 말씀하셨어.
식당
우리 가게를 망하게 할 셈이야?
유출병에 걸려 어딜 들어와. 자네와 닿으면 사람이든 물건이든 모두 부정해진다고.
꾹
꾹
쳇!

※집을 깨끗하게 하는 의식은 악성 피부병에 걸린 사람이 행한 것과 같은 방식 Link 2권 120p 으로 함.

※유출병 : 성기를 통해 고름이나 피 등이 흘러나오는 병.

유출병이 다 나으면 7일 후 흐르는 물에 몸을 씻고
으다다… 추워… 그… 그냥 찜질방에서 씻고 오면 안 될까요?
덜
덜
덜
시끄럽네!

8일째 되는 날 속죄제와 번제를 드려야 했지.
번제와 속죄제에 쓸 비둘기 두 마리를 가져왔나?
추운데 일단 안으로 들어가서….

안 되네. 성막 입구에서 받게 돼 있어.
형님은 이제 저 사람의 부정한 것을 여호와 앞에서 깨끗하게 하는 예식을 행하십시오.
쳇, 인정머리 없게….

여성은 월경을 하면 7일 동안 부정해진다고 했어.
절대 아무것도 건드리지 마시오.
당신이 만지는 건 다 부정해집니다.
내가 무슨 방사능에라도 오염됐다는 거예요?
넷?

이때 깨끗해지려면 피 흘림이 멈춘 다음 7일이 지나야 했고, 8일째 되는 날 제사장에게 비둘기를 가져가 번제와 속죄제를 드려야 했지.
화르륵
피를 흘리면 부정해지기 때문에 어쩔 수가 없네.

tip 믿음으로만 정결해진다

신약은 <레위기> 15장에 대해 공식적으로 언급하지 않지만, 복음서 안에는 이러한 병자들이 많이 나타난다. 한 예로 12년 동안 혈루병(유출병, 성병)을 앓던 여인이 예수님을 만졌다. <레위기>에 의하면, 그녀가 만지는 모든 물건과 사람은 부정하게 된다. 그러나 예수님은 그녀를 나무라지 않고 "네 믿음이 너를 구원하였다"고 말씀하셨다. 구약의 율법은 하나님으로부터 사람을 분리시키지만, 예수님은 누구나 회개하면 하나님께서 용서해 주신다고 말씀하셨다.

16장 대속죄제

대속죄제는 이스라엘 백성들의 모든 죄를 1년에 한 번 씻어내는 예식으로 매년 7월 10일로 정해져 있어.
이 예식은 이스라엘 백성들이 영원토록 지켜야 할 규례입니다!
여호와여~ 저와 지도자들과 모든 이스라엘 백성들이 한 해 동안 지은 죄를 용서하여 주시옵소서!

대제사장이라도 평상시에 지성소 안에 들어가 언약궤를 보면 죽게 되지만
꺄오~
날짜를 착각했다고요!
파지직

1년 중 하루, 대속죄제 날만큼은 지성소에 들어가도 죽지 않았지.
그래도 연기를 피워서 언약궤를 가려야 죽음을 면할 수 있었어.
콜록, 콜록!

하나님은 대속죄제 날 언약궤의 속죄판 위에 나타나겠다고 하셨어.
모세와 제사장은 좋겠다. 하나님도 직접 보고….
나도 레위 지파에서 태어났으면 좋았을 걸~.

tip 대속죄제

대속죄제는 <레위기> 전체에서 가장 중요한 부분이라고 할 수 있다. 후일 예수 그리스도께서 하실 일에 대한 모형이기 때문이다. 제사 드리는 사람들이 염소와 송아지의 피로 속죄를 받은 것처럼 인류는 영원한 제사장인 예수 그리스도의 피로 영원한 속죄를 받았다. 이 일이 바로 인류에 대한 대속죄제인데, 이 단 한 번의 죽음으로 영원한 속죄를 이루고 인간과 하나님 사이에 화해를 이루었다고 할 수 있다.

17장 제물을 바치는 방법과 피 먹는 것을 금함

이게 뭐야?
여호와께서 말씀하신 제사를 드릴 때 지켜야 할 기본 규례예요.
① 제사를 위한 가축은 반드시 성막 뜰에서 잡아야 함.
② 성막에서만 모든 제사를 드려야 함.
③ 염소 우상이나 다른 신들에게 예물을 바치면 안 됨.

이제 이스라엘 백성들은 예전처럼 아무데서나 제단을 쌓고 가축을 잡아 희생제사를 드리면 안 됩니다. 절대!
아, 알았어.
잘하면 날 잡아 먹겠다야.

여호와께서 이스라엘 백성은 결코 피를 먹으면 안 된다고 했어. Link 1권 38p
크크, 내가 이스라엘 백성으로 태어나지 않은 게 천만 다행이군.
나도!
그 이유는 피는 곧 생명을 상징하기 때문이지.
이크!
짝!
그럼 짐승이나 새를 사냥했을 때 나온 피는 어떻게 해요?
그 피를 땅 위에 쏟고 흙으로 덮어야 해.
그럼 저절로 죽었거나 다른 들짐승에게 찢겨 죽은 짐승을 먹으면 어떻게 될까?
으르릉…
어… 니… 니들이 잡은 거였어? 여기 있기에 난 그냥….
덜덜
시체를 먹은 사람은 부정하므로 흐르는 물에 옷을 빨고 온몸을 씻어야 했지.
휴~ 고기 한 점 떼어 먹고 죽다 살았네.
어이구, 삭신이야.
그는 저녁때까지 부정하고 그 뒤에야 깨끗해져.
만약 옷을 빨지 않거나 몸을 씻지 않으면요?
흐흐, 당연히 죄의 대가를 치르게 되지.
궁금하면 한 번 해 봐.
18, 19장 남녀 관계에 관한 규제와 그 밖의 율법들
여호와께서 모세에게 말씀하셨어.
이스라엘 백성은 '이집트 땅의 사람들'이나 앞으로 갈 '가나안 땅의 사람들' 처럼 살지 말고 그들의 풍습을 본받지 말라!
가나안 땅 사람들에게 무슨 문제라도 있는 건가?
그렇죠.
가나안 사람들이 섬기는 바알과 아세라는 풍요를 상징하는 신들이에요.
바알
아세라
가나안 사람들은 이 신들을 감동시키기 위해 성적으로 문란한 행위를 강요했고, 결과적으로 백성을 성적으로 타락하게 만들었어요.
농작물을 풍요롭게 수확하려면 바알 신과 아세라 신을 흥분시켜야 해.
헤헤, 그렇다면 좀 야한 제사 의식이 필요하겠는걸?
히히, 그렇지!

가나안 땅에 살던
암몬 사람들은
몰렉 신을
믿었잖아?
암몬 사람들은 몰렉 신에게
제사를 드릴 때 아이들을
불태워 바치기도 했어요.
그러니 하나님께서 그런 풍습을
미워하시지 않겠어요?

tip 가증스러운 우상, 몰렉

몰렉(몰록이라고도 함)은 고대 가나안의 놋쇠로 만들어진 안이 비어 있는 우상으로, 인간의 몸에 황소의 머리를 하고 놋쇠 보좌에 손을 펼친 채 앉아 있었다. 몰렉에게 제물을 바칠 때에는 우상 안에 놓인 불로 우상을 빨갛게 달구었다. 부모들이 자기 자녀를 우상의 달궈진 팔에 안겨주면 북과 징이 울리고 어린 희생제물의 울부짖음은 그 소음에 잠겨버린다. 에스겔 시대에 하나님은 "나의 자녀들을 죽여 우상에게 넘겨 불 가운데 지나가게 하였느냐"고 힐책하셨다. 이 죄는 가장 엄중한 형벌로 다스려졌다.

그 외에도 여호와
께서는 이와 같은 걸
금지시켰지요.
① 친척과의 성관계.
② 월경을 하고 있는 여자나
이웃의 아내와의 성관계.
③ 동물과의 성관계.
④ 같은 남자끼리의 성관계.

만약 너희가 이런 짓을 하면 너희보다 앞서 가나안 땅에
살던 사람들을 쫓아냈듯 너희도 쫓아낼 것이다!
콰르릉
히익!
아, 알겠습니다.

또 하나님을 향한 규례와, 이웃과 사회를 향한 규례, 그밖에 지켜야 할 규례들에 대해서도 말씀해 주셨어.
자, 바로 이겁니다.
히익~ 이,
이렇게 많이….
이게 다 우리
이스라엘 백성을
위한 거라고?

20장 여러 가지 죄에 대한 경고

여호와께서 말씀하시길 몰렉에게 자기 자녀를 제물로 바치는 사람은
어떻게
되는데?
응?

그 땅의 백성들에게 돌로 쳐서 죽이라고 하셨어.
퍽
퍽
퍽
꽥~
살려 줘!

그리고 몰렉에게 자녀를 바친 사람을 용서해 주거나 살려 주는 사람과…
이제 그만 용서해 줍시다.
뭘 그리 크게 잘못했다고….

몰렉에게 예배하는 모든 사람들을 이스라엘에서 추방하라고 하셨지.
당신도 몰렉을 예배한 자와 마찬가지다. 꺼져!!
빨리 안 가?
어이구~ 나도 맞아 죽겠네.
다 다 다
또 무당이나 점쟁이를 찾아가는 사람 역시 같은 벌을 내릴 것이라고 했어.
헥헥, 손님이 없어 굶어죽겠다.
다른 데 가서 장사해야지.
주섬 주섬
그 외에도 사형에 해당하는 벌을 받는 죄는 다음과 같아.
① 부모를 저주한 사람.
② 계모와 잔 남자와 계모.
③ 며느리와 잔 남자와 며느리.
④ 남자끼리 잔 사람들.
⑤ 어머니와 잔 남자와 어머니 (불에 태워 죽임).
⑥ 동물과 성교한 사람과 동물.
캥~ 나도 사형이라고?
파파파팍
하나님은 이 외에도 가나안 땅에 들어가게 되면 그곳에서 지켜야 할 규례들을 추가해 주셨어요.
나도 기억하고 있네. 가나안 사람들의 풍습을 좇지 말고 그들과 구별된 거룩한 삶을 살아라. 짐승과 곤충의 부정한 것과 깨끗한 것을 구분해라 등등.

※무당이나 점쟁이는 반드시 죽여야 함. Link 2권 81p

21장 제사장이 지켜야 할 규례

너희를 거룩하게 하는 나 여호와가 거룩하므로 너희도 제사장을 거룩히 여겨야 한다!
여호와께서는 제사장이 지켜야 할 여러 규례에 대해서도 말씀하셨지.
우하하, 들었냐? 들었어?
모세, 너도 평소에 그러는 게 아냐. 제사장을 뭘로 보고 말이야.
제사장은 죽은 시체를 만져서는 안 됐어.
자… 잠깐, 이런 경우는 손바닥으로 치자마자 바퀴벌레가 죽으니까… 그러니까… 에….
하지만 죽은 사람이 제사장의 가까운 친척, 곧 부모형제나 자식일 경우에는 상관없었지.
하하, 정말 다행이야. 아버지가 돌아가셨을 땐 그 시체를 만질 수 있으니 말이야!
이, 이것들이 비유를 해도….
또 제사장은 머리털을 밀어 대머리처럼 하면 안 됐고, 수염을 깎거나 자기 몸에 상처를 내서도 안 됐지.
수염만 깎으면 10년은 젊어 보일 텐데… 쩝.
킥킥~ 면도하다가 상처나면 대박이겠군.

그 외에도 반드시 지켜야 할 몇 가지 규례가 있었어.
포도주나 독주를 마시면 안 되고, 창녀나 부정한 여인, 이혼당한 여인과 결혼하지 못한다네.
포도주를 조금… 아주 조오금 마시는 것도 안 될까요?
안 돼!
그리고 제사장의 딸이 창녀가 되어 스스로 부정하게 되면, 그 딸은 아버지를 욕되게 했으므로 불에 태워 죽여야 하네.
하하, 절대, 그럴 일은 없을 겁니다.
그럼 그럼!
휴우~ 제사장 되는 게 쉬운 일이 아냐. 한두 가지가 아니군.
형님은 반드시 지켜야 할 규례가 더 있어요.
딸꾹!
① 대제사장은 슬픔을 표현하기 위해 머리를 풀거나 옷을 찢지 말 것.
② 시체가 놓여 있는 집에 들어가지 말 것.
③ 부모의 시체도 만지지 말 것.
④ 성소를 떠나지 말 것.
⑤ 반드시 처녀와 결혼할 것.
아니 왜 난 더 지켜야 할 게 많은 거야? 엉?
제사장 가운데 뽑힌 대제사장은 더욱 거룩해야 하니까 그렇죠.
아론의 자손 가운데 흠이 있는 사람은 제사장이 될 수 없었어.
그럼 직업을 가질 수 없는 거야?
뭘 해 먹고 사나…?
여러분은 제사장이 될 수는 없지만 제사장 집안 사람이니까 하나님의 거룩한 음식을 먹을 수 있습니다.
오~ 그래?
그럼 그냥 먹고 놀아도 되는 거네?
히히, 이것도 괜찮네.
와아, 그럼 제사 음식을 먹자~
난 성소 안에 있는 진설병이 꼭 먹고 싶었어!
와아
STOP!

성소 안으로 들어가선 안 됩니다. 그리고 제단에 가까이 가서도 안 되고요.
제단에도 안 된다고요?
뭐, 아무렴 어때.
그냥 여기서 먹지 뭐.

22장 제물에 관한 규례

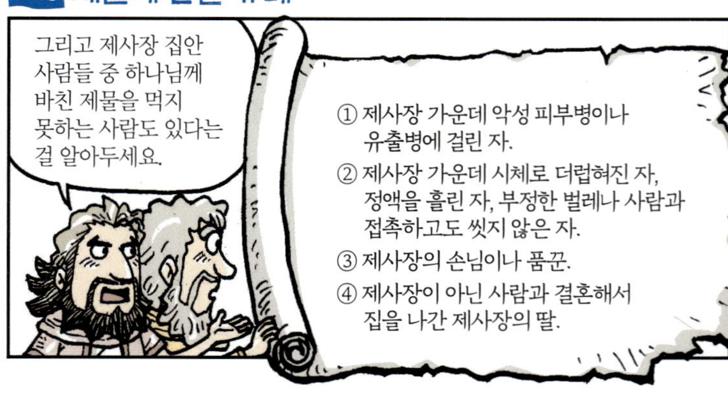
그리고 제사장 집안 사람들 중 하나님께 바친 제물을 먹지 못하는 사람도 있다는 걸 알아두세요.
① 제사장 가운데 악성 피부병이나 유출병에 걸린 자.
② 제사장 가운데 시체로 더럽혀진 자, 정액을 흘린 자, 부정한 벌레나 사람과 접촉하고도 씻지 않은 자.
③ 제사장의 손님이나 품꾼.
④ 제사장이 아닌 사람과 결혼해서 집을 나간 제사장의 딸.

백성들이 여호와께 제물을 바칠 때에는 흠 없는 가축으로 바쳐야 했어.
이거 참, 흠이 있는 게 좋은 건지 없는 게 좋은 건지 모르겠네.
흠이 없는 게 좋다는 말이잖아.
그건 인간들 입장이고….
히히… 그럼 난 흠이 있으니 좋아해야 하는 건가?

또 태어난 지 7일이 지난 가축만 제물로 바칠 수 있지.
그건 왜?
태어나자 마자 어미에게서 떼내는 건 너무 가혹하잖아요.

tip 거룩한 음식, 거룩한 동물

21장에서 신체적 결함이 있는 아론의 후손들은 공적인 제사장 직무는 수행할 수 없지만, 성물(제사 때 드린 예물 중에서 제사장의 가족에게 돌아간 음식)을 먹을 수는 있었다. 그러나 악성 피부병 환자, 유출병자, 죽은 사람이나 동물의 시체를 만진 사람이 거룩한 음식을 먹는 날에는 죽임을 당했다. 거룩한 것과 부정한 것은 반드시 구분되어야 한다. 제사장과 희생제물 모두 온전하고 흠이 없을 때 하나님께서 그 제사를 받으셨다.

그리고 제물이 될 가축의 어미와 새끼를 같은 날 함께 잡으면 안 돼.
이 인간아, 양심이 좀 있어라, 양심이!
아, 죄송합니다.

23장 절기에 관한 규례

여호와께서는 이스라엘 백성들에게 특별히 절기와 축제일을 정해 주셨어.
에… 유월절 두 번째 날에서 49일이 지났으니까…
내일이 바로 하나님께 십계명 받은 걸 기념하는 오순절이로군.
어디 보자… 7대 절기가 있고… 그 중에 오순절이면….

유월절
무교절
오순절
나팔절
초실절
속죄일
초막절
유대인들의 가장 중요한 3대 명절은 바로 유월절과 오순절, 그리고 초막절(장막절)이죠.

tip 이스라엘의 절기들과 신약

성경에 나타난 일곱 절기 중에서 유월절과 초실절, 칠칠절은 예수님의 구원 사역과 관련된 절기다. 유월절은 예수님이 죽으신 날과 같고, 초실절은 부활절, 칠칠절은 오순절과 같다. 예수님과 제자들의 최후의 만찬은 유월절을 지키던 음식이었고, 예수님은 유월절 어린양처럼 제물이 되셨다. 그리고 예수님이 부활하신 주일은 초실절이었다. 부활주일이 지나고 50일 후인 오순절에는 성령님이 교회 위에 오셨다.

24장 등잔대와 진설병

성막 안에 놓일 등잔대의 기름은 올리브를 짜서 만든 순수한 기름을 사용해야 했어. Link 2권 88p
100퍼센트 우리 올리브로 만든 올리브유.

그리고 등잔은 성막 안과 휘장 앞에 두어야 했지.
성소에 둔 등잔불은 절대 꺼지면 안 돼. 알았나?
충성!
또한 고운 곡식가루로 만든 거룩한 빵(진설병)은 금상 위에 여섯 개씩 두 줄로 올려놓으라고 명하셨어.
열두 개의 진설병은 이스라엘을 대표하는 12지파를 상징하는 거야.
아하~ 그런 깊은 뜻이….

※거룩한 빵 : 1주일마다 교체하고, 교체한 빵은 아론과 그의 아들들의 몫이 됨.

하나님을 저주한 사람

어느 날 이스라엘 진영에서 싸움이 났어.
이 자식!
퍽
크윽!
퍽
뭐야?
쌈 났다!
싸움을 하던 단 지파 사람 디브리의 딸 슬로밋의 아들이 여호와의 이름을 모독하고 저주했지.
씩씩, 여호와~ 이 어쩌고 저쩌고~
아니, 저놈이!
헉!
하나님께 저런 상스러운 소리를!
사람들은 그를 가두어놓고 하나님의 뜻이 밝혀질 때까지 기다렸어.
각오해, 이 녀석!
이거 못 놔! 내가 뭘 그리 잘못했다고 그래?
질 질 질
여호와께서 모세에게 말씀하셨지.
주님, 주님을 저주하며 욕한 저 슬로밋의 아들을 어찌 할까요?
나를 저주하는 말을 들은 사람들은 그를 진영 밖으로 데리고 나가라!
"그의 머리에 손을 얹은 후 돌로 쳐 죽이라. 누구든 나를 저주하는 사람은 벌을 받을 것이다"라고 말씀하셨네.
뜨악!
안됐지만 어쩔 수 없어.
하나님을 저주하다니!!
아… 안 돼, 잘못했어요. 제발!
또 여호와께서는 누구든지 사람을 죽인 사람은 반드시 죽어야 하고,

짐승을 죽인 사람은 다른 짐승으로 물어줘야 하며,
요걸로 대신하면 안 될까?
내 소를 죽였으니 너도 소를 줘야지.
장난 치냐?
이웃에게 상처를 준 사람은 똑같은 상처로 벌을 받아야 한다고 말씀하셨어.
누구냐? 빨리 나와!
뭐야 이거?
누가 싼 똥을 뒤집어썼는데 똑같이 해주겠대.
으윽!
히휴~ 냄새~
이 법은 이스라엘 백성이나 외국인이나 똑같이 지켜야 할 것이다. 나는 너희 하나님 여호와니라!
아하! 눈에는 눈, 이에는 이라는 거군요?
25장 안식년과 희년
이스라엘 백성들이 가나안 땅에 들어가게 되면 안식년 Link 2권 83p 과 희년을 지켜야 했어.
내가 너희에게 줄 그 땅에 들어가면, 너희는 그 땅이 여호와를 위해 안식할 수 있도록 특별한 시간을 주어야 한다!
그런데 가나안에는 언제쯤 들어갈 수 있는 거지?
그야 주님만 아시겠지, 뭐.
안식년은 6년 동안 경작하고 7년째가 되면 땅을 쉬게 하는 것을 말해.
하나님께서는 6년 동안은 땅에 씨를 뿌리고 포도나무를 가꾸어 그 열매를 거두어도 좋다고 하셨어.
그럼 그 다음 해에는?
땅을 쉬게 하는 거지. 그 해에는 땅에 씨를 뿌리거나 포도원 가꾸는 일을 하면 안 돼.
땅이 일하는 것도 아닌데 쉴 필요가 있나?
게다가 안식년에 일을 안하면 뭘 먹고 살아?
걱정 마.
안식년에도 충분히 먹고 살 만큼 하나님께서 6년째 되는 해에 대박 풍년을 주신다니까.
희년(기쁨의 해)은 7년이 일곱 번, 그러니까 49년이 지난 그 다음 해, 즉 50년째 되는 해를 말해.
이놈아 빨리 빨리 안 하고 뭐하는 거냐!
네네, 주인어른.
희년은 아주 특별한 해로 이스라엘 백성들에게 자유를 선포하는 해야.
뿌
우
우
우
만세! 희년이 되는 해 7월 10일이다!
와아~
하나님께 영광을!

이때 노예들은 해방되고
털
썩
저건 이제
니가 해라, 응?
…….
모든 빚이 무효가 돼.
앗, 너… 너
며칠 전에
나한테
빌려간 건!
네가 당한
거지 뭐.
희년이니
상황 끝~.
모든 사람들이 각각 자기 기업과 가족에게 돌아갈 수 있는 해란 말이지.
여기서 기업은
가나안에 들어
왔을 때 지파별로
나누어 받은
땅을 말합니다.
잠깐, 궁금한 게
하나 있는데요.
49년째는 안식년이니
씨도 뿌리지 말고
추수도 하지 말아야
하잖아요?
그렇지요.
50년째 또한 희년
이니까 씨를 뿌리면
안 되고요.
당연하죠.
그러면 51년째에
씨를 뿌리고 수확은
52년째가 되어야 가능
하다는 말이잖아요.
그렇죠.
그럼 49년부터
51년까지 3년 동안
뭘 먹고 살지요?
어, 그렇네.
그 사이에 우리 모두
굶어 죽으라는 거야?
이거, 분위기
싸해지는데?
후후, 걱정 마세요.
여호와께서 48년째에 엄청난 풍년을
주셔서 3년 동안 먹을 수 있는 곡식을
주실 거라고 말씀하셨으니까요.
아~ 그렇군!
역시 우리 하나님!
우히히~ 그럼 3년 동안
놀고 먹을 수 있겠네.

재산에 관한 법

여호와께서는 토지에 대해서도 말씀하셨어.
땅은 여호와의 것이라는
사실을 명심하십시오.
가난해서 어쩔 수 없이 땅을 팔아야 되면 가장 가까운 친척이 대신 땅을 사 주어야 하고
우아앙~ 삼촌
제발 제 땅 좀
사주세요, 네네?
저리 가 이놈아,
그 가격이
말이 되냐?
삼촌한테도
왕바가지
씌우려는 놈!

땅을 팔았던 사람은 돈이 생기면 언제든 그 땅을 다시 살 수 있었어.
땅을 다시 살 돈이 없으면 어떻게 하지?
희년까지는 그 땅을 산 사람의 것입니다.
희년이 되면 땅을 돌려줘야 해요.
내년이 희년 인데…룰루랄라~
다…당했다.
성 안에 있는 집에 관한 법도 있어.
① 성 안의 집을 판 경우 1년 안에는 언제든지 그 집을 다시 살 수 있음.
② 1년 안에 그 집을 다시 사지 않으면 그 집은 희년이라도 돌려줄 필요가 없음.
③ 단 레위 사람은 성 안의 집에 대해 희년의 규례대로 돌려받을 수 있음.
④ 성 밖 마을의 집은 토지와 같이 여겨 언제든 다시 살 수 있으며 희년에 돌려받을 수 있음.

※토지를 팔 때 가격 책정 방식: 곡식 수확량×희년까지 남은 년 수.

잠깐, 그런데 왜 성 안의 집만 희년에 돌려받을 수 없는 거지?
희년은 가난하고 억압받는 사람들을 위한 법이에요. 그런데 성 안에 사는 사람들은 대부분 부자들이거든요.
그들은 굳이 집을 돌려받지 않아도 사는데 아무 지장이 없기 때문이죠.
아하! 정말 공평하신 하나님이야.

종에 관한 규례

여호와께서는 가난해서 자신을 팔아 스스로 종이 된 사람을 종 부리듯 하면 안 된다고 하셨어.
어허, 종 부리듯 하면 안 된다니까 그러네. 쉬엄~쉬엄!
너무 하는 거 아냐? 제발 일 좀 해주세요, 종님.
또 이스라엘 백성들과 함께 거주하는 외국인이 이스라엘 사람을 종으로 샀을 경우 가혹하게 다루면 안 됐어.
으앙~ 외국 사람이 이스라엘 사람을 구박한다아!
헉!
내… 내가 언제….
그리고 희년이 아니더라도 몸값을 지불하면 그를 풀어줘야 했지.
밥도 세끼밖에 안 주면서 어지간히 부려먹네. 치사해서 안 해. 자, 몸값!
…….
척
그런데 보통 노예가 되면 대대로 자식들까지 노예로 살지 않나?
사람은 하나님 소유거든요. 그래서 사람이 사람을 계속 소유할 수 없도록 이런 법을 주신 거예요.
이제 자유다!
타다닥

tip 은혜와 안식의 해, 희년

희년이 되면 사람과 가옥과 토지가 모두 원 상태로 회복되었다. 노예를 해방시켜 자유롭게 해줄 뿐만 아니라, 그가 잃어버렸던 가족과 집과 토지까지 되돌려주어 본래의 안식을 되찾게 해주었다. 하나님께서는 희년을 통해 공적인 복지가 유지되게 하셨으며 가난한 자들의 자유가 파괴되지 않도록 하셨다.

희년은 우리에게 다음과 같은 두 가지 큰 교훈을 준다. 첫째, 하나님께서는 인간 사회의 빈부 격차가 심화되는 것을 원치 않으신다. 둘째, 우리의 마음이 장차 누릴 천국의 안식을 바라며 이 땅 의 재물에 지나친 기대를 갖지 말아야 한다.

26장 순종의 복

하나님은 하나님의 계명에 순종하면 다음 같은 복을 주신다고 약속하셨어.

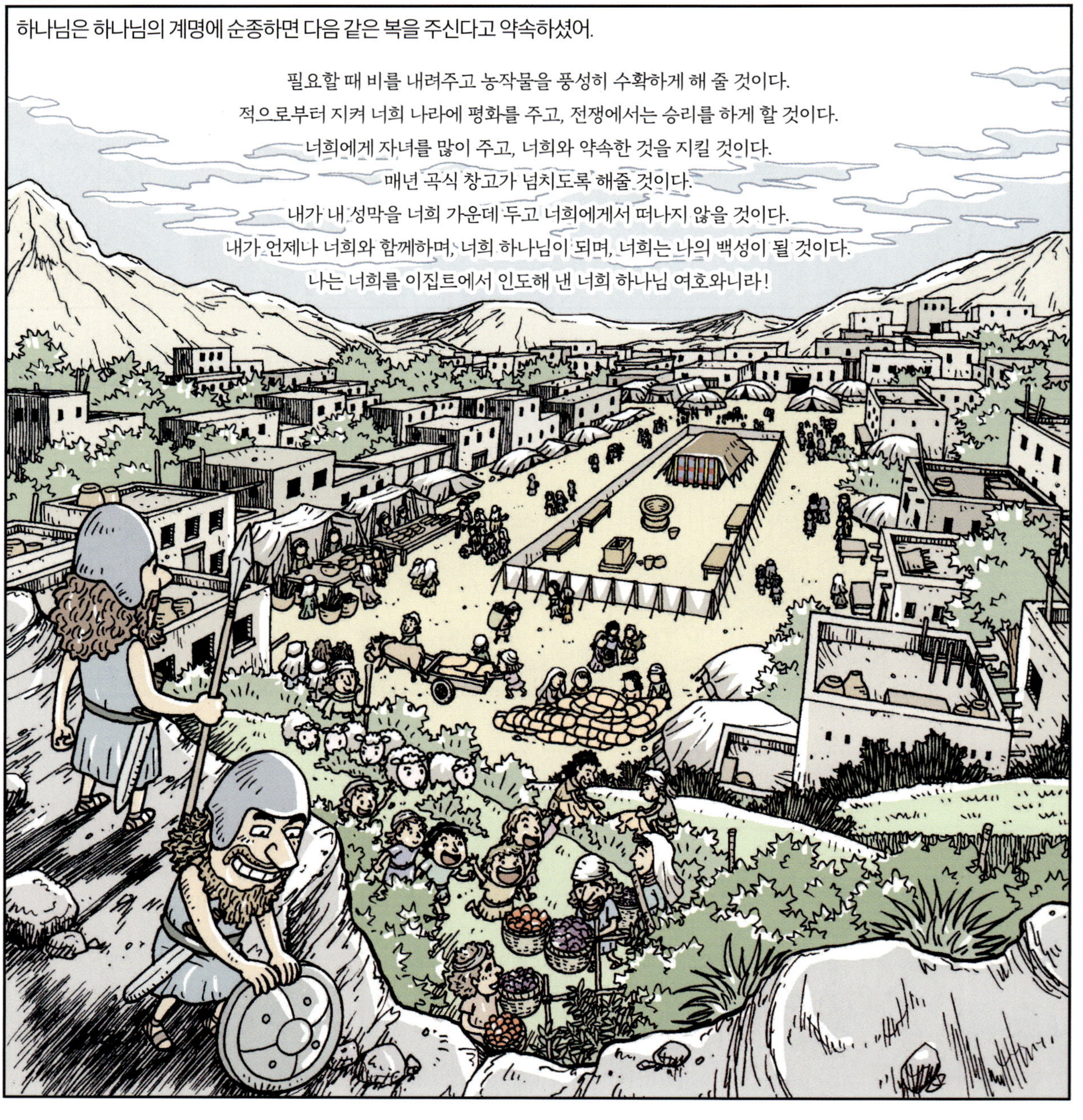
필요할 때 비를 내려주고 농작물을 풍성히 수확하게 해 줄 것이다.
적으로부터 지켜 너희 나라에 평화를 주고, 전쟁에서는 승리를 하게 할 것이다.
너희에게 자녀를 많이 주고, 너희와 약속한 것을 지킬 것이다.
매년 곡식 창고가 넘치도록 해줄 것이다.
내가 내 성막을 너희 가운데 두고 너희에게서 떠나지 않을 것이다.
내가 언제나 너희와 함께하며, 너희 하나님이 되며, 너희는 나의 백성이 될 것이다.
나는 너희를 이집트에서 인도해 낸 너희 하나님 여호와니라!

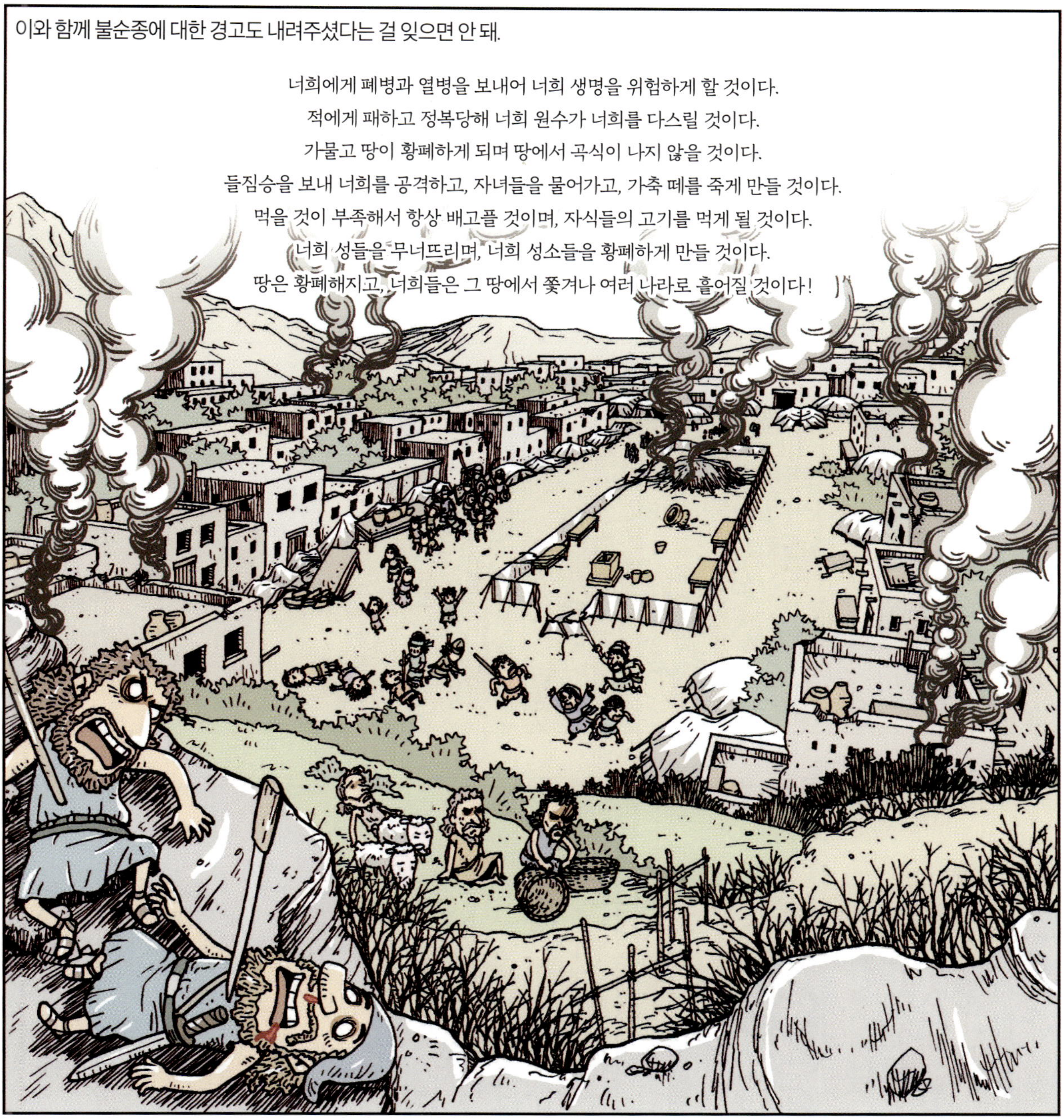
이와 함께 불순종에 대한 경고도 내려주셨다는 걸 잊으면 안 돼.
너희에게 폐병과 열병을 보내어 너희 생명을 위험하게 할 것이다.
적에게 패하고 정복당해 너희 원수가 너희를 다스릴 것이다.
가물고 땅이 황폐하게 되며 땅에서 곡식이 나지 않을 것이다.
들짐승을 보내 너희를 공격하고, 자녀들을 물어가고, 가축 떼를 죽게 만들 것이다.
먹을 것이 부족해서 항상 배고플 것이며, 자식들의 고기를 먹게 될 것이다.
너희 성들을 무너뜨리며, 너희 성소들을 황폐하게 만들 것이다.
땅은 황폐해지고, 너희들은 그 땅에서 쫓겨나 여러 나라로 흩어질 것이다!

그러나 만약 너희들이 자신의 죄와 조상들의 죄를 고백하고 뉘우치면 나도 너희의 죄를 용서할 것이다!
으앗, 정말요?
오오… 하나님….

tip 공의와 사랑

만약 이스라엘이 앞에 기록된 대로 순종의 길을 걸었더라면 결코 앗시리아나 바벨론에게 정복당하지 않았을 것이며, 하나님이 그들의 방패가 되어 싸워주셨을 것이다. 그러나 그들은 불순종의 길을 걸어 무서운 징계를 받아야만 했다. 우리는 자주 하나님의 공의와 사랑의 관계를 혼동한다. 곧 공의의 순결성과 거룩함을 무시한 채 불순종의 길을 가면서 하나님께 사랑만을 베풀어 달라고 요구하는 자들이 있다. 물론 하나님께서는 자신의 통치하심 안에 인내와 사랑을 잊지 않으시지만, 순수하고 절대적인 공의를 불순종한 죄악으로 오염시켜서는 안 된다. 불순종한 자에 대한 하나님의 사랑은 그들을 징계해 순종의 길로 들어서게 만드는 것이다.

27장 서원에 관하여

서원이란 인간이 하나님께 어떤 일을 하겠다고 스스로 약속하는 것을 말해.
주님, 올해 안에 몸무게를 왕창 줄여 다이어트에 성공하겠습니다.
저런 기도는 서원이 아니죠, 하하하….

만약 어떤 사람이 자기나 다른 사람을 여호와께 종으로 바치겠다고 특별한 약속을 했다면
제 아들입니다.
이 아이가 여호와의 종으로 주님께 봉사할 수 있게 해주세요.

흠, 고맙긴 하네만 그건 좀 어려울 것 같네. 벌써 많은 레위 사람들이 여호와의 종으로 일하고 있거든.
뭐예요? 지금 성의를 무시하는 겁니까?
덤벼, 도전하는 거지? 엉?
크릉
켁~ 왜… 나한테….

그… 그럼, 아이의 서원에 대한 값을 정해 줄 테니 그냥 헌금으로 내게.
그… 그 아이는 15세 남자니까 은 20세겔….
아, 그러면 되는 겁니까?
아… 그런 방법이…?

※은 1세겔 : 11.42그램, 노동자의 나흘치 품삯.

누가 가축이나 집이나 땅을 여호와께 바치기로 했다면 제사장은 그 모든 것의 값을 정할 수 있습니다.
크크, 그렇군.

저… 그런데 좀 전에 바친 걸 다시 돌려받을 수 있을까요?
삭
네?

그… 그럴 경우에는 그 가치의 1/5을 더해 값을 치러야 하는데….
그래요?
흥!

처음 난 가축

가축의 첫 새끼는 원래 하나님의 것이기 때문에 Link 2권 52p 서원 제물로 바칠 수 없어.
앤 이미 하나님의 제물로 바쳐진 몸이야,
딴 데 가서 알아봐!

가축의 첫 새끼를 제사장이 받았는데 그 제물이 부정한 것을 알게 되면 제사장이 그 제물의 값을 정하고 그 값으로 팔아야 했지.
이건 흠 없는 제물이 아닌 것 같은데?
앙이야 개야?
크르릉
그래요? 귀엽기만 한데….

아주 바쳐진 제물

'아주 바쳐진 제물'은 다시 팔거나 사지 못했지.
말 그대로 아주 끝장을 내야 해.
흑흑, 제, 제발….
제물이 사람이나 가축이라면 죽일 수밖에 없지.

성이나 건물이 '아주 바쳐진 제물'일 경우는 그것을 부수고 황폐하게 만들어야 했어.
성에 사는 사람들과 가축들 모두를 죽여라!
아 아 악
와 아
와 아 아
성은 불태워 흔적도 남기지 마라!

tip 아주 바쳐진 제물

'아주 바쳐진 제물'에 해당하는 히브리어 '헤렘'은 "없애기 위해 바쳐진 것"이라는 뜻이다. 보통 서원 제물로 바쳐진 제물과는 다르게 파멸을 위해 바쳐진 것, 죽임을 당하기로 결정된 것을 가리킨다. 이것은 주로 우상 숭배자나 신성 모독자, 또는 그러한 자의 재산 등에 적용되었다. 따라서 이렇게 '아주 바쳐진 제물'은 그것이 사람이든 짐승이든 땅이든 상관없이 결코 다시 무르거나 취소할 수 없었다. 보통 이런 경우 바쳐진 사람과 가축은 죽여 없앴고, 토지는 버려두어 황무지가 되게 했다.

1/10은 여호와의 것

마지막으로 땅의 열매들과 가축의 1/10은 여호와께 바쳐야 해.
참내… 계산하기 어렵게 아홉 마리네.
메에에

이상은 여호와께서 시내 산에서 이스라엘 자손을 위해 모세에게 하신 말씀이야.

민수기
●미리암
이스라엘의 여성 지도자로서 모세의 누나야. 그녀는 이스라엘 민족이 이집트를 탈출해 홍해를 건넜을 때 소고를 손에 들고 여인들과 더불어 하나님을 찬양하며 승리의 노래를 불렀지.

<민수기>는 말 그대로 백성의 수를 기록했다는 뜻으로, 이스라엘 사람들의 인구 조사를 한 내용을 다루고 있어.
백성 민
셀 수
기록할 기.
民
數
記

그리고 이스라엘 백성의 광야에서의 여정을 다루고 있지.
가나안까지
남은 거리 10일
좀 사주라!
사실 열흘 정도면
하나님께서 약속하신 땅
가나안에 갈 수 있었는데….
부르릉

이스라엘 백성들은 무려 38년 동안 이 광야를 헤맸단다.
히익~ 38년 동안이나요?
왜 그렇게 오래 걸렸죠?
이스라엘 백성들은 약속의 땅 가나안을 향해 가는 동안 하나님을 믿지 못하고 끊임없이 불평했지.
물…, 무우울~ 아이고 더워~.
쳇, 하나님은 이집트에서 잘 살고 있던 우리를 왜 이런 사막으로 끌어낸 거야.
투덜
투덜
가나안 땅 바로 앞에 도착한 다음에도 자신들이 그 땅을 정복할 수 없을 거라며 절망했어.
가나안 땅에 살고 있는 사람들은 모두 거인처럼 크고 강하다고.
하나님은 우릴 사지로 몰아 넣으시려는구나!
우리가 절대 이길 수 없어. 상대가 안 된다고.
오~ 맙소사!
궁시렁
궁시렁
그들은 바다를 가르고 불기둥과 구름기둥으로 보호해 주셨던 하나님이 도와주실 거라고 믿지 않았던 거야.
<민수기>에서는 이렇게 '믿음이라고는 조금도 찾아볼 수 없는 이스라엘 백성들의 끝없는 불평'을 참으시는 하나님의 모습이 반복돼 나타나.
도대체 약속한 땅에는 언제 들어갈 수 있는 거야!
이런 사막에서 더 이상 고생하기는 싫다구.
목말라~
이집트로 돌아가고 싶을 정도야.
그래서 결국 이스라엘 백성들은 38년 동안이나 광야를 헤매게 된 거란다.
하나님을 믿지 못하고 불평불만한 대가가 뜨뜻하네요.
킥킥, 꼬시다.
민수기
그럼에도 하나님은 언제나 우리를 사랑하시고 용서하신다는 것을 <민수기>를 통해 알 수 있을 거야.
하나님도 참 답답하셨겠다.

민수기

1. 출애굽 제1세대의 행군 준비

민수기

1장 백성의 수를 세다

이스라엘 백성들이 이집트를 나온 지 2년째 되는 해 2월 1일, 여호와께서 모세에게 말씀하셨어.
이스라엘 모든 백성의 수를 세라!
엑~!

저, 저 사람들을 전부 다요?
허억!

tip 2년이 되는 2월 1일

성막을 세운 후 한 달, 곧 이집트를 나온 지 1년 15일이 지난 날이며, 이스라엘 백성들이 시내 산에 머문 지 약 10개월 정도가 지난 시점이다. 그리고 행군 조직을 완비한 이스라엘이 이곳을 떠나기 20일 전이기도 하다.

여호와께서는 각 지파의 지도자를 세워주셨는데, 모세는 그들과 함께 백성들을 불러 모았지.
여러분은 저를 도와 백성들의 수를 세야 합니다. 여호와께서 이렇게 말씀하셨습니다.
1. 각 사람의 이름을 가족별, 집안별로 적을 것.
2. 20세 이상 된 모든 이스라엘 남자의 수를 셀 것.
3. 각 지파에서 한 사람씩 지도자를 세울 것.

아이들은 집으로 돌아 가~ 괜히 헷갈리게 하지 말고!
와글 와글
시끌 시끌
어이구, 이 인간들을 어떻게 다 세냐.

tip 각 지파의 지도자들과 계수 결과

	지파 명	지도자	계수 결과
1	르우벤	엘리술	4만 6500명
2	시므온	슬루미엘	5만 9300명
3	갓	엘리아삽	4만 5650명
4	유다	나손	7만 4600명
5	잇사갈	느다넬	5만 4400명
6	스불론	엘리압	5만 7400명
7	에브라임	엘리사마	4만 500명
8	므낫세	가말리엘	3만 2200명
9	베냐민	아비단	3만 5400명
10	단	아히에셀	6만 2700명
11	아셀	바기엘	4만 1500명
12	납달리	아히라	5만 3400명
계			60만 3550명

하지만 레위 사람의 수는 세지 않았고, 이름 또한 적지 않았어.
레위 사람들의 수는 셀 필요 없습니다. 그들은 군대에서 제외 됩니다.
웅성 웅성
오옷, 합법적인 면제?

레위 사람들은 할 일이 따로 있었기 때문이야.
성막을 옮기고 성막 둘레에 진을 치는 일, 성막을 관리하는 일은 반드시 레위 사람들이 해야 합니다.
우리 외에 다른 사람이 성막을 만지면 죽게 된다고.
레위인

2장 이스라엘 백성의 진영

모세와 아론은 여호와께서 명령하신 대로 진영을 배치했어.
이스라엘 백성은 성막을 중심으로 그 둘레에 진을 쳐야 합니다!
각 가족의 상징인 깃발을 따라 진을 치시오!

tip 이스라엘의 진영도

	납달리	아셀	단	
에브라임		므라리		유다
므낫세	게르손	성막	모세, 아론	잇사갈
베냐민		고핫		스불론
	갓	시므온	르우벤	

행군할 때에는 유다 지파의 진영이 가장 먼저 출발했고, 르우벤 진영, 에브라임 진영, 단 진영 순으로 이동했지.
순서대로 출발해라!

그리고 성막은 레위 사람의 진과 함께 모든 진의 가운데서 이동해야 했어.
레위 사람들은 중앙으로 가고!
순서대로 가라니까!

3장 레위 지파

아론에게는 네 명의 아들이 있었다는 것 기억하고 있지?
나답
아비후
우린 전에 불벼락을 맞아서… 흑.
헉!
엘르아살
이다말

나답과 아비후는 기름부음을 받고 제사장으로 임명되었지만 여호와께 죄를 지어 죽고 말았어.
Link 2권 116p
화르륵
힝~ 하나님의 말씀을 잘 따랐어야 하는 건데….
우린 자식도 없이 죽었어, 크흐흑~

흑, 불쌍한 형님들….
통구이가 되다니….
쿡 쿡
나답
아비후
꿀까닥

레위 지파의 인구 수와 해야 할 일은 가족별, 집안별로 다음과 같아.

집안	족장	가족	인명	맡은 일	진영
게르손	엘리아삽	립니 시므이	7,500명	성막, 장막, 덮개, 성막의 휘장, 뜰의 휘장, 입구의 휘장, 그 모든 것에 쓰는 줄을 관리함.	성막 서쪽
고핫	엘리사반	아므람 이스할 헤브론 웃시엘	8,600명	성소를 돌보는 일(언약궤, 진설병 상, 등잔대, 제단들, 성소의 연장들, 휘장)을 관리하고 이와 관련된 모든 일을 도움.	성막 남쪽
므라리	수리엘	마흘리 무시	6,200명	성막의 널빤지, 빗장, 기둥과 그 받침을 관리하고, 이와 관련된 모든 일을 도움. 성막 둘레의 뜰에 있는 기둥과 그 받침, 말뚝, 줄을 관리함.	성막 북쪽
모세, 아론과 그 아들들			4명	이스라엘 백성을 위해 성소의 일을 맡음.	성막 동쪽

레위 사람들 중에서 가장 어른은 제사장 아론의 아들 엘르아살이었는데, 성막을 관리하는 모든 사람을 감독했지.
똑바로 못해? 엉!?
툭 툭
위이잉

레위인은 이스라엘 백성들의 모든 맏아들을 대신해 하나님의 소유가 되었어.
사람이든 짐승이든 처음 태어난 것은 나 여호와의 것이다!

또 이스라엘에서 처음 태어난 모든 짐승을 대신해 레위 사람들의 처음 태어난 짐승을 바쳤지.
음머어
만약 모든 백성들이 첫 짐승을 바쳤다면 그 수가 어마어마했을 거야.
메에에
너, 셋 셀 때까지 내려와라.

4장 성막의 이동

이스라엘 백성들이 이동할 때 아론과 그의 아들들은 성막으로 들어가 이동할 준비를 해야 했어.
자, 우리도 가서 준비를 하자.

그들은 거룩한 물건들과 거기에 딸린 모든 기구들을 하나님의 명령대로 싸놓아야 했지.
언약궤, 상, 향 제단, 등잔대, 놋제단 등 모든 도구들을 싸야 한다.
성막 전용 포장이사가 있으면 좋을 텐데….
너 바보냐?

다른 사람들은 성물에 손을 대거나 보면 죽기 때문에 그 일을 해서는 안 돼.
다른 사람은 보기만 해도 골로 간다구~
MP
MP
STOP! 위험 접근금지

레위 사람들 중에서 성막에서 일할 사람들은 30~50세까지의 남자들이야.

	봉사자 수	전체 수	해야 할 일
고핫	2,750명	8,600명	성막 기구들을 어깨로 운반함.
게르손	2,630명	7,500명	성막 휘장 및 덮개, 줄 등을 수레로 운반함.
므라리	3,200명	6,200명	성막 기둥과 그 부속품들을 수레로 운반함.

각 집안의 일할 사람들의 수와 해야 할 일은 요기.

tip 예배 도우미 레위 지파

아론의 가문은 특별히 제사장의 의무를 수행하도록 구별되었다. 다른 레위 지파의 세 가문들은 여호와를 예배하는 것과 관련해 각기 특별한 임무를 맡았다.

① 고핫 가문 : 성막의 성구들을 관리했다. 행진할 때 그것들을 적절한 방법으로 옮기고, 다시 진을 칠 때 제자리에 배치하는 것이 그들의 일이었다.

② 게르손 가문 : 성막의 휘장과 덮개를 맡았다.

③ 므라리 가문 : 성막의 널판, 띠, 기둥, 받침들을 맡았다..

엘르아살이 감독할 것은 등유, 향품, 소제물과 관유를 포함한 성막 안에 있는 모든 것이었어.
난 레위 집안의 총 책임자라고 할 수 있지.

엘르아살의 동생 이다말은 게르손과 므라리 집안 사람들을 관리했지.
난 다른 레위 사람들이 각각 해야 할 일들을 가르쳤어.

5장 부정한 사람에 관한 규례

여호와께서 모세에게 말씀하셨어.
누구든 나병 환자나 유출병이 있는 사람이나 시체를 만진 사람들은 진영 밖으로 쫓아내라! 그래서 내가 너희와 함께 사는 이 진을 더럽히지 마라!

※나병 : 악성 피부병으로 몸이 썩는 병.
※유출병 : 성기에서 피나 고름이 흘러나오는 병.

이스라엘 백성들은 여호와의 말씀에 따라 그런 사람들은 진영 밖으로 보냈지.
뚝 그쳐! 다른 사람에게 전염되게 할 수는 없잖아.
히잉~

잘못에 대한 보상

누군가에게 잘못하여 여호와를 배반하는 죄를 저질렀을 때는
앗, 도둑이야!
윽, 들켰다.

자기 잘못을 고백하고 1/5을 더해서 갚아야 했어.
제가 곡식을 훔쳤는데 용서해 주세요~
싹
싹
잉
잉
이게 18킬로그램이니까 1/5을 더하면…

그런데 만약 피해를 본 사람이 죽고 가까운 친척조차 없으면, 그 손해를 여호와께 갚아야 했지.
숫양을 제물 삼아 제사장이 네 죄를 씻는 예식을 치를 거야.
그리고 저 양은 제사장 몫이야. 불만 있어?
메 에 에 에
헤헤, 아, 아닙니다요.

의심하는 남편에 대한 규례

자신의 아내가 다른 남자와 잤을지도 모른다고 의심하는 남편은 아내와 함께 제사장에게 나와야 했어.
글쎄, 제사장님 이 여자가~!
씩씩
참내, 어이가 없어서!

이렇게 부인을 의심한 남편에 대한 재판 절차는 다음과 같아.

남편의 역할	의심의 소제물(보릿가루 1/10에바)을 가지고 아내와 함께 제사장에게 나아간다.
제사장의 역할	①의심받는 여인을 여호와 앞에 세운다. ②여인의 머리를 풀게 하고 소제물을 들게 한다. ③저주의 쓴 물을 만든다. ④여인에게 저주의 맹세를 시킨다. ⑤제사장이 저주의 말을 적은 두루마리를 쓴 물에 빤다. ⑥여인에게서 의심의 소제물을 받아 여호와 앞에서 태운다. ⑦여인에게 저주의 쓴 물을 먹인다.
결과	죄가 있을 경우 여인의 배가 부으며 넓적다리가 떨어져 나감.
	죄가 없을 경우 여인은 아무런 고통을 당하지 않고 정상적으로 아이를 임신하게 됨.

만약 여인에게 죄가 없었다 하더라도 의심한 남편에게 따로 재앙이 있지는 않았어.
아, 아침이… 이게 뭐요?
하나님은 당신에게 재앙을 내리지 않을지 몰라도 난 달라요! 앞으로 한 달 동안 그렇게 먹어야 할 줄 알아요.
싫으면 먹지 말든가~ 흥!

tip 저주의 맹세

의혹을 밝혀내는 이 의식의 핵심은 이른바 '저주의 맹세'다. 즉, 범죄한 일이 없으면 특별히 만들어진 물 - 이를 거룩한 물 또는 쓴 물이라 한다 - 을 마셔도 전혀 해가 없지만, 그렇지 않으면 그 물이 배를 붓게 하고 넓적다리를 마르게 함을 알리고 여인이 이에 '아멘, 아멘' 하고 응답하는 것이다. 여인에게 가혹해 보이는 이런 규례를 정한 이유는 간음을 가정과 공동체의 신뢰를 깨뜨리는 중대 범죄로 보았기 때문이다.

6장 나실인에 관한 규례

나실인이란 특별한 서약을 통해 자신을 거룩하게 구별해 하나님께 헌신하기로 결정한 사람을 말해.
앞으로 사흘 동안 하나님께 헌신하려 하니….
화끈하게 더 써라. 서약 기간은 최소 30일이다!

남자든 여자든 여호와께 나실인으로 살겠다고 맹세하면 첫째, 포도주와 독한 술을 마시지 말아야 했고
음냐… 하,한 잔… 더….
내일부터 나실인으로 살아야 해서 오늘까지만 마신데….
헐~

※나실인의 서약: 특정 기간을 정하거나 평생 할 수도 있었다.

민수기

둘째, 머리카락을 잘라서는 안 됐어.
그래서 내 힘의 근원은 머리카락에서 나오는 것이라오.
삼손
데릴라
호호, 그렇군요.
셋째, 시체를 가까이 해서도 안 됐지.
악~ 좀비다!
비겁하게 도망치다니!
겁쟁이 삼손 아냐!
으어어
후다닥
난 시체를 가까이하면 안 되는 몸이라고!

나실인으로 살기로 맹세한 동안에는 여호와께 거룩하게 구별된 사람으로 살아야 했는데
그러다 죄를 지으면 속건제를 지내야 해.
대표적인 나실인이 바로 나 삼손이야.
맹세한 기간이 끝나면 번제, 화목제, 소제, 속죄제, 속건제를 드려야 했지.
삼손
의식이 끝나면 나실인으로서 한 맹세와 의무에서 자유롭게 풀려 나는 거지.
어때? 폼 나나?

tip 성경 속의 나실인들

1	삼손 (사사기 13장 2~25절)
2	사무엘 (사무엘상 1장 11절)
3	레갑 족속 (예레미야 35장 6, 7절)
4	세례 요한 (누가복음 1장 15절)
5	사도 바울 (사도행전 18장 18절)
6	예수 그리스도 (히브리서 10장 9, 10절)

민수기

제사장의 축복

여호와께서 아론과 그의 아들들에게 다음과 같이 전하라고 하셨어.
하나님께서 이스라엘 백성들에게 복을 빌어줄 때 이렇게 하라고 하셨습니다.
반드시 여호와의 이름으로 복을 빌어주는 것이 중요합니다.
알았네.

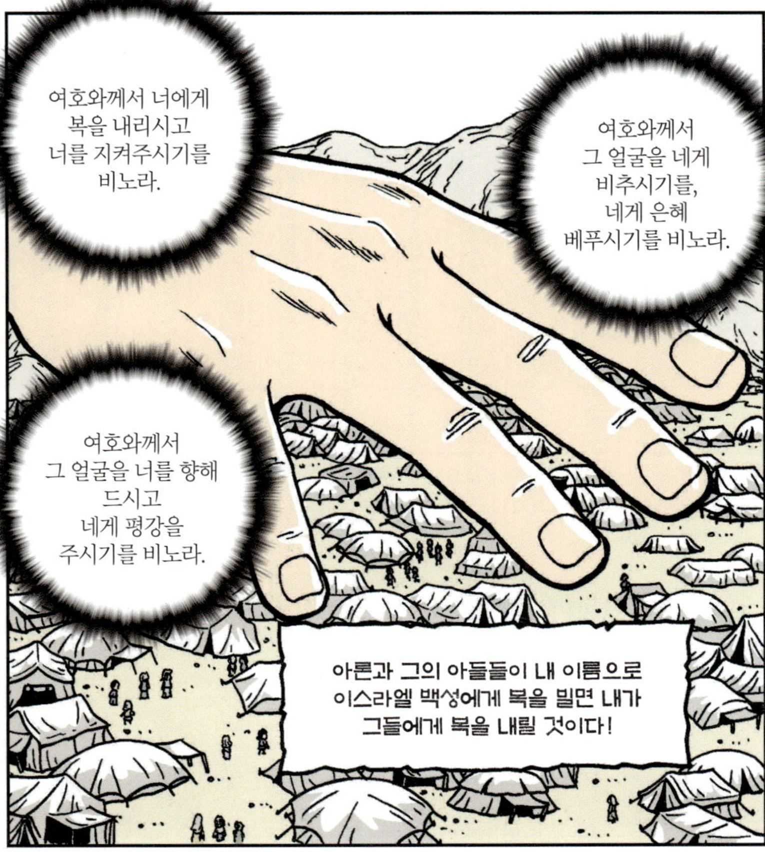
여호와께서 너에게 복을 내리시고 너를 지켜주시기를 비노라.
여호와께서 그 얼굴을 네게 비추시기를, 네게 은혜 베푸시기를 비노라.
여호와께서 그 얼굴을 너를 향해 드시고 네게 평강을 주시기를 비노라.
아론과 그의 아들들이 내 이름으로 이스라엘 백성에게 복을 빌면 내가 그들에게 복을 내릴 것이다!

7장 성막

모세는 성막을 세운 후 성막과 그 안의 모든 것에 기름을 발랐어.
기름을 발라 거룩하게 구별해야지.
미끄러우니 조심…
콰당
으앗~!

※기름(관유) : 올리브에 향유를 섞은 것으로 하나님이 특별히 만들라고 했던 거룩한 기름 Link 2권 92p

그러자 이스라엘 지도자들이 제물을 바쳤는데, 열두 명의 지도자들이 각각 황소 한 마리씩 가져왔고 덮개가 있는 수레를 두 사람이 한 대씩 가져왔어.
각 지파의 지도자들이 감사와 경배의 제물을 가져오는군.

모세는 여호와께서 명령하신 대로 이 예물을 레위 사람들에게 나눠주었지.
성막의 모든 물건들을 나를 수 있도록 여기 이 황소와 수레를 나누어주겠소.
일복 터졌네.

우리 게르손 자손은 수레 두 대와 황소 네 마리를 받았어.
므라리 자손은 수레 네 대와 황소 여덟 마리를 받았지.
게르손
므라리
우리 고핫 자손들에게는 왜 황소와 수레를 나눠주지 않죠?
고핫

푸하하, 그야 자네들은 어깨로 거룩한 물건을 날라야 하기 때문이지!
걔들은 수레인데 왜 우리만….
끙
끙

tip 레위 지파 각 집안 사람들이 해야 할 일

집안	해야 할 일
고핫	성막 기구들을 어깨로 운반.
게르손	성막 휘장 및 덮개, 줄 등을 수레로 운반.
므라리	성막 기둥과 부속품들을 수레로 운반.

지도자들은 황소와 수레뿐 아니라 여호와를 섬기는 일에 쓸 수 있는 예물도 가져와 제단 앞에 드렸어.
잠깐, 이 많은 제물로 제사를 드리려면 시간이….
빨리 합시다.
하나님께 드려야 할 희생제물은 많은데 제사장 수는 너무 적네요.
하나님한테 물어봐야지.
여호와께서 모세에게 말씀하셨지.
너는 지도자들이 매일 한 사람씩 순서대로 나와서 예물을 바치게 하라!
넵!

지도자들이 예물을 바친 순서는 다음과 같아.

	지파 명	족장 명	봉헌자 명
1	유다	암미나답	나손
2	잇사갈	수압	느다넬
3	스불론	헬론	엘리압
4	르우벤	스데울	엘리술
5	시므온	수리삿대	슬루미엘
6	갓	드우엘	엘리아삽
7	에브라임	암미훗	엘리사마
8	므낫세	브다술	가말리엘
9	베냐민	기드오니	아비단
10	단	암미삿대	아히에셀
11	아셀	오그란	바기엘
12	납달리	에난	아히라

유다 지파가 가장 먼저 예물을 가져왔군

각각의 지도자가 가져온 예물은 번제물(수송아지 1, 숫양 1, 1년 된 어린 양 1), 속죄제물(숫염소 1), 화목제물(황소 2, 숫양 5, 숫염소 5, 1년 된 어린 숫양 5)이야.
게다가 은쟁반(130세겔)과 은접시(70세겔), 그리고 여기에 기름을 섞은 고운 가루를 가득 채웠어!
또 향을 담은 금잔(10세겔)도 가져왔지!
헐~ 한 명의 지도자가 저 정도 가져왔으니… 곱하기 12를 하면!

※130세겔 : 약 1.5킬로그램, 70세겔 : 약 0.8킬로그램, 10세겔 : 114그램.

이렇게 각 지도자들이 바친 예물의 총계는 다음과 같아.

1	예물	은쟁반 12개(1560세겔) 은접시12개(840세겔) 금 잔12개(120세겔)
2	번제물	수송아지 12마리 숫양 12마리 1년 된 어린 숫양 12마리
3	속죄제물	숫염소 12마리
4	화목제물	소 24마리 숫양 60마리 숫염소 60마리 1년 된 어린 숫양 60마리

이걸 다 제사 지내려면…휴.

한편 모세가 여호와께 말씀드릴 것이 있을 때에는 성막 안 지성소 Link 2권 108p 로 들어갔고, 여호와께서는 언약궤의 속죄판 위에서 말씀하셨지.

8장 등잔대

아론은 여호와의 명령대로 등을 켤 때, 일곱 등잔이 등잔 받침대 앞쪽을 비추게 했어.
진설병 상이 보이도록 해야 내가 맡은 일을 잘할 수 있어.

등잔 받침대는 밑받침부터 꽃 모양까지 금을 두드려 만들었지.
성스런 물건이니 공을 들여서….
탕
탕

레위 사람들의 정결의식

여호와께서는 성막에서 봉사하기 전 레위 사람들이 해야 할 일에 대해서도 말씀해 주셨어.
하나님의 일을 하기 전에 깨끗해져야 합니다!
웅성
웅성

바로 요렇게 말입니다.
헉, 평생 온몸의 털을 계속 밀어야 하는 거야?
① 속죄의 물을 레위 사람들에게 뿌릴 것.
② 온몸의 털을 밀 것.
③ 옷을 빨 것.
④ 번제와 소제, 속죄제를 드릴 예물을 가져올 것.
⑤ 이스라엘 백성들이 그들에게 손을 얹게 할 것.
아니, 처음 의식에서만 그러면 된대.

※속죄의 물 : 희생제물을 태운 재와 흐르는 물로 만든 물 Link 2권 177p

모든 과정이 끝난 후 아론은 레위 사람들을 요제로 드려야 했지.
으다다다다다~!
흔들
흔들
해롱
해롱
레위 사람이라도 이렇게 해야 성막에서 일할 수 있어.

※요제 : 제물을 앞뒤로 흔들어서 바침.

민수기

그후 아론과 그의 아들들은 그들에게 해야 할 일을 가르쳐주었어.
졸지 마! 중요한 얘길 하고 있잖아!
으악~
딱!

레위 사람들이 성막에서 봉사할 수 있는 나이는 25~50세까지야.
뭐야? 나이 좀 들었다고 우습게 봐?
불끈
아, 아니, 그게 아니라….

tip 레위 사람들의 봉사 나이

이는 이스라엘 진영이 이동할 때 성막의 기구와 부속물을 운반하기에 적절한 연령이기 때문이다. 여기서 말하는 성막 봉사 나이 25세는 견습기간을 포함한 것이다. 즉, 견습기간 후 30세가 되어야 공식적인 임무를 맡을 수 있었다.

9장 두 번째 유월절

이스라엘 백성들이 이집트에서 나와 2년째 되는 해 첫째 달, 여호와께서 시내 광야에서 모세에게 말씀하셨어.
이번 달 14일 해질 무렵 유월절을 지켜라!

tip 유월절

유대인들이 이집트에서 탈출한 사건을 기념하는 광복절로, 유대력 1월 14일 저녁을 말한다. 유월절 밤에는 허리에 띠를 매고, 발에 신을 신고, 손에 지팡이를 잡고 양고기를 급히 먹어야 했다. Link 2권 47p 오늘날의 유대인들은 고난의 떡이라 불리는 무교병과 쓴 나물을 먹는다.

이스라엘은 유월절을 지켰지만, 그날 유월절을 지킬 수 없는 사람들이 있었지.
시체를 만져서 부정한 사람과…
멀리 여행을 떠난 사람들이지.

하나님께서는 시체를 만져 부정한 사람이나 멀리 여행을 떠난 사람들은 둘째 달 14일에 모든 규례대로 유월절을 지키라고 하셨어.
오예~
짝
아하~ 그 다음 달에 따로 지키면 되는구나!

성막 위의 구름

이스라엘 백성들은 성막 위에 구름기둥이 머물러 있을 때는 이동하지 않았어.
낮에는 구름기둥, 밤에는 불기둥이 있었지.

그런데 성막 위의 구름은 하루를 머물기도 하고 이틀을 머물기도 하고 한 달, 일 년을 머물기도 했어.
저기압인지 고기압인지 관심 없고, 내일 날씨는 내일 되어 봐야 알겠습니다.
구름기둥은 하나님 맘이니 관심 뚝 끊으시기 바랍니다.
우리가 왜 이런 걸 보고 있냐, 응?
기상 캐스터가 예쁘잖아.

이렇게 이스라엘 백성들은 여호와의 명령에 따라 길을 떠났고 여호와의 명령에 따라 진을 쳤어.
메에에
목동의 말을 잘 따르는 양들처럼…
메에에
적어도 처음에는 그랬지.
성막 위에 구름이 머물 때는 진을 치고 머물렀고, 구름기둥이 위로 올라가면 길을 떠났지.
자, 모두 길 떠날 채비를 하시오!
오오~ 구름 기둥이 위로 올라간다!
쿠르르

10장 나팔 신호

여호와께서 모세에게 나팔을 만들라고 말씀하셨어.
탕 탕
모세는 은을 두드려 나팔 두 개를 만들었는데, 백성을 불러 모을 때와 진을 떠날 때 사용했어.
이 나팔은 제사장인 아론의 아들들 엘르아살과 이다말이 불어야 했지.
백성을 불러 모을 때와 진을 떠날 때만 사용해야 한다.
뿌지지익
나팔 가르쳐 주는 학원 어디 없을까요?
두 개의 나팔을 동시에 불면 모든 백성들이 모세 앞에 모여야 했고
뿌우우우
뭐야? 야밤에….
쟤들은 잠도 없나?
나팔을 한 개만 불면 천부장인 지도자들만 모세 앞에 모여야 했어.
야밤에 왜 오라 가라 그래?
엉?!
어… 연습하고 있었는데….
헐!
또한 두 개의 나팔을 짧게 끊어서 한 번 불면 동쪽 진영이 이동하고, 두 번째로 불면 남쪽 진영이 이동했지.
뿌우우
뿌우우
두 번째다. 남쪽 진영 이동해라!

tip 세 번째, 네 번째 나팔 소리

따로 언급은 없지만, 이야기 흐름상 세 번째, 네 번째 나팔 소리가 들리면 서쪽, 북쪽 진영이 차례로 움직였을 거라 예상할 수 있다. 이 나팔 소리를 통해 이스라엘 백성들은 질서 있고 조화롭게 움직일 수 있었다.

백성들을 모으기 위해서는 나팔을 길게 불어야 했어.
히히~ 나팔 소리다. 이 게임은 무효. 담에 또 하자고!
으아아~ 다 이긴 게임인데!
휙
뿌우우우우

적과 싸울 때에도 나팔을 불어야 했는데, 그러면 하나님이 기억하시고 원수에게서 구원해 주신다고 하셨지.
뿌우우우우
하나님이 우릴 지켜보고 계신다!
적을 무찔러라!
와 아 아 아
와 아 아

그리고 즐거울 때와 정해진 절기 Link 2권 127p 와 매달 첫째 날 번제와 화목제를 드릴 때 Link 2권 201p 에도 나팔을 불어야 했어.
뿌우우우
너희가 이 나팔을 불 때 나는 너희를 기억할 것이다. 나는 너희의 여호와 하나님이라!
하 하하
호호호

2. 제1세대의 반역과 38년의 방랑

10장 시내 광야에서의 출발

이집트를 나온 지 2년째 되는 해 2월 20일, 드디어 막에서 구름이 걷혀 이스라엘 백성들은 시내 산 광야를 떠나게 됐어.
쿠우우우
오오오!
구름기둥이 올라 간다. 모두 떠날 준비를 하라!
드디어 떠나는구나.
하나님께서 우릴 인도하신다!

여보, 저 나팔 소리 들리지? 빨리 짐 챙겨.
뿌우우우
포장이사를 부를까요?

tip 구름기둥과 불기둥

광야 지역은 낮 기온이 40도가 넘어서 10분만 걸어도 목이 말라 더위를 이겨내기 힘든 곳이다. 이런 곳에서 약 200만 명의 이스라엘 백성들이 이동할 수 있었던 것은 햇볕을 막아주는 구름기둥이 있었기 때문이다.

하나님께서는 낮에는 구름기둥으로 밤에는 불기둥으로 직접 이스라엘 백성을 이끄셨다.

이것이 이스라엘 백성의 첫 번째 이동이었고, 그들은 여호와께서 말씀하신 순서대로 이동했어.
가자~ 약속의 땅으로!
뿌우우우

tip 이스라엘이 이동할 때의 지파 순서와 지도자들

단
아히에셀
에브라임
엘리사마
르우벤
엘리숰
유다
나손
아셀
바기엘
므낫세
가말리엘
성물
고핫 자손
시므온
슬루미엘
성막
게르손 자손
므라리 자손
잇사갈
느다넬
법궤
납달리
아히라
베냐민
아비단
갓
엘리아삽
스불론
엘리압

이동하기 전 모세는 함께 가지 않으려는 호밥을 설득했어.
처남, 하나님께서 약속하신 땅으로 함께 가세.
글쎄요.
호밥

※호밥 : 모세의 장인 미디안족 제사장 르우엘의 아들.

이스라엘은 저랑 문화도 다르고 종교도 다른데 굳이 함께 갈 이유가 있나요?
그냥 전 고향으로 돌아갈까 하는데….
씨익
이녀석. 튕기기는 ….
처남은 광야 길을 잘 알잖아. 제발 우리의 눈이 되어 안내해 달라고!
…….
자넨 네비게이터 같은 존재야.
여호와께서 주시는 좋은 건 무엇이든 다 나누어줄 테니 제발 함께 가자고.
아, 알겠습니다. 그럼 같이 가죠.
응? 응?
드디어 이스라엘 백성들은 여호와의 산을 떠나기 시작했어. 행렬 맨 앞에는 언약궤가 있었지.
안에 돌판이 있어서 무거워.
내가 십계명이 들어 있는 증거궤를 메고 있다니!
이스라엘 백성들이 낮에 행군할 때에는 구름이 그들을 덮었어.
참 더울 시간인데 구름이 해를 가리고 있으니 시원하군.
딩동
처남, 잘 가고 있는 거지?
300미터 전방에서 우회전입니다.
언약궤가 길을 떠날 때마다 모세는 항상 이렇게 말했지.
여호와여, 일어나 주의 원수들을 흩으시고 주를 미워하는 자들이 주 앞에서 도망하게 하소서!
아멘!
그리고 언약궤를 내려놓고 쉴 때에는 이렇게 말했어.
아멘!
여호와여, 이스라엘 천만인에게로 돌아오소서!
아멘!

※아멘 : '믿습니다' '동의합니다'라는 뜻.

※천만인 : '수없이 많은 수'를 상징.

민수기

11장 원망하는 이스라엘

이스라엘 백성들은 어려운 일이 생길 때마다 매번 언제나 여호와께 불평했어.
아이고~ 배고프고 목마르고… 집 나오면 고생이라더니.
투덜
추워~ 하나님은 우릴 괜히 사막으로 끌고 오셔서는….
투덜
정말 후회된다니까.

결국 여호와께서는 화가 나
화르륵
응?
딸꾹!

그들에게 불을 내리셨고, 불은 진영의 가장자리부터 타기 시작했어.
불평 좀 그만해라, 이놈들!
화르르르륵
꺄오오오~ 불이야~ 불!
빨리 119에 전화해!
엄마야, 사람 살려!
모세 님, 제발 도와주세요!
하나님은 정말 너무해요!
징징거리지 좀 마!
도대체 왜 이러시는 거죠?
잉잉
다행히 모세가 여호와께 기도드리자 불이 꺼졌지.
이제 이곳을 다베라라고 부르겠다.
불이 꺼진다!
만세!

※다베라: '불사름'이라는 뜻.

장로 70명

어느 날 이스라엘 백성들과 섞여 살던 외국인들이 음식에 불만을 품고 불평했어.
정말 지겨워. 맨날 만나
Link 2권 62p
만 먹어야 하다니….
만나 냄새만 맡아도 토할 것 같다. 웩!
기브롯 핫다아와

다른 이스라엘 백성들도 차차 불평을 터뜨리기 시작했지.
맨날 이것밖에 없어?
엉?
나도 지겹다고요.
입맛도 없고… 몸도 약해진 것 같고….
이집트에 있을 때가 좋았지. 그땐 생선이며 수박, 오이, 부추, 파, 마늘 등등… 쩝쩝.
후~
탁

사실 만나는 요리하거나 과자를 만들어 먹으면 기름에 구운 빵 맛이 날 정도로 맛있는데 말이야.
그럼에도 백성들은 모두 자기의 장막 입구에서 불평하며 울었지.
고기~ 고기가 먹고 싶어!
만나는 이제 그만~!
으앙~
이집트에서 노예로 있을 때가 좋았어.
그때는 먹고 싶은 걸 다 먹을 수 있었는데!
잉잉
이거 또 분위기 꿀꿀 해지겠군.
하나님은 이런 모습을 보고 매우 화를 내셨어.
저런 한심한 불평이나 쏟아내는 백성들이 내 백성이라니!
게다가 노예 시절 언제 먹고 싶은 걸 다 먹었다고…
모세는 여호와께 자신의 어려움에 대해 말했지.
주여, 왜 제게 이런 어려움을 주십니까? 제가 무얼 잘못했기에 이 백성을 제게 맡기셨습니까?
차라리 절 죽여주세요.
제가 저들이 먹고 싶어 하는 고기를 어떻게 구할 수 있겠습니까? 저렇게 부르짖는 백성들을 혼자 감당하기가 너무 힘듭니다.
여호와께서 말씀하셨어.
이스라엘의 장로 중 지도자 70명을 뽑아 성막으로 데려와라!
그 사람들을 왜요?
너에게 있는 성령을 그들에게도 나누어주겠다. 이제 너 혼자 백성들을 돌보지 않아도 된다!
오오… 그럼…?
또한 백성들에게 내일 고기를 먹게 될 것이라고 전해라. 내게 울며 부르짖었으니 고기를 주마!
우왓~ 그게 정말입니까?
너희가 나를 멸시하고 이집트를 갈망했으니, 아주 질릴 정도로 30일 내내 고기를 먹게 해주겠다
지… 질릴 정도로….
왠지 삐치신 것 같은데…
저… 질문이…
제가 이끄는 백성이 장정만 60만 명입니다. 30일 동안 고기를 먹으려면 저희에게 있는 양 떼와 소 떼를 모두 잡아도 부족할 것 같은데요?
너는 내게 그런 능력이 없다고 생각하느냐?
화르륵
아, 아니요!

내가 말한 것을 내가
할 수 있는지 없는지
너는 보게 될 것이다!
네네…
알겠습니다.

모세는 백성들에게 여호와의 말씀을 전했지.
얏호~
하나님 만세!
끌끌끌.
와아아!

그런 다음 장로 70명을 불러 모아 장막 둘레에 서 있게 했어.
척!
엘닷과 메닷 외
68명 집합 끝!
보좌관 여호수아

그때 여호와께서 구름 가운데 내려오셔서 모세에게 내리셨던 영을 장로 70명에게도 나누어주셨지.
우우우웅
엇!
이… 이게
뭐…!
커억!
컥!
으으으….

tip 구약 시대의 장로

모세가 이스라엘 백성들을 지도하기 힘들다고 토로하자 하나님께서는 70명의 장로를 임명해 그를 돕게 하셨다. 장로는 나이가 많고 덕망이 높은 이스라엘 각 지파의 원로들을 가리키는데, 이들은 제사장들과 함께 지도자로서 제사 의식에 참여했고, 백성들 앞에서 정기적으로 율법책을 낭독했다. 또한 이스라엘이 가나안에 정착한 후 각 성읍에서 재판관 역할도 담당했다.

그러자 그들은 예언을 하기 시작했어.
@~&&~~*×%@
오오오….
무슨 말을…?

성막에 오지 않은 두 명의 지도자 엘닷과 메닷 역시 자신의 진영 안에서 예언을 했지.
@~&&~~*×%
@~&&~~
*×%@

tip 장로들의 예언

하나님의 영이 장로들에게 들어가자 그들은 예언을 하기 시작했다. 하나님께로부터 신적 권위와 위엄을 받았다는 증거였다. 여기에서 말하는 예언은 미래를 말하는 것이라기보다는 하나님의 영으로 인한 신비롭고 황홀한 마음의 상태를 입으로 말한 것이라고 할 수 있다.

민수기

모세 님~ 엘닷과 메닷도 장막에서 예언을 하고 있습니다!
타닥
여기 참석하지 않은 그 두 장로들도?!
엘닷과 메닷이 예언하는 것을 말려야 합니다.
개나 소나 다 예언을 하다니.
개나 소나….
네가 나를 위해 질투하는 것이냐?
네?!
나는 여호와의 모든 백성들이 예언자가 되길 바란다. 여호와께서 그의 영을 모두에게 내리셨으면 좋겠다.
아, 죄… 송합니다. 제 생각이 짧았습니다.
모세와 이스라엘 장로들은 자신들의 진영으로 돌아갔어.
하나님 맙소사~ 내가 예언을 하게 되다니….
이제 우리에게도 모세처럼 하나님의 영이 계신거라고.
아멘~

메추라기

바로 그날 여호와께서 바다에 강한 바람을 보내셨지.
콰아아아
헉, 갑자기 웬 바람이?
일기예보에 강풍주의보는 없었는데….
으앗, 저기 좀 봐!!
헉!

메추라기는 이스라엘이 머물고 있는 진영 둘레 사방으로 하룻길(32킬로미터) 정도 되는 거리에 2규빗(90센티미터) 정도의 높이로 쌓였어. 바람이 수많은 메추라기를 이스라엘 백성들에게 몰고 온 거야.
파아아아
으앗, 저게 다 뭐야?
새들이 떼로 몰려온다!
메추라기야~ 메추라기!

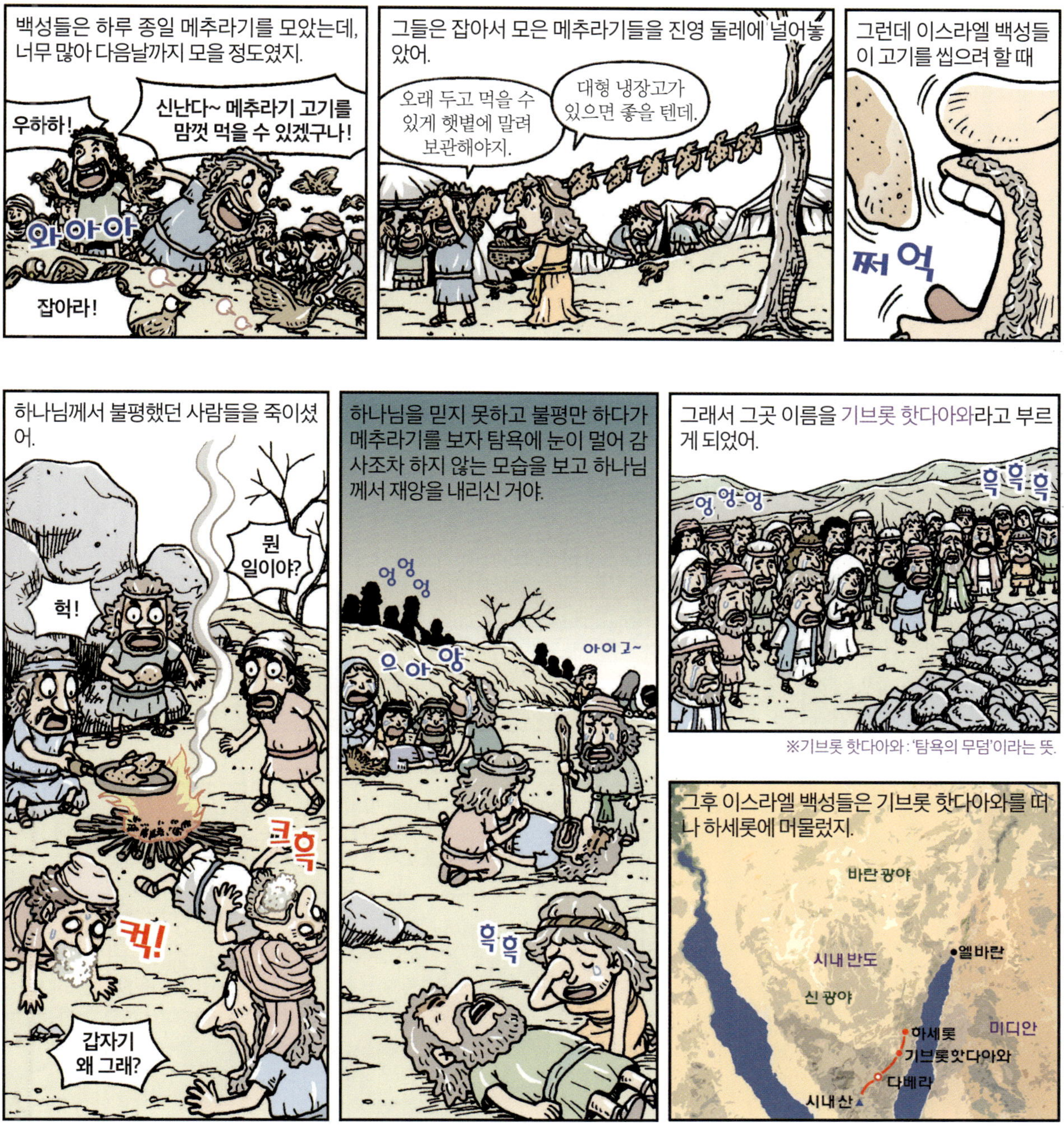
백성들은 하루 종일 메추라기를 모았는데, 너무 많아 다음날까지 모을 정도였지.
우하하!
신난다~ 메추라기 고기를 맘껏 먹을 수 있겠구나!
와아아
잡아라!
그들은 잡아서 모은 메추라기들을 진영 둘레에 널어놓았어.
오래 두고 먹을 수 있게 햇볕에 말려 보관해야지.
대형 냉장고가 있으면 좋을 텐데.
그런데 이스라엘 백성들이 고기를 씹으려 할 때
쩌억
하나님께서 불평했던 사람들을 죽이셨어.
뭔 일이야?
헉!
크흑
컥!
갑자기 왜 그래?
하나님을 믿지 못하고 불평만 하다가 메추라기를 보자 탐욕에 눈이 멀어 감사조차 하지 않는 모습을 보고 하나님께서 재앙을 내리신 거야.
엉엉엉
으아앙
아이고~
흑흑
그래서 그곳 이름을 기브롯 핫다아와라고 부르게 되었어.
엉엉엉
흑흑흑
※기브롯 핫다아와 : '탐욕의 무덤'이라는 뜻.
그후 이스라엘 백성들은 기브롯 핫다아와를 떠나 하세롯에 머물렀지.
바란 광야
시내 반도
엘바란
신 광야
하세롯
미디안
기브롯핫다아와
다베라
시내산

tip 메추라기를 주신 후 바로 벌을 내리신 이유는?

출애굽기 16장 Link 2권 61p 에서도 이와 비슷한 상황이 벌어졌지만 그때에는 하나님께서 아무 징계도 내리지 않았다. 그 사이에 하나님께서는 율법을 주셨고, 이스라엘 백성들은 그 율법에 순종하겠다고 서약했다. Link 2권 85p 이스라엘 백성들은 징계를 받지 않았을 때 불신앙과 불순종으로 치달았다. 그들은 원망과 노골적인 반역으로 나아가다가 모세를 돌로 칠 지경까지 이르렀다. Link 2권 65p 이런 상황 속에서 결국 하나님께서는 그들에게 율법을 주시고, 그것을 지키지 않았을 땐 모진 징벌을 내리는 결정을 하신 것이다.

12장 미리암과 아론의 모세 비방

모세는 하세롯에서 에티오피아 여자와 결혼했어.
헤헤… 거참….

그러자 모세의 누이 미리암과 아론이 모세를 비웃고 헐뜯었지.
너 제정신이니? 어떻게 이방 여자와 결혼할 수 있지?
이해가 안 돼.
아, 저….
하나님이 너를 통해서만 말씀하실 거라고 생각하지 마. 우릴 통해서도 말씀하시지 않겠니?
아무렴.

tip 미리암의 비난

미리암과 아론이 모세를 비난한 이유는 먼저 이방 여인과의 결혼이 이스라엘 백성들의 사상뿐만 아니라 하나님의 뜻에도 맞지 않다고 생각했기 때문이다. 또 모세가 하나님과 백성들 사이의 중간 자리를 독차지하고 있다는 것에 대한 불만 토로이기도 했다.

여호와께서 갑자기 모세와 아론, 미리암에게 말씀하셨어.
너희 셋 모두 성막으로 나오너라!
흥, 그것 봐. 너 각오해!
…….
여호와께서 구름기둥 가운데 내려와 성막 입구에 서셨지.
쿠우우우
여호와께서 아론과 미리암을 부르셨어.
아론과 미리암아! 이리 가까이 와서 내 말을 잘 들어라!
네, 하나님~
모세가 아니고 우리를 부르시네?
나는 나의 예언자에게 환상으로 나의 뜻을 알리고, 꿈을 통해 그에게 말한다!
잘 알고 있습니다.
하지만 모세는 특별한 사람이다. 난 그와 얼굴과 얼굴을 맞대어 말하며, 숨은 뜻으로 말하지 않고 분명하게 이야기한다!
스스스…
나의 충성스러운 종 모세는 나 여호와의 모습까지도 볼 수 있다. 어째서 그런 줄 알고 있느냐?
그… 글쎄요?
어째 분위기가…?
딸꾹!
모세만 편애하는 이유를 저희가 어떻게…?

모세는 이스라엘의 모든 백성
가운데 가장 충성된 자이기
때문이다!!
콰콰콰쾅
아악!!
헉!

여호와께서는 미리암과 아론에게 크게 진노하시고 떠나가셨어.
그런데 감히 너희가 아무
두려움 없이 모세를 비방해?
쿠르르르
덜덜
아아…
덜덜
헉헉!

tip 모세

모세는 여호와께 매우 특별한 존재였다. 그는 하나님과 직접 얘기하는 유일한 존재로서 다른 예언자들보다 탁월한 위치에 있었다. 모세는 그 누구와도 경쟁하거나 반대할 수 없을 정도로 우월한 존재였음에도 미리암과 아론이 그 사실을 잊고 모세를 비난한 것은 매우 어리석은 처사였다.

미리암아, 아… 아무래도
우리가 큰 잘못을
저지른 것 같구나.
부들
부들

그런데 아론이 미리암을 보니 그녀가 눈처럼 하얗게 되어 있는 거야.
으앗!
미리암.
네… 네…
얼굴이…!
?!

모세야, 모세야.
네 누이가 악성
피부병에 걸렸다!
넷!?
그… 그게 갑자기
무… 무슨!
다다다

보소서, 내 주여~
우리가 어리석은 죄를
저질렀습니다!
제발 미리암을
죽은 채로 태어나는
아이처럼 내버려두지
마십시오!
이… 이…
이럴 수가!
덥썩

그러자 모세가 여호와께 부르짖었지.
오오, 하나님. 제발 제 누이 미리암을 고쳐 주십시오. 제발!
여호와께서 모세에게 대답하셨어.
만약 미리암의 아버지가 미리암에게 침을 뱉었다면 그녀는 7일 동안 부끄러워했을 것 아니냐!?
무… 물론 그렇습니다.

tip 7일간의 격리

죄를 범한 자식에게 침을 뱉는 행위는 유대 사회의 관례로서 가문의 명예를 더럽힌데 대한 모욕의 표시였다. 그리고 그러한 제재 뒤에는 반드시 7일간의 격리 수용이 수반되었다. 이러한 형벌은 잘못을 저지른 사람에게 반성할 기회를 주기 위함이었다.

미리암을 진영 밖으로 내보내 7일 동안 있게 하라. 그 후에야 다시 진영으로 들어올 수 있을 것이다!
주여, 주여, 감사합니다.
미리암은 7일 동안 진영 밖에 갇혀 있었고, 백성들은 그녀가 돌아올 때까지 길을 떠나지 못했어.
흑…
히잉~ 괜히 모세한테 깝죽거렸다가… 흑.
그 일이 있은 후, 이스라엘 백성들은 하세롯을 떠나 바란 광야에 있는 가데스 바네아에 진을 쳤지.
가데스 바네아만 지나면 바로 하나님께서 약속한 땅이다.
이제 지겨운 유랑 생활도 끝이야.
가나안
가데스 바네아

13장 가나안 땅 정탐

여호와께서 모세에게 말씀하셨지.
내가 저 땅 가나안을 이스라엘에게 줄 것이다. 우선 각 지파에서 지도자 한 사람씩을 보내어 가나안 땅을 정탐하게 하라!
네. 알겠습니다!
가데스 바네아
형님, 정탐꾼으로 쓸 날래고 용감한 사람들을 각 지파에서 뽑아주세요.
알았네.
타닥

말씀에 따라 모세는 가나안 땅에 보낼 정탐꾼을 뽑았어.
시므온 지파 사밧
갓 지파 그우엘
르우벤 지파 삼무아
단 지파 암미엘
납달리 지파 나비
에브라임 지파 호세아
아셀 지파 스둘
유다 지파 갈렙
스불론 지파 갓디엘
베냐민 지파 발디
므낫세 지파 갓디
잇사갈 지파 이갈

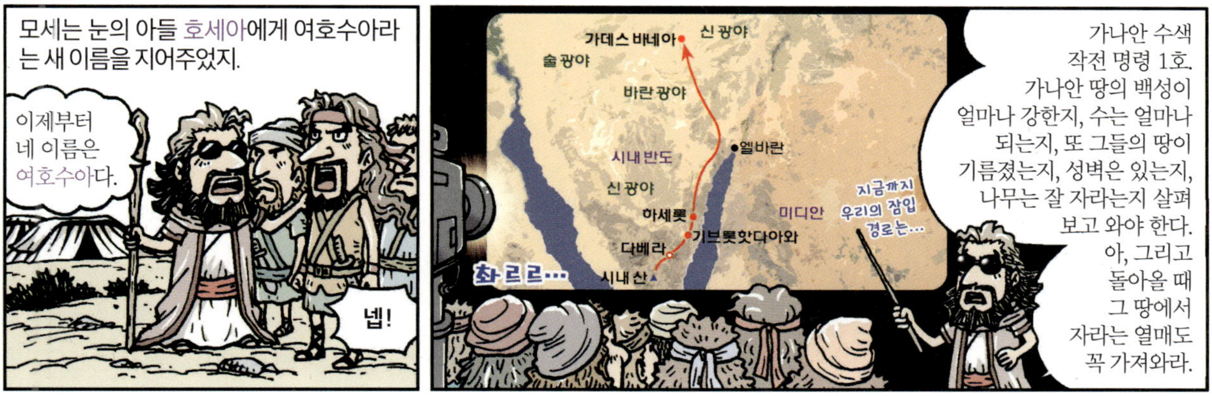

모세는 눈의 아들 호세아에게 여호수아라는 새 이름을 지어주었지.
이제부터 네 이름은 여호수아다.
넵!
가데스 바네아
신 광야
술 광야
바란 광야
엘바란
시내 반도
신 광야
하세롯
기브롯핫다아와
다베라
시내 산
미디안
지금까지 우리의 잠입 경로는…
촤르르…
가나안 수색 작전 명령 1호. 가나안 땅의 백성이 얼마나 강한지, 수는 얼마나 되는지, 또 그들의 땅이 기름졌는지, 성벽은 있는지, 나무는 잘 자라는지 살펴 보고 와야 한다. 아, 그리고 돌아올 때 그 땅에서 자라는 열매도 꼭 가져와라.

※호세아 : '구원자'라는 뜻.
※여호수아 : '하나님은 구원자이시다'라는 뜻.

가나안 남쪽 네게브 지방에서 산악 지방으로 이동하며 가나안을 정탐할 것이다.
이상. 제군들의 행운을 빈다!
Yes, Sir!
정탐꾼들이 진영을 떠났을 때는 포도 열매가 처음 맺히는 계절이었지.
그들은 가나안 남쪽 네게브를 거쳐 헤브론으로 간 다음, 하맛 어귀 르홉까지 정탐했어.
아림
하맛
아모리
시돈
두로
단
다마스쿠스
다메섹
지중해
길르앗
암몬
예루살렘
블레셋
헤브론
모압
네게브
에돔
가데스 바네아
정확한 경로
추정 경로

※르홉 : 하맛 부근, 정확한 위치는 알려지지 않았다.

정탐꾼들은 헤브론 근처 에스골 골짜기에서 포도 한 송이를 꺾었는데 크기가 굉장했지.
뭐 이런 말도 안 되는 포도가…?
후들
후들
헉헉.
포도 한 송이를 이렇게 옮기게 될 줄이야.
또 그들은 석류와 무화과도 땄어.
이 과일은 뭐지?
석류라는 거야. 주요 성분은 포도당과 과당, 새콤한 맛의 성분은 시트르산, 수용성 비타민 B1, B2와 에스트로겐까지….
쩝쩝

※에스골 골짜기 : '포도송이의 골짜기'라는 뜻.

그들은 40일 동안 가나안 땅을 정탐한 뒤 진영으로 돌아왔어.
저기 우리가 보냈던 정탐꾼들이 돌아오는군.
오… 다들 무사한가?
그리고 모세와 아론과 백성들에게 정탐한 땅에 대해 보고했지.
모두 수고했네. 가나안 땅은 잘 돌아보고 왔는가?
그곳은 젖과 꿀이 흐르는 땅이었습니다. 여기 그 땅에서 자라는 열매를 가져왔으니 보십시오!

세상에, 이렇게 큰 포도가 있다니.
와아아
가나안은 정말 풍요로운 곳이로군.
그런데….
가나안에 사는 백성들은 굉장히 강합니다. 그들의 튼튼한 성은 성벽도 있고 엄청 컸어요. 게다가….
우리는 거기서 아낙 자손을 보았다고요.
헉!
아낙 자손을!?
크워어어
아… 아낙 자손이라면 거인들 아냐?
맙소사, 그런 놈들을 어떻게 당해?
다 틀렸군.
네게브 지역에는 아말렉 사람이, 산악 지역에는 헷, 여부스, 아모리 사람이,
바닷가와 강가에는 가나안 사람이 살고 있었습니다.
갈렙이 모세 앞에 있는 백성들을 진정시키며 말했어.
웅성
하지만 겁먹을 것 없습니다!
우리가 그 땅을 빼앗을 수 있습니다!
웅성
하지만 갈렙과 함께 갔던 다른 정탐꾼들은 가나안에 대해 나쁜 소식만을 전했지.
우리는 절대 이길 수 없어!
그놈들은 무시무시하다고!
그들은 우리보다 훨씬 덩치가 컸어!
우리는 그곳에서 사나운 네피림의 자손을 봤어!
그 땅은 우릴 집어 삼키고 말 거라고요!
으… 그 괴물 같은 놈들에 비하면 우린 메뚜기에 불과해요!

※네게브 지역 : 가나안, 헷, 히위, 브리스, 기르가스, 아모리, 여부스 족속 들이 살고 있는 땅(Link 1권 49p 참고).

tip 네피림

창세기 6장 1~4절에는 네피림이 엄청난 힘을 가진 거인족이라고 기록되어 있다. 그들 자손은 가나안의 원주민으로 정착했으며 거주 지역에 따라 아낙의 자손, 느빌림, 에밈, 삼무밈, 르바임 등으로 불렸다. 이에 관한 B.C. 15세기의 우가리트 문헌들은 이들이 신화적인 존재가 아니라 실제 철기 문화를 소유한 거인족임을 증명한다.

웅성 웅성
끙…
이, 이런…
완전히 겁에
질렸잖아.
음….

14장 거역하는 이스라엘

그날 밤 모든 백성들이 큰 소리로 울면서 다시 모세와 아론에게 불평하기 시작했어.
아이고~ 모세랑 아론이 우릴 이집트에서 끌고 나와 다 죽게 하는구나~
차라리 이집트로 돌아가자!
으아앙~
엉엉!
우리 아내와 자식들도 적들에게 잡힐 거야!
하나님은 왜 우릴 이런 땅으로 인도해 칼에 맞아 죽게 하는 거야!

모세와 아론이 백성들을 설득했지만 소용없었어.
하나님께서 이집트에서 우리와 함께하셨던 걸 잊었습니까?
왜 두려워하는 겁니까?
시끄럿! 우린 지금 이라도 지도자를 새로 뽑아 이집트로 돌아갈 거야!
그것만이 살 길이라고!
우우우~
모세와 아론은 백성들 앞에 무릎을 꿇어 엎드렸어.
모세 님! 아론 님!
일어나세요. 왜… 왜 저들 앞에 무릎을 꿇으십니까!?
털썩

여호수아와 갈렙은 옷을 찢으며 이스라엘 백성들에게 말했지.
으아아아!
쫘악
우리가 살펴보고 온 땅은 아주 비옥하고 좋은 땅이오.
제발 여호와를 배신하지 마십시오.
그 땅의 백성들을 두려워하지 마십시오.
여호와께서 우리에게 자비를 베푸신다면 그 땅을 우리에게 주실 것입니다!
그들은 우리의 밥이나 마찬가지란 말이오!

……
여호수아와 갈렙의 말을 들은 백성들은 오히려 그들을 돌로 쳐서 죽이려 했어.
헛소리 작작해!
우리더러 죽으러 가라는 거냐?
돌로 쳐 죽여!
휙
휙
어이쿠!
딱
그와 동시에 성막에서 하나님의 영광이 이스라엘 백성들에게 나타났지.
쿠우우우
오오, 하나님…
헉!
뭐, 뭐야?
이, 이상한 빛이…?!
여호와께서 모세에게 말씀하셨어.
내가 수많은 기적을 보여 주었는데도 너희들은 언제까지 나를 업신여길 셈이냐!
아아… 하나님!
내가 너희들에게 끔찍한 병을 내려 모두 멸망시켜 버리겠다!
하지만 너를 통해 그들보다 더 크고 강한 민족을 이루겠다!
아아… 주여… 주여!
여호와께서 낮에는 구름기둥으로, 밤에는 불기둥으로 이 백성들을 지키시는 것을 다른 나라의 모든 백성들이 알고 있습니다!

민수기

저기 구름 기둥 좀 봐.
이스라엘의 신 여호와가 자기 백성들을 지켜 주고 있는 거래.
그런데 여호와께서 이 백성들을 여기서 단번에 죽이신다면, 그들은 아마….
여호와라는 신은 자기 백성을 약속한 땅으로 데려갈 능력이 없었나 봐.
참내, 그렇다고 다 죽일 것까지 있나.
그러니 여호와여, 이제 주님의 크신 힘을 보여주십시오!
다시 한 번 주의 한결같은 사랑을 베풀어 이 백성의 죄를 용서해 주십시오!
제발~!
백성들의 용서를 비는 모세에게 하나님이 대답하셨어.
스르르
알았다. 네 말대로 그들을 용서해 주겠다!

그러나 한 가지 약속을 하겠다!
움찔
이 백성들이 나의 기적과 영광을 보았으면서도 열 번이나 나를 시험하며 나의 말을 따르지 않았다!
아아… 주여…!!

tip 열 번의 시험

여기서 말하는 열 번은 숫자 그대로 딱 열 번 하나님을 시험했다는 것이 아니라 그만큼 많았다는 뜻이다. 이스라엘 백성들이 하나님을 시험한 것은 열 번이 못 될 수도 더 될 수도 있다.

그러므로 나를 화나게 한 어느 누구도 약속한 땅을 보지 못할 것이다!
두둥
다만 나의 종 갈렙은 나를 온전히 믿고 따랐기에 그를 약속의 땅으로 데려갈 것이다! 그의 자녀들은 그 땅을 차지하게 될 것이다!
주여, 주여…!

이제 다시 명령한다! 아말렉 사람과 가나안 사람이 골짜기에 살고 있으니 그들과 싸우지 말고 홍해 길을 따라 광야 쪽으로 가거라!
네, 하나님.
가나안이 코앞인데 다시 광야로 돌아가야 하다니.
크흑
백성들에게 벌을 내리시는 여호와
모세는 여호와의 말씀을 백성들에게 전했어.
너희들은 모두 광야에서 죽을 것이다. 지난번 인구조사를 할 때 Link 2권 138p 거기에 포함된 스무 살 이상 사람 모두 다!
…라고 말씀하셨습니다.
허거덕!
뭐, 뭐라고?
허억!
여호수아와 갈렙을 제외한 그 누구도 하나님께서 약속하신 그 땅에 들어가지 못할 것이라고 하셨습니다.
맙소사…!
이, 이럴 수가!
너희는 앞으로 40년 동안 광야를 헤매다 죽게 될 것이며, 너희 자녀들도 너희의 허물 때문에 광야를 떠돌며 고통당할 것이다!
아… 약속한 땅을 믿지 않아서 광야를 떠돌다 죽는구나.
왜 40년이냐 하면 너희가 가나안을 정탐한 사십 일의 하루를 일 년으로 친 거야!
모세가 이 말씀을 전하자 이스라엘 백성들은 매우 슬퍼했지.
엉 엉 엉
이제 우린 어쩌나~
아이고~
크으, 눈물 바다!
곧이어 나쁜 소식을 전해 백성들을 불평하게 만들었던 정탐꾼들은 끔찍한 병으로 죽었어.
어제 사망한 사람은 시므온 지파의 사밧과 베냐민 지파의 발디, 므낫세 지파의 갓디입니다. 이로 인해 사망자는 모두 열 명으로 늘었으며…
여호와께서 크게 화나신 모양이에요.
저런, 가나안 땅에 정탐 갔던 사람들이 다 죽었네.
하지만 눈의 아들 여호수아와 여분네의 아들 갈렙은 죽지 않았지.
하나님께서 약속하신 대로 우릴 살려주셨어.
다음날 아침 일찍 백성들은 산꼭대기로 올라가며 말했어.
우리가 여호와께 죄를 지었다!
여호와께서 약속하신 땅으로 가자!

무슨 소릴 하는 거요? 왜 여호와의 명령을 듣지 않는 것이오! 당신들은 골짜기에 사는 아말렉과 가나안 사람들을 당해 낼 수 없소!
닥치시오!
겁쟁이는 빠져라!
우리가 왜 그들에게 패한다는 말이오?
아말렉과 가나안 사람들을 해치우고 우리가 그 땅을 차지할 것입니다!
짜증나네. 저런 용기는 진작에 좀 내지.
참, 대책 없는 백성들입니다.

백성들은 모세의 말에도 불구하고 무모하게 산꼭대기로 올라갔지.
이제는 여호와께서 여러분과 함께 계시지 않소. 당신들은 그들의 칼에 죽을 거라고요!
흥, 웃기고 있네~ 두고 보라지!
하지만 모세와 언약궤는 진영을 떠나지 않고 머물러 있었어.

※산꼭대기 : 가데스바네아 근처에 위치한 호루(호르) 산을 가리킨다.

그때 그 산에서 살고 있던 아말렉 사람들과 가나안 사람들이 내려와 이스라엘 백성들을 공격했지.
와아아아
죽어라!
우리 땅을 탐내다니!
컥!
크아악!
하나님이 우릴 버리셨구나.
결국 이스라엘 백성들은 그들에게 패해 호르마까지 쫓겨나고 말았어.

※호르마 : 브엘세바와 사해 사이에 위치. '호르마'란 지명은 훗날 Link 2권 183p 붙여지게 된다.

민수기

15장 제사에 관한 규례

여호와께서 모세에게 말씀하셨어.
이스라엘 백성들에게 전해라. 약속한 땅에 들어가거든 너희는 양이나 소를 화제로 드려라!
또한 함께 전제와 소제를 드려라!

가나안 땅에서의 제사 얘길 하시는 거지? 어차피 우린 40년 동안 광야를 헤매게 될 텐데….
그들에게 주시는 규례라구요.
하지만 우리의 다음 세대는 약속한 땅에 들어갈 테니까요.

※화제 : 불에 태워 드리는 제사.
※소제 : 곡식을 제물로 드리는 제사.
※전제 : 잔에 담은 포도주나 독주를 제단 받침에 붓는 제사.

tip 정탐꾼 사건에서 갑자기 제사 규례로?

이스라엘은 가나안 족속에게 패해 호르마까지 쫓겨난 후 Link 2권 165p 하나님의 인도하심에 의문을 품었다. 그러나 여기 언급된 제사법은 광야에서는 쉽게 구할 수 없는 고운 가루, 기름, 포도주를 동물제사와 함께 드리라고 함으로써, 이스라엘이 그것을 구할 수 있는 가나안에 들어갈 것임을 암시한다. 또한 하나님께서 정하신 율법을 지킴으로써 하나님의 거룩한 백성이 된다는 뜻을 담고 있다. 그들이 하나님께 불순종했지만 하나님의 언약은 취소되지 않았으며, 회개하고 희생제사를 드림으로써 다시 하나님의 축복을 누릴 수 있음을 말해 준다.

가나안 땅에서 제사를 드릴 때, 어떤 제물을 드리느냐에 따라 전제와 소제의 양이 달라졌어.

적자 적어. 끙끙

제물	전제의 양	소제의 양
어린 양, 어린 염소	포도주 1/4힌	고운 가루 1/10에바, 기름 1/4힌
숫양	포도주 1/3힌	고운 가루 2/10에바, 기름 1/3힌
수송아지	포도주 1/2힌	고운 가루 3/10에바, 기름 1/2힌

※1/2힌은 약 1.8리터, 1/3힌은 약 1.2리터, 1/4힌은 약 0.9리터.

그리고 화제는 이스라엘 백성뿐만 아니라 그들과 같이 살고 있는 외국인도 똑같이 드려야 했지.
너희나 외국인이나 똑같은 규례를 지켜라. 그것은 지금부터 영원히 지켜야 할 규례다!
우리 이방인의 제사도 받아주시다니….
외국인이라고 차별하지 않아서 너무 좋다.

가나안 땅을 정복한 후, 그 땅에서 나는 음식을 먹을 때, 그날부터 영원히 처음 추수한 곡식으로 만든 빵을 나에게 거제로 바쳐라!
아자! 빵 만드는 연습이다 연습!
형님, 어지간히 하슈.
치덕 치덕

※거제 : 제물을 위 아래로 흔들어 드리는 제사로 하나님께 바쳤다가 다시 제사장에게 되돌리는 제사.

속죄제 규례

여호와께서는 백성들이 실수로 계명을 지키지 못해 생긴 죄에 대한 속죄제사도 알려주셨어.
속죄제 규례는 레위기 때 Link 2권 114p 가르쳐주셨잖아.
① 수송아지 한 마리를 화제로 바칠 것.
② 이때 전제와 소제를 같이 드릴 것.
③ 숫염소 한 마리를 속죄제로 드릴 것.
④ 제사장은 이스라엘 백성 모두의 죄를 씻는 예식을 행할 것.
흠, 이건 기본 메뉴에 옵션을 추가한 거죠.

또 자기도 모르게 죄를 지었으면 1년 된 암염소를 속죄제물로 바쳐야했지.
작작 좀 해라, 이놈아! 암염소 씨가 마른다!
메에엥
이스라엘 백성뿐 아니라 함께 사는 외국인에게도 이 규례는 똑같이 적용됐어.

민수기

하지만 고의로 죄를 지은 것은 여호와를 거역한 것이므로 죄의 대가를 받아야 했어.
우린 지은 죄가 너무 많은 것 같아….
괜찮아. 이놈을 제물로 바치면 되지 뭐.
헉!
그것은 여호와를 업신여기고 순종하지 않은 것이기 때문이야.
뭐, 뭐야?!
어어, 난 속죄제를 지내러 왔다고요!
이 도둑놈아, 그 염소도 내 거야!
끌고 가라!

안식일에 일한 사람

이스라엘 백성들이 광야에 있을 때 어떤 사람이 안식일 Link 2권 95p 에 장작을 주워 모은 적이 있었어.
어라, 저 사람 지금 뭐 하는 거야?

그걸 본 사람들이 장작 줍던 사람을 모세와 아론, 백성들에게 데려갔지.
이 자가 안식일에 일을 하고 있었습니다.
일부러 하나님의 규례를 지키지 않은 거죠.
아, 그깟 것 좀 지키지 않았다고 사람을 죄인 취급 하냐?
이 자를 어떻게 해야 할지 여호와께 여쭤봐야겠다.

모세는 그를 감옥에 가둔 다음 여호와께 물었어.
그를 진영 밖으로 끌고 나가 백성 모두가 돌로 쳐 죽여라!
돌로 쳐 죽여요?
헉!
백성들은 그를 진영 밖으로 끌고가 여호와께서 명령하신 대로 했지.
히잉~ 철없는 반항 한번 했다가 바로 골로 가는구나.
꼬르륵~

tip 돌로 치라

이 명령은 하나님의 무자비한 면을 보여준다. 하나님의 최고 성품은 '사랑과 자비'지만 이처럼 하나님께 정면 대항하는 사람들에게는 '극도의 잔인함'으로 대응하셨다. 회개만 하면 모든 죄를 용서받을 수 있다는 생각으로 계속 하나님을 거역하는 것은 큰 오산인 것이다.

장식술

여호와께서 모세에게 말씀하셨어.
앞으로 이스라엘 백성들은 대대로 겉옷 자락 끝에 청색 끈으로 술을 달아라!

엄마, 왜 겉옷에 술을 달아야 하는 거예요?
이걸 볼 때마다 하나님의 명령을 기억하기 위해서지. 그러면 명령이 생각나 훨씬 덜 죄를 짓지 않겠니?
?

16장 고라, 다단, 아비람, 온의 반역

하나님이 말씀하신 대로 이스라엘 백성들은 가나안으로 들어가지 못하고 광야를 떠돌게 됐지. Link 2권 164p
헉
헉
헉헉
헥
헥

그때 레위 지파 사람 고라와 르우벤 지파 사람 다단, 아비람, 온이 모세에게 반기를 들고 일어났어.
온
아비람
다단
고라
내가 지금 성막 봉사의 고위직을 맡고 있다고는 하나, 겨우 요런 자리로 만족할 사람인가?

그야 물론 아니죠.
고라 님은 최고 권력인 대제사장 자리에 딱 어울리시는 분입니다.
모세하고 아론은 그만 물러날 때가 됐어요.
껄껄껄~ 그렇지?

이들은 이스라엘이 뽑은 지도자 250명을 모아 모세와 아론에게 맞섰지.
백성들은 모두 거룩합니다. 또한 여호와께서 우리와 함께 계시지요!

그런데 왜 당신들만 이스라엘 백성들 위에 있으려 합니까?
탄핵!
물러가라~
탄핵!
우
우
우
아론 OUT!

※고라를 따라 모세와 아론에게 반역했던 사람들은 250명의 지도자 외에도 많은 이들이 있었다.

뭐, 뭐야?
우우우~
모세 OUT

모세는 이 말을 듣고 하나님께 엎드려 지혜를 구했어.
나한테 물어 볼 줄 알았다!

tip 하나님께 엎드리는 모세

모세는 미리암과 아론의 비난 때 Link 2권 156p 도 그랬지만 고라 일당의 반역이 있을 때에도 자신의 감정을 표현하거나 지도자의 권한을 사용하는 대신 먼저 하나님께 기도했다. 모세는 어떤 어려움에도 자신의 감정으로 대응하지 않고 오직 하나님의 공의로운 판결에 의지했다.

기도 후 모세는 고라와
그를 따르는 사람들을
불러 말했어.
내일 아침 여호와께 나아갈 수
있는 제사장이 누구인지 여호와
께서 보여주실 것이오.
여호와께서 선택
하신 사람만 그분께
나아갈 수 있소.
누굴 선택했는지
우리가 어떻게
알 수 있단 말이오?
맞아. 모세,
당신이 사기 칠
수도 있잖아.
인간아, 인간아~
그렇게 살지 마라.
이… 이런….
헐…!

어쨌든 내일 향로를
가져와 그 속에 불과
향을 넣으시오.
이렇게만
하면 돼.
큭…

tip 향로

성막에서 향을 피울 때 사용하는 작은 화로로 번제의 제단에서 가져온 불씨를 그 안에 넣어 제사를 지냈다. Link 2권 116p 그 향을 피우는 일을 통해 하나님을 가까이 섬길 수 있었던 자는 오직 제사장뿐이었다. 그런 자격을 받지 못한 사람이나 범죄한 사람이 이 일을 행할 경우 죽임을 당했다.

향을 피울 때 여호와께서
뽑은 거룩한 사람이 누구
인지 알 수 있을 것이오.
좋소. 그렇게
하겠소!
흥. 내일이면
너도 끝이다.

너무한 것 아니오?!
당신들 레위 사람들은 여호와의
거룩한 장막에서 일하며,
모든 이스라엘 백성을 대신해
여호와를 섬기고 있소!
그런데 그것도 부족해
제사장까지 탐내다니….
당신과 당신을 따르는
사람들은 무리를 지어
여호와께 반역했소.
아론이 누구인데 감히
당신들이 반역을
한단 말이오!
부들
부들
흥!

여호와께 반역
이라니, 어디서
막말을!
아니 대통령도 임기라
는 게 있는 법인데…
당신들만 높은
자리에 있으란
법도 없잖소!
씩
씩

tip 제사장 자리

여호와께서는 레위 지파 사람들에게 성막 봉사를 맡기셨고 Link 2권 139p 레위 지파 중 아론의 후손에게만 제사장 직분을 허락하셨다. Link 2권 92p 그러나 하나님을 섬기는 일에는 직분에 차이가 있을 뿐 계급의 차이는 전혀 없었다. 레위인들이 이 말을 믿었다면 결코 제사장 직분을 탐내지 않았을 것이다.

모세가 다단과 아비람을 불렀지만, 그들은 말을 듣지 않았어.
흥!
모세가 뭔데 우리보고 오라 가라야? 안 그래?
다단
아비람
모세는 살기 좋은 이집트에서 우릴 광야로 끌고 와 다 죽이려 했어.
좋은 포도원과 밭이 있는 가나안으로 데려가지도 못했고.
투덜
벙쟁이
그뿐이면 말도 안 해. 우리 머리 꼭대기에서 우릴 다스리려고 한다고. 자기가 무슨 왕이라도 돼?
투덜
꺼져.
우린 모세한테 안 가.
그 이야기를 들은 모세는 몹시 화가 나서 여호와께 말씀드렸지.
저들의 제사를 받지 마소서. 저는 저들에게 나귀 한 마리 받은 적 없으며, 잘못한 것도 없습니다!
에베벳~
그러고 나서 모세는 고라에게 말했어.
당신과 당신을 따르는 자들은 내일 아론과 함께 여호와 앞에 서시오.
그리고 향로에 향을 넣어 여호와께 드리시오.
형님도 마찬가지입니다.
알겠네.
흥, 하나님께서 어떤 판결을 내리시는지 보자고!
다음날 고라와 그를 지지하는 사람들은 향로를 가져와 향을 피웠지.
당신은 이제 끝이라고.
과연 그럴까?
콜록
콜록
그들이 모두 성막 입구에 서자 여호와의 영광이 나타났지.
아아아~
하나님의 영광이 나타났다!
여호와께서 내려오셨어!
여호와께서 모세와 아론에게 말씀하셨어.
이들에게서 물러나라. 내가 순식간에 이들을 없애버릴 것이다!
헉!
모세와 아론은 땅에 엎드려 부르짖었지.
하나님, 이들 모두에게 노하지 마십시오. 죄는 한 사람만 지었을 뿐입니다.
어리석은 백성들이 꼬임에 넘어간 것입니다.
여호와께서 모세에게 말씀하셨어.
백성들에게 고라와 다단과 아비람 곁에서 떨어져 있으라고 해라!
알겠습니다. 주님.
큰일났군. 녀석들.

모세가 일어나 다단과 아비람에게 가자 이스라엘의 장로들이 그 뒤를 따랐어.
뭔가 분위기가 으스스한데.
수군
수군
아무래도 불안해. 다시 모세 편에 붙는 게 좋겠어.
하나님께서 모세에게 무슨 말씀을 하신 모양이야.
모세는 이스라엘 백성들에게 경고했어.
저들의 장막에서 물러나시오! 그들의 것은 어떤 것도 만지지 마시오!
만약 내 말을 듣지 않는다면 그들의 죄 때문에 당신들도 멸망할 것이오!
헉, 무슨 일이 생기나보다!
빨리 피하자!
모세의 말을 들은 백성들은 고라와 다단과 아비람의 장막에서 물러났지.
우르르…
웅성
웅성
이럴 때는 말을 잘 듣는군.
그러나 고라와 다단과 아비람은 그들의 아내와 자녀와 함께 장막 입구에 서서 반성하지 않았어.
참내, 겁쟁이들 같으니라고.
도대체 무슨 죄를 지었다고 이런 난리를 치는 거야? 모세가 그렇게 무섭나?
지금부터 있을 일을 보면 내가 하는 일들이 내 뜻이 아닌 여호와의 뜻임을 알 게 될 것이오!
에베베엣~
신기한 일 한번 해보셔~
웃기시네.
만약 이 사람들이 보통 사람들처럼 죽는다면 여호와께서 나를 보내신 것이 아닙니다.
하지만 땅이 입을 열어 저들과 저들이 가진 모든 것을 삼킨다면, 저들이 하나님을 멸시했다는 것을 알게 될 것이오!
아이고 배야~ 땅이 입을 열어 우릴 삼킨대!
할리우드 블록버스터 영화 시나리오 쓰시네.
크크… 영감이 노망 났나? 개그를 해라, 개그를!
하 하 하
하 하 하
그러나 모세가 말을 마치자 마자
갑자기 땅이 흔들린다!
헉!
쿠르르르…

민수기

그들이 서 있던 땅이 갈라졌어.
으아악, 지진이다!
말도 안 돼~!
콰콰콰콰
꺄아아아!
엄마야!

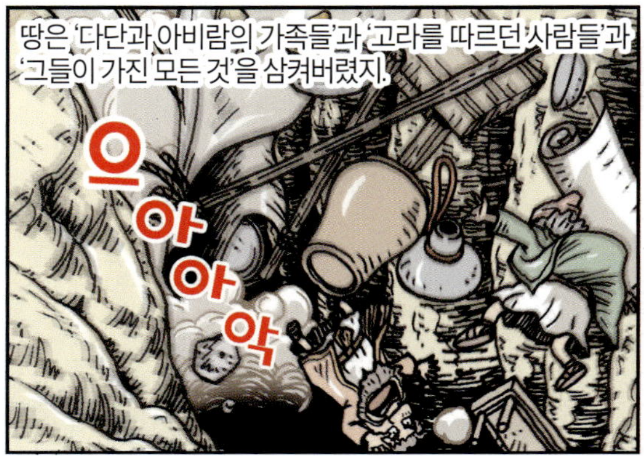
땅은 '다단과 아비람의 가족들'과 '고라를 따르던 사람들'과 '그들이 가진 모든 것'을 삼켜버렸지.
으아아악

tip 하나님 편에 서지 않은 다단과 아비람

다단과 아비람은 아론의 아들들이 죽던 모습을 기억하고 제사장직을 달라는 고라의 대담한 요구에 불안해했던 듯하다. 그러나 이들은 고라의 요구가 부당함을 알면서도 자기들의 생명에 해가 되지 않는 한도 내에서 고라를 지원하려고 했는데, 이 또한 하나님에 대한 반역이었다.

그들은 산 채로 묻혀서 그들의 모든 것과 함께 죽은 자들이 있는 곳으로 내려갔고, 땅은 그들을 덮어버렸어.
쿠웅
헉!
뜨악!

그들과 가까이 있던 이스라엘 백성들은 그들의 비명 소리를 듣고 도망쳤지.
으아~ 땅이 우리도 삼켜버릴 거야!
빨리 도망 쳐!
두두두두
캬아악!

그 순간 여호와의 불이 내려와 향을 피운 사람 250명을 태워버렸어.
화르르륵
크아악~
앗, 뜨거!

이 모든 일이 끝나고 여호와께서 모세에게 말씀하셨어.
아론의 아들 엘르아살에게 반역자들이 불탄 자리에서 향로를 모으게 해라! 향로는 거룩하다!
정말 새카맣게 타버렸구나.
따로 화장을 할 필요가 없네.
흑흑

잠깐, 그 향로 속에 타다 남은 불은 부정하니 쏟아버리도록 해라!
쿡쿡
엘르아살
아, 알겠습니다.
여호와께서 모은 향로를 망치로 두들겨 펴서 제단에 덮어씌우라고 하셨네. 이스라엘 백성들에게 증표가 되도록 말이야.
헉
이, 이걸 전부 마, 망치로 두들겨서…?
툭
제단을 덮은 향로는 이후 이스라엘 백성들에게 고라의 반역 사건을 기억하게 해주었지.
흐오~ 향로가 더 있어서 바닥까지 쫘악 깔면 훨씬 멋질 텐데….
아들을 잡으시려고요?
쾡~
또한 아론의 자손이 아닌 다른 사람들은 여호와 앞에 향을 피우러 나올 수 없다는 사실을 기억하게 했어.
저 향로의 주인들이 어떻게 되었는지 똑똑히 봤잖아.
수군
수군
그 꼴을 보고도 지성소에 들어가면 인간도 아니지.
그런데 하루가 지나자
당신들은 잔인한 살인자요!
이스라엘 백성들 모두 다시 모세와 아론에게 몰려와 원망하며 불평했지.
당신들은 여호와의 백성을 죽였소!
당신들에게는 자비심이라는 것도 없는 거요?
그 많은 사람들을 죽게 하다니!
그때 구름이 성막을 덮고 여호와의 영광이 나타났어.
파아앗
오… 하나님.
요즘 너무 바쁘신 것 같아.
헉!
엄마야~!
모세와 아론이 성막 앞으로 가자 여호와께서 말씀하셨지.
저들로부터 멀리 떨어져라. 내가 순식간에 저들을 없애버릴 것이다!
헉!
네?!
형님, 빨리 향로를 가져와 향을 피우십시오!
벌떡
아, 알았네!
최대한 빨리 백성들에게 가서 죄를 씻는 예식을 행하세요!
여호와께서 노하셨습니다. 재앙이 시작되었어요!
후다닥

민수기

모세의 말대로 이미 재앙이 시작되어 백성들이 염병에 걸려 죽어갔어.
으악, 내… 내 팔에 이게 뭐야?
크으으….
이… 이럴 수가!
하… 하나님이 노하셨다!
으아아악
아론은 백성들이 있는 한가운데로 달려가 죄를 씻는 예식을 행하기 위해 향을 피웠지.
빨리, 빨리.
파닥
파닥

그러자 아론이 있는 바로 그곳에서 재앙이 멈췄지.
다… 다행이다. 잘못하면 모두 죽을 뻔했어.
헉헉.

그 재앙으로 자그마치 1만 4700명이 죽었어.
덜덜
순, 순식간에….
부들
부들
덜덜

tip 염병

이스라엘 백성들의 반역 행위를 제거할 목적으로 하나님께서 염병을 내리셨다. 이 염병은 불치병이었으며, 전염병이었다. 이 병은 백성들의 반역의 깊이에 따라 순서대로 걸렸음이 분명하다. 가장 앞에 있던 사람들부터 순서대로 죽었기 때문이다.

17장 아론의 싹 난 지팡이

여호와께서 모세에게 말씀하셨어.
각 지파의 지도자들에게 지팡이를 한 개씩 거둬라!
12개 지파니까 열두 개다.

각각의 지팡이에 지도자의 이름을 써라. 레위 지파의 지팡이에는 아론의 이름을 써라!
그런데 이름을 쓴 지팡이는 뭐에 쓰시려고 그럴까?
어련히 알아서 하시려고~
윽!
쿡
그 지팡이를 내가 너희와 만나는 언약궤 앞에 놓아두라!
그러니까 이걸 왜…
아, 좀~
퍽!
쿡
내가 한 사람을 선택해서 그 사람의 지팡이에 싹이 트게 할 것이다! 그것을 통해 너희에게 불평하는 이스라엘 백성들의 버릇을 없애버리겠다!
오오오~

모세는 12지파 지도자들의 지팡이를 거두어 여호와 앞, 곧 성막 안에 놓아 두었어.
그리고 다음날 성막에 들어가 보았지.
헉, 아론 형님의 지팡이에서 싹이!
심지어 지팡이에서 싹이 자라고 꽃이 피더니 살구 열매까지 맺혔어.
커헉~ 죽은 나무로 만든 지팡이에서 과일이 열리다니!
모세는 지팡이들을 가지고 나가 모든 이스라엘 백성들에게 보여주었어.
아론의 지팡이를 언약궤 앞에 가져다 놓아 반역한 자들에 대한 증표로 보관해라. 이것을 통해 나에 대한 백성들의 불평을 멈추게 하여 더 이상 그들이 죽지 않게 할 것이다!
와아아아
쳇, 혹시나 하고 기대했는데, 역시 아론 지팡이에만 기적이 일어났네.
한편 백성들은 두려움에 떨며 울었어.
여호와께서 선택한 사람을 의심했으니 우린 죽고 말 거야.
고라 편을 들었던 사람들처럼 우리도….
흐어~엉 엉엉엉

18장 레위 지파와 제사장의 임무

여호와께서 아론에게 말씀하셨어.
제사장과 레위 사람들이 할 일에 대해 말해 줄 테니 잘 지키도록 해라!
넵! 말씀하십시오!
야호~ 늘 모세를 통해 말씀하셨는데, 이번에는 날…

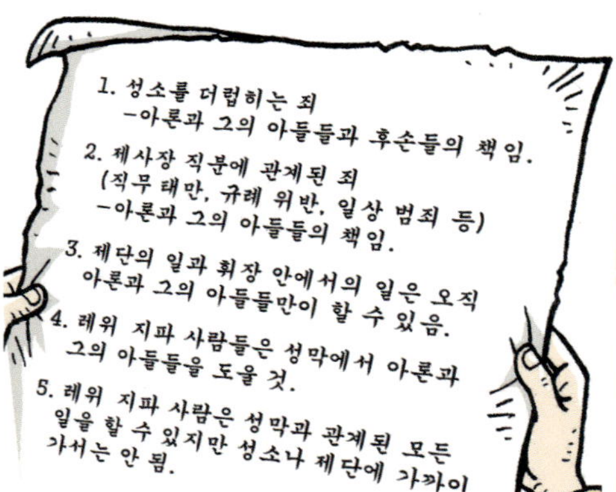
1. 성소를 더럽히는 죄
-아론과 그의 아들들과 후손들의 책임.
2. 제사장 직분에 관계된 죄
(직무 태만, 규례 위반, 일상 범죄 등)
-아론과 그의 아들들의 책임.
3. 제단의 일과 휘장 안에서의 일은 오직 아론과 그의 아들들만이 할 수 있음.
4. 레위 지파 사람들은 성막에서 아론과 그의 아들들을 도울 것.
5. 레위 지파 사람은 성막과 관계된 모든 일을 할 수 있지만 성소나 제단에 가까이 가서는 안 됨.

tip 성소를 더럽히는 죄

여기서 성소란 지성소와 성소로 나뉘어진 성막, 즉 성막 내부를 말한다. Link 2권 108p 성소를 더럽히는 죄란 제사장 이외의 사람들이 성소에 출입하거나 성소의 물품에 손을 대는 행위로 하나님의 위엄과 성결을 훼손시키는 죄를 말한다.

만약 우리 말고 다른 사람이 성막 안에 들어가면 어떻게 되죠?
그야~
성소에 함부로 들어가지 못하게 이런 거라도 세워놔야겠다.
캭
이다말
엘르아살
warning
접근금지

제사장의 몫

여호와께 바친 제물 중 제사장의 몫에 대해 알아볼까?
제사장 몫이 충분하니 먹고 살 걱정 없이 제사에만 전념할 수 있겠군.
① 모든 거제물 가운데 태우지 않고 남은 부분.
② 거제물 종류: 곡식제물, 속죄제물, 속건제물.
③ 이 몫은 제사장들이 성막에서만 먹어야 함.

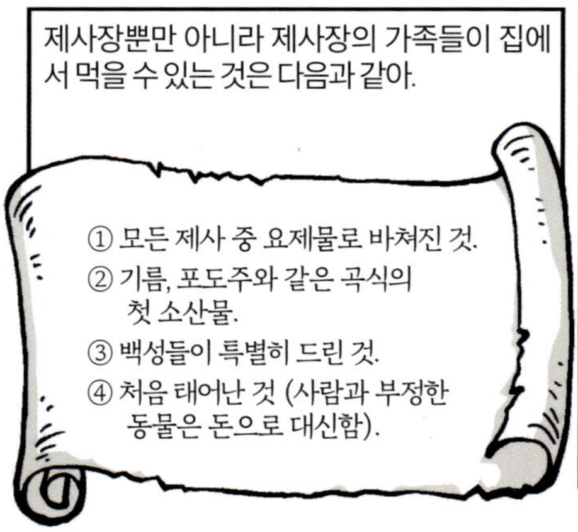
제사장뿐만 아니라 제사장의 가족들이 집에서 먹을 수 있는 것은 다음과 같아.
① 모든 제사 중 요제물로 바쳐진 것.
② 기름, 포도주와 같은 곡식의 첫 소산물.
③ 백성들이 특별히 드린 것.
④ 처음 태어난 것 (사람과 부정한 동물은 돈으로 대신함).

이건 하나님께서 주신 나와 우리 자손들을 위한 소금언약이란다.
저희 가족을 특별히 챙겨 주신 거네요.
하나님, 감사합니다.

tip 소금언약

소금언약이라는 말은 본래 친구들끼리 어울려 떡을 소금에 찍어 먹는 데서 유래한 것으로, 소금의 불변성을 영원한 우정에 빗대어 말하던 히브리인의 약속에 대한 비유다. 여기서 소금언약은 제사장의 몫에 대한 하나님의 약속이 영원할 것임을 뜻한다.

여호와께서 또 아론에게 말씀하셨어.
너에게는 물려받을 땅을 주지 않겠다. 나 여호와만이 너의 전 재산이기 때문이다!
저야말로 세계 최고의 부자네요.

레위 사람의 몫

그리고 레위 사람들의 몫에 대해서도 말씀하셨지.
이스라엘 백성들이 수확한 것의 1/10을 바치면 그것이 레위 사람들의 몫이다!
이것은 레위 사람들이 성막에서 일한 것에 대한 보수라고 말씀하셨습니다.
와아아
우리가 '신의 직장'이라는 말의 원조라고!

여호와께서 말씀하시길 레위 사람들은 백성들에게 받은 것 가운데 가장 좋은 것 1/10을 거제로 드리고 그것을 아론에게 주어야 한다고 하셨습니다.
대제사장 수입도 괜찮은걸?
그래서 고라가 대제사장 자리를 노린 모양이군.
1/10의 1/10이라….
흠흠….

그러자 레위 사람들이 제물을 부당하게 사용하거나 개인적으로 함부로 쓰면 죽게 될 것이라고 경고하셨어.
CCTV 촬영중
당신의 자녀가 지켜보고 있습니다.

19장 깨끗하게 하는 잿물 제조법

이번에는 시체를 만져 부정하게 된 사람을 깨끗하게 하는 물에 대해 알아볼까?
자~ 여러분, 그럼 한번 만들어 볼까요?
엘르아살

① 흠이 없고 한 번도 일을 한 적 없는 붉은 암송아지를 진영 밖에서 잡을 것.
호호… 이리 오너라.
② 제사장은 붉은 암송아지의 피를 손가락에 찍어 성막 앞을 향해 일곱 번 뿌릴 것.
촤악
이스라엘에서 7은 완전함을 상징하는 수죠.
③ 송아지를 백향목, 우슬초, 홍색실과 섞어 불사를 것.
화르륵
잘~ 탄다.
④ 깨끗한 사람이 암송아지의 재를 거두어 진영 밖 깨끗한 곳에 보관했다가, 항아리에 재를 넣고 흐르는 물을 부어서 만들 것.
이제 물만 집어넣으면 완성!
⑤ 이때 암송아지를 불사른 사람이나 재를 거둔 사람은 부정하게 되므로 깨끗해지는 예식을 치를 것.
아참, 내가 죽은 암송아지를 만졌구나.
깨끗하게 하는 잿물을 만드는 사람은 부정해질 수밖에 없겠군.

tip 깨끗하게 하는 잿물

이스라엘 사람들은 시체를 만지면 부정한 사람으로 규정지었다. 앞서 많은 사람들이 죽었고, 그들을 만졌던 이스라엘 사람들 역시 모두 부정해졌다. 그래서 하나님은 부정을 씻을 수 있는 예법을 정해 백성들이 깨끗한 삶을 살 수 있도록 하셨다. 그 예법에 사용될 잿물 만드는 법도 말씀해 주셨다.

잿물의 용도와 사용법

시체를 만진 사람은 부정한 사람으로 취급되어 이스라엘 진영에서 쫓겨났어.
그가 부정한 채로 여호와의 성막에 가면 그 장막도 부정해질 것이다!
훠이~훠이~ 어딜 들어와!
아니, 제가 왜 부정하다는 거죠?

자네의 경우는 1번이야. 누구든 시체에 닿는 사람은 7일 동안 부정하니까.
① 시체를 만진 사람.
② 죽은 사람의 장막에 들어간 사람.
③ 죽은 사람의 뼈나 무덤을 만진 사람.
④ 죽은 사람의 장막에 있는 뚜껑을 열어놓은 그릇.
그럼 저처럼 부정하게 된 사람은 깨끗해질 방법이 없는 건가요?
7일이 지나면 저절로 깨끗해지는 건가요?
그때는 다시 진영으로 돌아와도 되나요?

부정한 사람이 깨끗해지기 위해서는 3일째, 7일째 되는 날 잿물로 몸을 씻어야 했어.
깨끗하게 하는 잿물로 두 차례 씻으면 다 해결된다네.
촤악
우엑, 차가워!

자, 그럼 잿물의 사용법을 한번 정리해 볼까?
①깨끗하게 하는 잿물을 만들 것.
자세한 제조 방법은 앞 페이지로!
쪼르륵
② 깨끗한 사람이 우슬초를 잿물에 담갔다가 부정한 사람과 부정한 장소에 뿌릴 것.
부정한 장소란 죽은 사람이 있던 장막과 기구, 그 안에 있던 사람, 시체를 만졌던 사람 모두를 말해.
자네같이 깨끗한 사람이 3일째와 7일째 되는 날 잿물을 뿌리는 거야.
촥
③ 7일째 되는 날 저녁부터 부정한 사람이 깨끗해짐.
All clear!
④ 부정한 사람은 7일째 되는 날 옷을 빨고 목욕할 것.
이제 진영으로 돌아가 가족과 만날 수 있다!
이렇게 깨끗해지는 의식을 치르지 않고 부정한 상태로 이스라엘 진영에 머무르는 사람은 반드시 죽었어.
어딜 그렇게 허겁지겁 도망가나?
주, 죽은 걸 만졌거든. 빠, 빨리 진영에서 나가야 해!
다다다
또 깨끗하게 하는 잿물을 뿌렸던 사람도 저녁때까지 부정하기 때문에 옷을 빨아야 했지.
제가 빨아드려요? 저 때문에 부정해진 건데….
됐네요.
퍽
퍽
퍽
부정한 사람이 만진 것은 무엇이든 부정해졌고,
히히, 평소에 날 괴롭힌 놈들 혼나봐라.
으악!
저 부정한 놈이!
부정해진 것을 만진 사람도 저녁때까지 부정했어.
기왕 버린 몸.
일단 진영 밖으로 나가서 혼내주자.
아이고… 장난이야 장난!
질질
질
이것은 이스라엘 백성들이 지켜야 할 영원한 규례였어.
하지만 오늘날의 신자들은 더 이상 지키지 않아도 되는 규례죠.
예수님이 여러분 대신 죽으셨다는 걸 믿으면 영원히 깨끗해지니까요.

민수기

20장 모세의 범죄

이스라엘은 38년간 광야를 헤맸고 '첫째 달'에 신 광야의 가데스에 도착해 머물렀어.
지 중 해
예루살렘
암몬
블레셋
헤브론
모압
네게브
아말렉
신 광야
에돔
가데스 바네아
바란 광야

tip 신 광야의 가데스 바네아

'첫째 달'이란 광야를 헤맨 지 38년이 지난 후 첫째 달을 말한다. 이집트를 나온 지 40년이 된 해로 이스라엘 백성 1세대는 대부분 늙어 죽었고 2세대들로 구성되어 있었다. 신 광야는 가나안 경계와 가까운 곳으로, 에돔은 신 광야의 동쪽에, 가나안 땅은 북쪽에, 바란 광야는 남쪽에 있었다. 이 지역은 농경이 행해진 일이 없는 불모의 땅이었다. 광야에서 떠돌던 38년간의 역사는 대부분 생략되고, 초기와 말기 역사만 기록되었다.

미리암은 가데스에서 죽어 땅에 묻혔지.
흑흑흑

그곳에는 마실 물도 없었어.
물~ 무우우울~
아이고, 이러다 말라 죽겠다.
이스라엘 백성들은 모세와 아론에게 몰려들었지.
도대체 우릴 왜 이런 광야로 끌고온 거요?
우리와 우리가 키우는 가축들까지 모두 죽일 작정이요?
크아앙
여긴 무화과도 없고, 석류도 없고, 포도도 없소.
씨를 뿌릴 곳도 못 돼.
그게 문제가 아냐. 여긴 먹을 물도 없다고!
또 징징거린다.
모세와 아론이 성막 입구로 가서 땅에 엎드리자 여호와께서 말씀하셨어.
너희 둘은 백성들을 불러 모아라. 그리고 지팡이를 가지고 가서…
순종하지 못하는 너희 백성들아, 내 말을 들어라!
뭐야? 저 노인네….
날도 더운데 기력도 좋아.
덥고 목마르고 짜증나는구만….
너희들을 위해 이 바위에서 내가 물이 나오게 하겠다!
흥, 노인네가 더위를 먹었나?
웃기지도 않네.
그런 기적을….
말도 안 돼.
모세는 손을 높이 들고 지팡이로 바위를 두 번 내리쳤지.
따닥!

민수기

그러자 바위에서 많은 물이 흘러내렸고, 백성들과 그들의 가축이 물을 마실 수 있게 됐어.
와아아!
콸콸콸
우왓, 물이다, 물!
모세 님 만세~!
우린 이제 살았어. 우리 가축들도!
와아!

그러나 여호와께서는 이렇게 말씀하셨지.
너희는 나를 믿지 않고 백성들 앞에서 나의 거룩함을 증거하지 않았다!
넷? 저, 저희가 하나님의 거룩함을 증거하지 않았다고요?
어째서 그런….

그러므로 너희는 내가 약속한 땅으로 백성들을 인도하지 못할 것이다!
그 이유는 팁을 보도록~
허… 이런….
아… 이걸 어쩌나….

tip 모세가 저지른 범죄

모세와 아론은 마치 자신들이 기적을 베풀어 물을 내는 것처럼 말하며 '명령'으로만 물을 나오게 하라고 하신 하나님 말씀을 지키지 않았다. 마치 자신이 반석에서 물을 나오게 하는 것처럼 지팡이로 반석을 두 번이나 힘껏 내리쳤던 것이다. 그것은 하나님의 영광을 가리고 모세와 아론이 기적을 행한 것처럼 생각되게 만들었다.

이곳은 이스라엘 백성들이 여호와께 대들었기 때문에 '므리바'라 부르게 되었어.
Link 2권 66p
모세 님과 아론 님이 기적을 보여주셨어!
석유가 나왔으면 더 좋았을걸.
욕심 좀 그만 부려.
어쨌든 모세 님 만세다!
아… 내가 너무 교만했구나.
이제 와서 후회하면 뭘 해.

※므리바 : '말다툼' '쟁투'라는 뜻.

아론의 죽음

이스라엘은 가데스 바네아를 떠나 호르 산에 도착했지.
바로 저곳만 넘으면 에돔이오.

그때 여호와께서 모세와 아론에게 말씀하셨어.
이제 아론은 죽어 조상들에게 돌아갈 것이다. 너희 둘은 므리바에서 내 명령을 지키지 않았기 때문에 약속의 땅에 들어가지 못할 것이다!
잉잉~
형님, 먼 길 가실 준비해야겠네요.

※호르 산 : 가데스 바네아 근처에 위치한 산으로 모세의 말을 듣지 않고 가나안 사람들을 공격하러 갔다가 패했던 곳이다. Link 2권 165p

※에돔 : 야곱의 형 에서의 후손들이 세운 나라. Link 1권 128p

모세와 아론은 모든 백성들이 지켜보는 가운데 호르 산으로 올라갔지.
아론과 그의 아들 엘르아살을 호르 산으로 데려와 그곳에서 아론의 옷을 벗겨 엘르아살에게 입혀라!
아론은 거기서 죽어 선조들에게 돌아갈 것이다!
처음으로 고어텍스 재킷이 제값 하는군.
형님 돌아가시면 찜.
헉헉
하나님이 저 입으라고 했어요!
모든 걸 두고 이제 죽을 장소를 찾아가는구나.
이 만화, 출연료 정산해 달라고 해야지.
모세는 아론의 옷을 벗겨 그의 아들 엘르아살에게 입혔고, 아론은 그 산꼭대기에서 죽었어.
안녕히 가세요, 아버지~
뒤를 잘 부탁한다, 아들아~
모든 이스라엘 백성들이 아론을 위해 30일 동안 슬퍼하며 울었지.
흐흐흑.
훌쩍

에돔과의 협상

모세는 가데스에서 에돔 왕에게 사자를 보냈어.
왕의 형제인 이스라엘 백성이 왕에게 말합니다.
왕은 우리가 겪었던 모든 고난에 대해 잘 알고 계실 것입니다.

옛날 우리 조상들이 이집트로 내려갔고 그곳에서 오랫동안 살았습니다. 그런데 이집트 사람들은 우리와 우리 조상들을 학대했습니다.
그래서 우리가 여호와께 부르짖었더니 천사를 보내어 우리를 이집트에서 탈출할 수 있게 인도해 주셨습니다.

그래서 어쩌라는 거야?
지금 우리는 왕의 땅 가장자리에 있는 한 마을 가데스에 있습니다. 부디 우리가 왕의 땅을 가로질러 가는 것을 허락해 주십시오라는데요?
하암
우리는 왕의 밭이나 포도밭으로 지나가지 않을 것이며, 어떤 우물에서도 물을 마시지 않겠습니다. 오직 왕의 길만을 따라 걷겠습니다. 절대로 그 길 바깥으로는 벗어나지 않겠습니다.
좀 비굴한 것 같기도 하고…
탁 탁 탁

※왕의 길 : 군사적 목적으로 닦아 놓은 모든 도로.

tip 왕의 길

다메섹에서 아카바 만까지 남북으로 뚫린 주요 도로로, 요단 골짜기 동쪽에 있다. 이 도로는 국제 무역에서 중요한 대상로 중 하나다. 바산, 길르앗, 암몬, 모압, 에돔을 통해 네게브를 지나 이집트에 이르는 길과 연결된다. 이 여행로는 B.C. 2000년 이전에도 있었던 것으로 알려졌으며, 많은 청동기 시대의 요새들이 발견되었다.

모세의 서신을 읽은 에돔 왕이 말했어.
흥!
헛소리하고 있네.
그렇죠?
윽~
내 땅으로는 절대 못 지나간다. 만약 지나가기만 하면 당신들을 칼로 쳐버리겠다!
짜악
들었지?
이 소식을 들은 모세는 에돔 왕에게 다시 사자를 보냈지.
Please~
우리는 큰 길로만 걷겠습니다. 혹시라도 우리가 기르는 짐승들이 왕의 우물에서 물을 마시면 그 값을 치르겠습니다.
이것들이 도무지 말귀를 못 알아듣는군.

이번에도 에돔 왕은 허락하지 않았고. 오히려 강한 군대를 보내 이스라엘 백성들 앞을 막아섰지.
두 둥
어디 지나갈 수 있으면 가봐.
이런 치사한….
참내, 아니꼬와서….
이게 다 나라 없는 설움이야.
이스라엘 백성들은 결국 에돔에서 돌아서야 했어.
형제의 민족과 싸울 수 없으니 돌아서 가자.
한번 봐준다.
니들 운 좋은 줄 알아라.

21장 가나안과의 전쟁

네게브 지방에서 살고 있던 가나안 왕 아랏은 이스라엘 백성들이 아다림 길로 온다는 얘기를 들었어.
이스라엘 놈들을 우리 땅에 한 걸음도 들여놓지 마라!
와아아
와아아
결국 이스라엘 백성 몇 명은 그들에게 포로로 사로잡혔지.
이스라엘 백성들은 여호와께 맹세하며 말했어.
제발 도와주십시오, 하나님.
저들을 물리치게 해주시면 저들의 성을 완전히 멸망시키겠습니다.

※네게브 : 가나안 남쪽 지역.

하나님께서 그 소리를 듣고 이스라엘 백성들이 가나안 사람들을 물리쳐 이기게 해주셨지.
와아아
우리 뒤에는 여호와께서 계신다!
으아악!
왜 가만히 지나가는데 건드려!

이스라엘 백성들은 네게브 지방에 살던 가나안 사람들과 그들의 성을 완전히 멸망시켰어.
후일 이곳을 호르마라고 부르게 될 것이다.

※호르마: '철저히 파괴시키고 근절시킴'이라는 뜻, 브엘세바와 사해 사이에 위치했으며, 이스라엘이 아말렉 사람들에게 패해 쫓겨난 곳이다. Link 2권 165p

불 뱀과 구리 뱀

그뒤 이스라엘은 홍해로 가는 길을 따라갔어.
굳이 이 길로 가는 이유가 있습니까?
에돔을 가로질러 갈 수 없으니 국경을 돌아가는 거네.
맙소사, 그럼 엄청 돌아가는 거잖아.
그냥 에돔을 해치우고 가면 될걸.

그 길이 너무나 멀고 거친 길이었기 때문에 백성들은 또 다시 하나님과 모세를 원망하며 대들었어.
도대체 왜 우리를 잘살고 있던 이집트에서 데려나와 이런 곳에서 죽게 하는 거요?
여기에는 빵도 없고 물도 없어!
우리한텐 거지 같은 음식밖에 없다고!
정말 지겨워. 틈만 나면 불평불만….
이집트에서 왜 데리고 나왔냐는 소리는 백만 번쯤 들은 것 같다.

그러자 여호와께서 백성들에게 불 뱀을 보내셨지.
꺄~ 뱀이다!
갑자기 이게 다 어디서?
엄마야!

※불 뱀: 물리면 불에 탄 것 같은 염증과 통증을 일으켜 불 뱀이라 불림.

불 뱀들에게 물린 백성들이 죽어 나가기 시작했어.
꺄아악!
사람 살려!
휙 휙
여호와께서 벌을 내리신 거야!

그러자 백성들은 모세에게 와서 말했지.
저희 잘못입니다. 여호와를 원망하는 게 아닌데….
제발 여호와께 기도드려서 이 뱀들을 없애주세요!
잉잉~ 살려주세요.
참 대책 없는 백성들이야.

모세가 백성들을 위해 기도드리자 여호와께서 말씀하셨지.
구리 뱀을 만들어서 장대에 매달아라. 뱀에 물린 사람 누구라도 그것을 보면 살 것이다!
오오… 가, 감사합니다.

모세는 구리 뱀을 만들어 장대에 매달았고, 뱀에 물린 사람 누구든지 쳐다보면 살아났지.
와아아
여호와께서 이 구리 뱀을 보면 살 것이라 하셨소!
쳐다보는 것 만으로 치유되다니~
이건 정말 기적이야, 기적!
하나님이 다시 한 번 우릴 용서해 주셨어.

tip 구리 뱀과 그리스도의 구원

죽어가던 백성들은 '구리 뱀을 보면 살 것이라는 믿음'을 가지고 구리 뱀을 보았고, 결국 자신의 목숨을 살릴 수 있었다. 그리스도의 구원도 이와 같다. '그리스도께서 나의 죄를 위해 죽었고 다시 살아나셨다는 것을 믿기만 하면 구원을 받는다는 것'을 믿으면 구원을 얻을 수 있기 때문이다. 구리 뱀은 예수 그리스도를 상징한다고 할 수 있다.

모압으로 가는 길

다시 길을 떠난 이스라엘은 오봇, 이예아바림, 세렛 골짜기, 아르논 강을 지나 브엘에 도착했어.
아이고 힘들어….
이 인간이 아직 뱀한테 덜 물렸나?!

브엘에는 샘이 있었는데 그곳에서 여호와께서 말씀하셨지.
백성들을 불러 모아라, 내가 그들에게 물을 주겠다!
아싸~ 안 그래도 물이 부족해서 걱정이었습니다.

이스라엘 백성들은 그곳에서 물을 주시는 하나님을 찬양했어.
샘물아, 솟아나라!
샘물아, 노래하여라~!
콸 콸

※오봇 : 에돔의 동쪽 변경에 있던 곳으로 정확한 위치는 알 수 없다. ※이예아바림 : 돌투성이의 모압 변방 지역. ※세렛 골짜기 : 세렛 강으로 추측됨.
※아르논 강 : 약 32킬로미터에 이르는 긴 강으로 모압과 아모리의 경계선 역할을 했다. ※브엘 : 정확한 위치를 알 수 없다.

지도자들이 이 샘을 팠고, 귀한 사람들이 우물을 뚫었도다!
지도자들이 홀과 지팡이로 팠다네~!

※홀 : 왕권의 상징으로 왕들이 들고 다니는 1.5미터 가량의 지팡이.

백성들은 그곳을 떠나 맛다나, 나할리엘, 바못을 거쳐 비스가 산 꼭대기 모압 골짜기에 도착했어.
자~ 정상이니 다 함께 기념 촬영.
찍습니다~ 모두 치즈~.

※맛다나, 나할리엘, 바못 : 정확한 위치를 알 수 없다.
※비스가 산 : 모압의 국경에 있던 산으로, 모압 평지와 팔레스타인의 구릉들을 모두 볼 수 있을 정도로 높은 지역이다.

아모리 왕 시혼과 바산 왕 옥

이스라엘은 아모리 사람들의 왕이며 헤스본의 왕인 시혼에게 사자들을 보냈지.
왕의 땅을 지나가게 허락… 밭이나 포도밭 근처에는… 오직 '왕의 길'만 가겠다고? 가는 길에 우물이 있더라도 그 물을… 흥!

※아모리 : 근동지역 여러 곳에 분포해 살던 유목 민족.
※헤스본 : 아모리의 수도로 시혼 왕이 살던 성.

시혼 왕은 오히려 군대를 끌고 광야로 나와 이스라엘을 막아섰어.
어림없는 소리. 내 땅에는 한 발짝도 들여놓지 못하게 해주겠다!

시혼 왕은 야하스에서 이스라엘과 맞서 싸웠지.
와아아아

※야하스 : 아르논 강 상류에 위치, 아모리 영토의 한 쪽 끝이기도 했다.

결국 이스라엘은 시혼 왕을 죽이고, 아르논 강가에서 얍복 강까지 그의 땅의 모든 성을 점령하고 거기에 살았어.
왕이 쓰러졌다!
와아아아
휙
딱
으아악

※얍복 강 : 북쪽 바산, 동쪽 암몬, 남쪽은 아모리의 경계가 되었다. 야곱이 하나님과 씨름한 곳. Link 1권 118p

이스라엘은 암몬 사람들의 국경에 도착하자 진격을 멈추었지.
암몬은 아브라함의 조카 롯의 자손 벤암미에게 준 땅이다. 그러니 여기까지만 진격하겠다.
국경 수비도 삼엄하고…
아쉽네요. 전투에서 계속 승리하고 있는데….

※암몬 : 오래 동안 이스라엘을 괴롭힌 민족, 아브라함의 조카인 롯과 그의 딸 사이에서 태어난 아들 벤암미의 자손. Link 1권 67p

또 길르앗까지 가서 야셀 성읍을 점령하고 아모리 족속을 쫓아냈어.
잉잉
잘 가~ 멀리 안 나갈게.
흐흑~

※야셀 : 길르앗 지역에 있는 아모리 사람의 성채. 모압과 암몬의 경계 지역.
※길르앗 : 아모리 왕 시혼과 바산 왕 옥이 절반씩 다스렸다. 이스라엘이 점령한 후에는 르우벤, 갓, 므낫세 반쪽 지파에 그 땅을 나눠준다. Link 2권 207p

그런 다음 바산의 에드레이로 가서 바산의 왕 옥과 그의 아들들과 군사들을 모두 죽이고 그 땅을 점령했지.
바산
나사렛
아르묵 강
에드레이
므깃도
길르앗라못
요단강
길르앗
사마리아
세겜
브니엘
얍복 강
가나안
벧엘
랍바
암몬
야셀
길갈
여리고
싯딤
비스가산
기브온
예루살렘
헤스본
블레셋
야하스
그데못 광야
헤브론
염 해 (사해)
브엘
아르논 강
맛다나
호르마
브엘세바
모압
네게브
세렛
세렛 강
브엘라해로이
아말렉
이예아바림
호르 산
에돔

※바산 : 남으로는 길르앗, 북으로는 하르몬까지 넓은 지역을 관할하던 왕국.
※에드레이 : 바산의 왕 옥의 크고 견고한 성읍.

민수기

민수기

22장 모압 왕 발락이 발람을 부름

그후 길을 떠난 이스라엘 백성들은 요단 강이 있는 모압 평야로 내려왔어.
저 강만 건너면 여리고 성이다!

※여리고 성 : 가나안 중앙에 위치했던 여리고 지역의 성으로 반드시 점령해야만 했던 요충지.

tip 모압 평야

모압 평야는 요단강 동쪽에 위치한 20제곱킬로미터 너비의 광활한 초원지대다. 이스라엘 백성들은 그 평지 안에 있는 싯딤이란 곳에 진을 쳤는데, 이곳은 가나안에 들어가기 위한 마지막 교두보일 뿐 아니라 모세가 죽은 장소이기도 하다.

※싯딤 : 모압 평야 안에 있는 평지로 요단 강 동쪽에 위치.

모압 사람들은 이스라엘이 아모리 사람들에게 한 일을 모두 알고 있었기 때문에 두려워했어.
쑥덕 쑥덕
아모리 사람들이 이스라엘한테 완전히 박살 났다면서?
수군 수군
시혼 왕이 길을 내 주지 않고 공격했다가 골로 갔대.

게다가 이스라엘 백성의 수가 몹시 많은 것을 보고 더욱 겁에 질렸지.
이집트에서 도망 나온 노예들이 저렇게 많다니….
헉!
아이고~ 이제 우린 어떻게 하지?

모압 왕 발락은 모압 근처에 살고 있던 미디안의 장로들에게 찾아갔어.
어흠~

※미디안 : 모세의 장인인 르우엘의 나라 Link 2권 22p 시내 반도에서부터 모압 동쪽 지역에 거주했다.

저 이스라엘 놈들이 소가 풀을 먹어 치우듯 우리 주변 땅을 다 삼켜버리고 있으니 어쩌면 좋은가?
브돌에 발람이라는 복술가가 살고 있는데, 그에게 도움을 청해 보면 어떨까요?

tip 발람

발락은 유목생활과 무역을 통해 견문이 넓은 미디안 장로들에게 이스라엘을 공략할 단서를 얻기 위해 찾아갔다. 그리고 그들에게 발람이 탁월한 복술가라는 소리를 듣게 된다. 브돌은 메소포타미아 북부에 위치한 도시로 교통과 무역의 요충지였으며, 잡다한 우상 숭배자들과 복술가들이 모여 있었다.

발락은 발람을 부르기 위해 모압과 미디안의 장로들을 사자로 보냈지.

한 민족이 이집트에서 나와 세상을 뒤덮더니, 이제는 내 땅 바로 앞까지 와 있소.

그들이 너무 강해서 싸워 이길 엄두가 나질 않소. 그러니 발람, 당신이 나한테 와서 그들을 저주해 주시오.
흐음… 내가 그 이스라엘 백성을 저주하면 왕께서 승리를 거두실 것 같다 이 말씀입니까?
끄덕
그렇소. 내가 알기로 당신이 축복하는 사람은 복을 받고, 저주하는 사람은 저주를 받는다고 하던데….
뭐, 그거야 그렇죠. 하지만 출장비가 좀 비싸서….
그럴 줄 알고 여기 저주의 대가로 많은 예물을 가지고 왔습니다.
오오… 이렇게 많은 예물을.
턱
오~ 예~
거참, 너무 티나네.
침이나 닦으슈.
아… 이, 이런… 흐읍!
슥
흠흠, 오늘은 밤이 깊었으니 우선 여기서 지내십시오.
여호와께서 제게 하시는 말씀을 듣고 내일 전해 드리도록 하겠습니다.
알겠습니다.
그날 밤 하나님이 발람에게 직접 오셔서 말씀하셨어.
발람아, 너와 함께 있는 사람들이 누구냐?
파아앗
허억~ 누, 누구…?
발람은 장로들이 한 얘기를 여호와께 모두 말씀드렸지.
덜
덜
저… 저 사람들은… 이러쿵 저러쿵… 그, 그래서 이… 이스라엘 백성을 저주해 달라고 제… 제게 부탁하러 온 사람들로….
으아, 여호와란 신이 정말 계시구나.

너는 저 사람들과 함께 가지 마라. 그리고 이스라엘 백성은 복을 받은 백성이니 절대 저주해서는 안 된다!
부들
부들
아… 알겠습니다.

tip 돈을 사랑한 예언자 발람

모압 왕 발락은 이스라엘 백성들이 이집트를 탈출해 아모리 사람들과 싸워 이긴 것을 보고 두려웠다. 그래서 그는 예언자 발람에게 돈을 주며 이스라엘을 저주하도록 요구한다. 보상금이 탐이 난 발람은 모압으로 가던 중 하나님께서 보내신 천사와 대면하면서 잘못을 깨닫게 되고, 발락에게 가서 예언자로서의 사역을 계속하라는 명령을 받는다. 발락에게 간 발람은 이스라엘을 저주하기는커녕 이스라엘을 네 번씩이나 축복해 준 후 돌아온다. 이후 발람이 어떻게 살았는지는 알 수 없으나, 이스라엘이 미디안을 정복했을 때 죽는다. Link 2권 205p

다음 날 아침 발람은 발락이 보낸 장로들에게 가서 말했어.
자, 날이 밝았으니 이만 당신들 나라로 돌아가십시오.
여호와께서는 제가 당신들과 함께 가는 것을 허락하지 않으셨습니다.
어라? 자고 나더니 딴 소리네?
이 사람, 도대체 뭐가 부족해서 이러지?
예물을 더 줘야 하나.
고단수잖아.
그런 거 아니니까 어서 돌아가! 빨리!
거참, 성깔머리하곤.
후다닥
결국 모압의 장로들은 빈손으로 발락 왕에게 돌아왔지.
죄송합니다. 발람이 우리와 함께 오지 않겠답니다.
버럭
뭐라고? 내 청을 거절했다고?
발락은 앞서 보냈던 장로들보다 더 높고 많은 귀족들을 발람에게 보냈어.
원하는 것은 뭐든 다해 줄 테니 이스라엘 백성들을 저주해 달라고 왕께서 말씀하셨소.
발락 왕께서 은과 금으로 가득 차 있는 그의 집을 내게 준다고 해도 그건 안 됩니다.
나는 내 하나님이신 여호와의 명령을 어길 수 없습니다.
허참….
우선 오늘 밤은 전에 왔던 사람들처럼 여기서 지내십시오. 여호와께서 내게 무슨 말씀을 더 하실지 모르니 내일 아침 다시 보지요.
저걸 그냥 끌고 가버려?
그날 밤 여호와께서 다시 발람에게 오셔서 말씀하셨지.
저 사람들이 너를 데리러 왔다면 그들을 따라가거라. 하지만 오직 너는 내가 시키는 말만 해야 한다!
알겠습니다.
야호! 대박~ 그럼 일단 저들이 가져온 예물들을 챙겨도 되는 거잖아?

발람과 그의 나귀

다음날 아침 발람은 나귀를 타고 모압의 귀족들과 함께 길을 떠났어.
앞서 가시오. 우린 곧 뒤따라 가겠소.
다른 곳으로 튀는 건 아니겠죠?
펄쩍
룰루~
뭐가 저렇게 신나는 거지?
그야 왕이 불렀으니 큰 돈을 만지게 될 거 아냐.

민수기

하지만 하나님은 발람이 길을 떠난 것 때문에 화가 나셨지.
저 좋아하는 꼴하고는…
가란다고 진짜 가냐?
그때 갑자기 나귀가 길을 벗어나 밭으로 들어갔어.
어어어…
이 녀석이
왜 이래?
따각
따각
발람이 나귀를 때려 억지로 길로 들어서게 했지.
이놈. 좋은 길
놔두고 왜 밭으로
들어가는 거냐!
짝!
히이잉
그 다음 포도밭 사이로 담이 나 있는 좁은 길을 지날 때였어.
빨리 가자.
갑자기 나귀가 담에 바짝 붙어 걸었지.
으아아아!
터덕
으으으… 내 발,
내 다리.
저 나귀가
일부러 주인님을
골탕 먹이는 것
같아.
킥킥,
그러게
말야.
턱
이 녀석, 이 녀석, 바보같이
지금 뭘 하는 거냐?
정신 못 차려?
철썩
히이잉
철썩
그러다 아주 좁은 길에 도착한 나귀는 아예 발람을 태운 채 주저앉아버렸어.
털썩
어라!
이, 이놈이 오늘따라
왜 이래? 정말 크게
혼이 나야….
부들
부들
발람은 너무 화가 나 나귀를 지팡이로 마구 후려쳤지.
이노오오오오옴~
감히 주인을 놀려!
퍽
퍽
퍽
히히힝!

민수기

그때 여호와께서 나귀가 말을 할 수 있게 하셨어.
아니, 도대체 제가 무슨 잘못을 했다고 이렇게 때립니까?
이놈아! 네 놈이 나를 놀림감으로 만들었잖아. 만약 내 손에 칼이 있었다면 단칼에 너를 죽였을 것이다!
컥!
엄마야~ 나, 나귀가 말을!
네, 네놈이 마, 말을?
헉!
흥!
주인님은 아주 오랫 동안 저를 타셨습니다. 그런데 제가 언제 지금처럼 행동한 적이 있었습니까?
어, 없지.
그럼 제가 왜 그러는지 한 번쯤 생각해 봐야 할 것 아닙니까?
그, 그거야….
후우
왜 그랬을까?
글쎄.
생각할 게 뭐 있어. 그냥 미친 게 분명해. 두들겨 잡아버려야지!
허억!
그때 여호와께서 발람의 눈을 열어 천사를 보게 했지.
헉, 저… 저게 뭐…? 천사가 길을 막고 있잖아!
흥, 이제 보이냐?
그, 그런데 왜 거기 서계시는 건가요?
넙죽!
네가 잘못된 길을 가고 있기에, 너를 막으려고 여기 온 것이다!
네 나귀가 나를 보고 세 번이나 비켜섰다. 그렇지 않았다면 내가 너를 죽였을 것이다!
아… 그래서 나귀가 계속….
확 그냥 죽게 놔둘 걸.
잘못했습니다. 저는 당신께서 길을 막고 계신 줄 몰랐습니다. 제가 잘못된 길을 가고 있다면 다시 돌아가겠습니다.
아니다. 너는 이 사람들과 함께 가거라. 하지만 너는 반드시 내가 시키는 말만 해야한다!
그렇게 발람은 모압 왕 발락에게 갔지.
아유, 이쁜 것, 너 아니었으면 죽을 뻔했다.
쪽
쪽
??

민수기

발락 왕은 발람이 오고 있다는 말을 듣고 그를 맞으러 모압 땅 아르논으로 갔어.
Welcome!
빨리 좀 와달라고 했는데 왜 오지 않았소? 내가 당신에게 충분한 보답을 해주지 못할 것 같소?
나 돈 많은 사람이야.
이제 이렇게 오지 않았습니까?
하지만 제 마음대로 왕에게 아무 말이나 할 수는 없습니다. 나는 오직 하나님께서 하라고 하신 말씀만 할 수 있습니다.
아아, 알았소. 잘~ 알았소.

※아르논 : 모압과 아모리의 경계지점, 여기서는 아르논 강변의 아르를 가리킨다.

발락 왕은 발람을 기럇후솟이라는 곳으로 데려갔어. 그리고 소와 양을 잡아 발람과 발람을 데려온 귀족들을 대접했지.
마음껏 드시오. 그리고 힘내서 이스라엘에 저주를 푸짐하게 내려주시오.
아, 글쎄 제 맘대로 할 수 있는 게 아니라니까요~.
지글 지글

※기럇후솟 : 아르논 강변에 위치한 모압의 한 성읍.

다음날 아침 발락 왕은 바알의 산당으로 발람을 데리고 갔어.
어떻소? 이곳은 이스라엘 진영의 처음부터 끝까지 한눈에 다 볼 수 있는 곳이오.

23장 발람의 첫 번째 예언

발람이 발락 왕에게 말했어.
먼저 여기에 제단 일곱 개를 쌓아주십시오. 그리고 각각 제단에 바칠 수송아지 일곱 마리와 숫양 일곱 마리도 준비해 주십시오.
크하하, 네놈들도 이젠 끝장이다!

그리고 발람은 제단을 쌓은 곳보다 더 높은 곳으로 올라갔지.
왕께서는 여기 번제물 곁에 계십시오. 여호와께서 제게 오실지도 모르니 저는 저쪽에 있겠습니다.
같이 보면 안 될까?
여호와께서 제게 무엇을 보여주시든, 그것을 왕에게 알려드리겠습니다.
치사하게….
발람은 그곳에서 하나님을 만나고 발락 왕과 신하들이 기다리는 제단으로 돌아왔어.
빨리~ 이스라엘 백성에게 저주를 듬뿍 내려주게나.

하나님이 저주하지 않은 사람을 어찌 내가 저주할 수 있으랴! 여호와께서 꾸짖지 않은 사람을 어찌 내가 꾸짖을 수 있으랴! 바위 꼭대기에서 그들을 보니 정말 어마어마하구나!
어, 어째 대사가 좀…?
그, 그러게 말입니다.

누구도 야곱 백성의 수를 셀 수 없으니, 이스라엘 백성 중 사분의 일도 셀 수 없도다. 나는 정직한 사람처럼 죽기를 바란다. 나는 이스라엘 백성처럼 죽기를 바란다!
자, 잠깐. 그, 그게 저주냐?
뭐하는 짓이냐!

지금 뭐하는 거요? 내 원수들을 저주하라고 데려왔더니 오히려 축복하고 있잖소?
이놈 사기꾼 아냐!
씩
씩
말씀드렸다시피 저는 여호와께서 하라고 하신 말씀만 할 따름입니다.

tip 발람의 축복

발람은 이스라엘의 위엄에 압도 되었을 뿐 아니라 하나님의 백성에게 자신도 모르게 감동을 받아 그들을 의인이라 불렀다. 또한 자신도 악한 길에서 벗어나 의로운 사람의 길을 걷다가 죽기를 원한다는 고백을 했다.

발람의 두 번째 예언

이스라엘 전체를 보여줬더니 그 기세를 보고 겁을 먹은 모양인데, 따라오슈.
까딱
발락 왕은 이스라엘 진영의 일부만 보이는 비스가 산꼭대기로 발람을 데려갔어.
자, 여기서 다시 내려주시오. 푸짐한 저주를.
그럼 이번에도 일곱 개의 제단을 쌓고 각 제단 위에 수송아지와 숫양 한 마리씩 바치십시오.
또? 귀찮게.

※비스가 산꼭대기 : 모압 평지와 팔레스타인의 구릉들을 모두 볼 수 있을 정도로 높은 봉우리이지만, 발락이 발람을 데리고 간 산꼭대기는 다른 산들에 막혀 모압 평야 일부만 보였다.

이번에도 왕께서는 번제물 곁에 서 계십시오. 나는 저쪽에서 여호와를 만나 뵙겠습니다.
확실히 좀 해주쇼!
여호와께서 다시 발람에게 오셔서 발락 왕에게 해야 할 말을 가르쳐주셨지.
이번엔 제대로 푸짐한 스페셜 저주를!
십볼의 아들 발락이여, 일어나서 내 말을 들으시오!

하나님은 인간이 아닌지라 변덕스럽지 않고 약속한 것을 지키십니다. 하나님께서 나에게 저들을 축복하라고 말씀하셨으니 나는 그것을 바꿀 수 없습니다!
으잉? 뭐래?
아니, 저… 저놈이 또…!
여호와께서 함께하시니 이스라엘 백성들은 왕이신 그분을 찬양할 것이다~ 하나님께서 그들을 들소처럼 강하게 하시니 어떤 마법도 주술도 통하지 않을 거라네~
덩실 덩실
저주하랬더니 뭐하는 짓이냐!
저게 감히 우릴 우롱해?
하나님께서 내게 이스라엘을 축복하라고 하셨으니, 나는 그것을 바꿀 수 없습니다.
뭐, 이런….
쥐어 패버릴까요?
알았으니 이제 그만 둬. 이스라엘 백성들을 저주하지도 말고 축복하지도 마!
전에도 말씀드렸다시피 나는 여호와께서 말하라고 하신 것만 말할 수 있습니다.
휙 휙
좋아, 이번엔 또 다른 곳으로 가보자. 어쩌면 그곳에서는 나를 위해 이스라엘을 저주하는 걸 하나님께서 기뻐하실지도 모르니까!
과연~
이거 사기꾼에게 완전 당한 것 같은데?
질 질 질
감히!
이번에는 발람을 브올 산 꼭대기로 데려갔어.
뭐해? 제단과 제물 준비하지 않고?
또?
이걸 그냥!

※브올 산 : 비스가 산과 같은 아바림 산맥에 있던 산으로 모압 평야를 가까이에서 마주 볼 수 있었다.

24장 발람의 세 번째 예언

발람이 광야에 있는 이스라엘 진영을 보고 있을 때, 하나님의 영이 그에게 들어갔어.
파아앗
꺄오!

쿵쾅 쿵쾅
이 두근거리는 느낌은 뭐지?
발람은 말하기 시작했지.
이것은 브올의 아들 발람의 말이다! 눈이 열린 사람, 하나님의 말을 들은 사람의 말이다!
저주를… 저주를…!
제발!
이번에도 딴소리하면…!

야곱의 백성들아 너희 장막은 아름답구나! 강가의 정원처럼, 아름답고 넓게 펼쳐진 골짜기처럼. 이스라엘의 왕은 아각보다 위대하니 이스라엘은 매우 큰 나라가 될 것이다! 하나님은 원수를 물리칠 것이며 원수의 뼈를 꺾을 것이고, 활로 몸을 꿰뚫을 것이다! 너를 축복하는 사람마다 복을 받을 것이요, 너를 저주하는 사람마다 저주를 받을 것이다!

원수들을 저주하라고 불렀더니 세 번이나 축복을 해? 저걸 그냥!
뭐가 어쩌고 어째?
버럭!
왕이시여, 제, 제발 진정을…!

당신한테 충분한 보수를 약속했지만 이제 다 취소다. 여호와께서 당신이 큰 돈 버는 걸 막으셨다고!
전에도 말씀드렸지만 좋은 일이든 나쁜 일이든 내 맘대로 할 수 있는 건 없습니다. 여호와께서 말씀하신 것만을….
씩
씩

※아각 : '광포한 자'라는 뜻으로 아말렉(가나안 족속 중 하나)을 통치하던 모든 왕들에게 붙여지던 호칭.

닥쳐! 끌어내!
감히 우릴 가지고 놀아?
퍽
감히!
퍽

발람의 마지막 예언

발람은 돌아가기 전 마지막 예언을 남겼어.
이것은 브올의 아들 발람, 눈이 열린 사람의 말이다. 나는 하나님의 지식을 알며 하나님의 말씀을 들었다.
누가 물어봤어?
참내, 주접을 떨어요.

지금은 아니지만 언젠가 오실 분의 모습을 나는 본다. 야곱에게 한 별이 나와 모압의 이마를 깨뜨릴 것이며 셋 자손의 해골을 부술 것이다.

※셋 : 아담의 셋째 아들. Link 1권 29p

그는 세일에 사는 에돔 족속을 정복하고 멸망시킬 것이다.

※에돔 : 야곱의 형 에서의 후손들이 세운 나라. Link 1권 128p

tip 한 별

별은 고대시대부터 특출난 인물을 상징하는 표현으로 여기서는 다윗 왕을 가리키고, 궁극적으로는 메시야(예수님)를 가리킨다. 여기서 이마가 깨지는 모압 자손, 에돔 족속, 셋 자손은 이스라엘을 방해하는 민족을 가리키며, 궁극적으로는 메시야의 복음을 방해하는 악한 자들(사탄, 마귀)을 상징한다.

아말렉은 으뜸가는 나라였으나 마침내 망할 것이며 가인의 자손은 쇠약해져 앗시리아의 포로가 될 것이다.

※아말렉 : 가나안 남쪽에서 이집트 국경까지 널리 퍼져 살던 유목민족이다.

그러나 앗시리아 또한
키프로스 해변으로부터 온 배들에
영원히 멸망당할 것이다.
바벨론 놈들이 쳐들어왔다!
화르르

tip 아말렉과 가인의 자손

아말렉 족속은 이스라엘이 가나안으로 가는 것을 방해했으며, 가인은 동생을 죽인 최초의 살인자로 그의 자손은 믿지 않는 사람들, 세상에 속한 사람들로 비유된다. 가인의 자손은 앗시리아에게 멸망당하고, 앗시리아 역시 바벨론에게 멸망당한다.

예언을 마치고 발람은 집으로 돌아갔지.
하나님께서 이 일을 하실 때
이스라엘을 괴롭힌 자는
아무도 살지 못하리라.
저게 정말 끝까지 재수없는 소리를!
흐흐, 그래도 한 가지
힌트를 살짝 줬지롱.

tip 발람의 조언

발람은 발락과 헤어지기 전에 이스라엘이 스스로 죄를 짓도록 만드는 방법에 대해 얘기해 주었다. 거기에 대해서는 여기에 언급이 없지만 <요한계시록> 2장 14절 "발람은 발락을 시켜서 이스라엘 자손 앞에 올무를 놓게 하고 우상의 제물을 먹게 하고, 음란한 일을 하게 한 자다"라는 부분을 통해 알 수 있다.

25장 타락하는 이스라엘

이스라엘이 싯딤에 머물렀을 때, 그들은 모압 여자들과 음란한 짓을 저지르며 죄를 짓기 시작했지.
모압 여자들은 이스라엘
여자들과는 많이 달라.
한마디로 최고~
하하하
호호호,
그런가요?
호호호
깔깔깔

※싯딤 : 모압 평야 안에 있는 평지로 요단 강 동쪽 11킬로미터 지점에 위치.

모압 여자들은 자신의 신들에게 드리는 제사에 이스라엘 백성들을 초대했어.
우리 벧브올 지역에서는
바알 신을 모시죠.
같이 바알 신께
제사를 드려요, 네?
헤헤…
그, 그럴까?

이스라엘 백성들은 바알의 신당에서 음식을 먹으며 바알에게 경배했지.
위대하신
바알 신이시여,
충성!
호호홋~

※벧브올 : 느보 산과 헤스본 서쪽에 위치. 이곳에 섬기던 바알을 바알브올이라고 한다.

크게 진노한 하나님은 이스라엘에 염병을 내리셨고, 그로 인해 많은 사람들이 죽어 나갔어.
으으~
살려 줘~
머리가
깨질 것 같아.
사망 환자들이
많다면서?
새로운 환자들도
계속 늘어가고
있어요.
가나안 땅에 들어가지
도 못하고 죽다니….

하나님께서 모세에게 말씀하셨지.
그러게 네 하나님 나 여호와는
질투가 많으니 '나 외에 다른
우상을 섬기지 말라'고 했잖느냐!
콰릉
아아…
주여.

당장 백성의 지도자들을 불러 모아라. 그리고 그들을 내 앞에서 대낮에 죽여라. 그래야 나의 진노가 풀릴 것이다!
덜덜
덜
아, 알겠습니다.
모세는 이스라엘 재판관들을 불러 모았어.
바알에게 예배한 사람들을 모두 잡아 처형하도록 하시오!
옛, 알겠습니다!
한편 이스라엘 백성들은 성막 입구에 모여서 울부짖었어.
다시는 모압 여자를 가까이 하지 않겠습니다.
엉엉엉
하나님, 잘못 했으니 제 아이를 살려주세요.
응앙

※재판관들 : 이집트를 탈출할 당시 이드로의 권고에 따라 임명한 천부장, 백부장, 오십부장, 십부장들. Link 2권 70p

그때 한 이스라엘 남자가 미디안 여자와 장막으로 들어갔지.
으하하~ 내 집에서 위대한 바알 신께 경배를 드리자!
호호~ 좋죠.
어? 저, 저런!
비틀
비틀
아니… 하나님이 재앙을 내리고 있는데도!
모압 여자를 장막 안으로!
술렁
술렁
제사장 아론의 손자이자 엘르아살의 아들인 비느하스가 앞으로 나섰어.
헉!
응?
척

그는 창을 들고 이스라엘 남자의 뒤를 쫓아 장막으로 들어가 남자와 미디안 여자를 창으로 찔러 죽였어.
감히 어디서 이런 짓이냐~ 죽어라!
으아악
꺄아악

그때 비로소 이스라엘 백성들 사이에서 염병이 멈추었지.
갑자기 전염병이 사라졌습니다. 그동안 이 병으로 죽은 백성은 모두 2만 4천 명으로 집계되고…
와아
이제 다시는 이방 신을 섬기지 않겠습니다!
아, 살았다!
BKS
여호와께서 모세에게 말씀하셨지.
엘르아살의 아들 비느하스가 내 분노로부터 이스라엘 백성을 구했다. 내 더 이상 백성들을 죽이지 않을 것이다! 비느하스에게 내가 '평화의 언약'을 맺겠다고 일러라!

tip 평화의 언약

비느하스와 그의 자손을 영원히 제사장이 되게 하겠다는 약속. 그가 하나님을 위해 분노하고 이스라엘의 죄를 대신해 씻었기 때문에 이런 특별한 선택을 받은 것이다. 이 언약으로 비느하스의 후손들은 엘리 시대의 순간적인 단절 외에는(<사무엘상> 2장) 예루살렘 멸망 때까지 제사장 직분을 독점 계승하게 된다.

비느하스의 창에 죽은 남자는 이스라엘 시므온 지파 살루의 아들 시므리였고, 여자는 미디안 족속 수르의 딸 고스비였어.
수르는 미디안의 왕이니까 고스비는 미디안의 공주네.

3. 출애굽 제2세대

26장 두 번째 인구 조사

염병으로 많은 백성들이 죽은 다음, 하나님은 모세와 제사장 엘르아살에게 말씀하셨어.
이스라엘의 모든 백성을 집안 별로 세라. 스무 살 이상의 남자로서 군대에서 일할 사람의 수를 모두 세라!
이집트에서 탈출한 후 두 번째 인구 조사로군.
1차 조사 이후 Link 2권 138p 38년만이네요.

이때 이스라엘 백성들은 요단 강에서 가까운 모압 평야, 곧 여리고 건너편에 있었지.
와글
오징어 땅콩!
시끌
아이스크림이 왔어요!
밀지 마!
와글
줄 서요, 줄 서!
시끌
왔다갔다 하지 마라니까! 헷갈려!

※여리고 : 가나안 중앙에 위치했던 여리고 지역의 성으로 반드시 점령해야 했던 요충지.
※요단 강 : 가나안 동쪽과 서쪽을 가로지르는 강.

두 번째 인구 조사의 결과는 아래와 같아.

12지파	백성의 수
르우벤	4만 3730명
시므온	2만 2200명
갓	4만 500명
유다	7만 6500명
잇사갈	6만 4300명
스블론	6만 500명
므낫세	5만 2700명
에브라임	3만 2500명
베냐민	4만 5600명
단	6만 4400명
아셀	5만 3400명
납달리	4만 5400명
합계	**60만 1730명**

인구 조사가 끝난 후 여호와께서 말씀하셨어.
각 지파의 인원 수에 따라 땅을 나눠라. 백성의 수가 많은 지파가 더 넓은 땅을 가질 것이다!
사람 많은 유다 지파는 좋겠다.
와아아
그러게.

tip 순종의 축복

구약에서는 가족의 수가 많은 것이 하나님의 복 가운데 하나였다. 제1차 인구 조사에 비해 줄어든 제2차 인구 조사 결과는 이스라엘 백성들이 광야에서 하나님을 제대로 섬기지 못했음을 나타낸다.
이러한 가운데서도 유다 지파를 비롯한 일곱 지파의 수가 증가했다. 광야 생활 40년 동안 이스라엘 백성들은 불순종으로 인해 하나님께 징벌을 받았지만, 그 가운데에도 하나님과 바른 관계를 유지함으로써 복을 받은 사람들도 있었던 것이다.

그런데 땅은 어떻게 나누지?
달그락
맞아. 좋은 땅도 있고 쓸모없는 땅도 있을 텐데.
땅을 나눌 때는 제비뽑기를 통해 나누라고 하셨네!
그런데 인구 조사에서 레위 사람은 포함되지 않았어.
이스라엘 백성에게 주신 땅 가운데 레위 사람의 몫은 없다고 하셨네.
우~ 말도 안 돼!
그럼 우린 어디서 먹고 자라고?
우리한테도 땅을 달라!
자네들에게는 따로 살 수 있는 성을 줄 거야. 좀 있다 35장에서 자세히 설명해 줄 테니 기다려봐.
성이라는데?
동영상으로 증거 확보!

2차 인구 조사에서 1차 인구 조사 때 있었던 백성은 없었어.
하나님을 믿지 않고 불평불만만 하다가….
잉잉~
이게 무슨 꼴이야.
젖과 꿀이 흐르는 땅을 구경도 못하게 되다니.
여호와께서 갈렙과 여호수아 외에는 다 죽을 거라고 말씀하셨기 때문이야. Link 2권 164p
싸웁시다. 하나님께서 우리에게 승리를 주실 것입니다!
그놈들과 싸우면 다 죽어. 우린 메뚜기라고!
훌쩍
나도 가나안 땅에 가기 전에 죽게 되지….

tip 200만 명이 어떻게 광야에서?

한 마디로 하나님의 직접적인 도우심이 있었기 때문이다. 하나님은 사막 한낮의 뜨거움과 밤의 차가움에서 이스라엘을 보호하기 위해 구름기둥과 불기둥을 허락하시고, 만나와 메추라기로 먹이시고, 반석에서 물을 내셨다. 이스라엘 민족이 광야에서 40년을 지낸 것은 하나님의 기적적인 도우심이 아니고는 설명할 길이 없다.

27장 슬로브핫의 딸들

므낫세 지파의 슬로브핫에게는 딸만 다섯 있었어.
말라
노아
호글라
밀가
디르사

그들은 모세와 엘르아살, 그리고 지도자들과 모든 백성들 앞에 서서 말했어.
아시다시피 우리 아버지는 아들을 남기지 못하고 광야에서 돌아가셨습니다.
그렇지. 슬로브핫은 딸부자였어.
끄덕
그렇다고 해서 아버지의 이름이 족보에서 빠져야 하는 건 아니잖아요.
그러니 우리에게도 땅을 나눠 주셔야 해요.
모세 님도 그렇게 생각하시죠? 그렇죠?
우리에게도 권리가 있다고요.
빨리 그렇다고 대답해 주세요.
자, 잠깐, 내 이 문제를 여호와께 물어보마!

여호와께서는 슬로브핫 딸들의 말이 옳으니 그 들에게도 재산을 나누어주라고 하셨지.
너희에게도 땅을 나누어주마.
야호, 역시 여호와는 공평하셔!
만세~
짝
폴짝
이후 여호와께서 유산에 대한 규례와 율법을 주셨어.
① 어떤 사람이 아들 없이 죽으면 그 딸들에게 유산을 넘겨줄 것.
② 딸도 없다면 그의 형제들에게 줄 것.
③ 형제들도 없다면 그의 아버지의 형제들에게 줄 것.
④ 그의 아버지에게도 형제가 없다면 가장 가까운 친척에게 줄 것.
물려줄 자식이나 형제가 없으면 아무한테나 그냥 팔면 되지 않나요?
아냐. 유산은 절대로 돈을 주고 사거나 팔아서는 안 돼.

※유산 : 죽은 사람이 남겨놓은 재산, 여기서는 특별히 토지를 뜻함.

tip 유산 상속법

유산 상속법은 나누어준 땅을 이웃(다른 지파)에게 팔지 못하도록 한 법이다. 여호와께서 이 법에 대해 자세히 명령하신 이유는 토지를 물려받은 후 여러 가지 사정에 의해 생길지도 모르는 토지 소유권의 불평등과 불균형을 방지하기 위함이었다. 또한 토지를 주신 하나님을 기억하고 감사토록 하기 위함이었다.

새 지도자 여호수아

여호와께서 모세에게 말씀하셨어.
아바림 산에 올라가서 내가 이스라엘 백성에게 줄 땅을 보도록 해라!
내게도 가나안 땅을 보여주시다니…
넵, 알겠습니다.
그 땅을 본 다음 너는 네 형 아론과 마찬가지로 죽게 될 것이다!
헉!
정말요?

※아바림 산 : 하나의 산을 가리키는 것이 아니라 요단 강 동쪽 모압 평지를 가르며 뻗어 있는 커다란 산맥을 가리킨다. 비스가 산과 느보 산이 자리잡고 있다.

네가 내 명령을 따르지 않아 나의 거룩함을 가렸기 때문이다! Link 2권 180p
뭘 그렇게 놀라나?
크, 역시 기억하고 계시는구나.
하나님, 제가 이제 죽어야 한다면 이스라엘 백성들을 위해 좋은 지도자를 뽑아주십시오.
물론 그것도 다 준비해 놓았다!
눈의 아들 여호수아를 데려와라. 내가 그를 이스라엘 백성의 지도자로 세우겠다!

앞으로 여호수아는 제사장을 통해 하나님의 뜻을 물어야 하고, 엘르아살은 우림의 판결법을 통해 하나님의 뜻을 전해야 한다.
네, 알겠습니다.

tip 우림의 판결법

우림의 판결법이란 '우림과 둠밈'의 판결법을 줄여서 말한 것이다. 이 기구는 제사장들이 어떤 일을 하기 전에 하나님의 뜻을 알기 위해 사용하던 제비뽑기 도구로서 제사장의 의복에 넣고 다니던 것이었다. Link 2권 91p 그 모양이 어떻게 생겼는지는 전해지지 않았다.

모세는 여호와의 말씀대로 여호수아를 제사장 엘르아살과 모든 백성들 앞에서 지도자로 세웠지.
그는 성령의 인도하심을 받는 자이니 너는 그에게 손을 얹고 모든 백성들이 보는 앞에서 네 권한을 모두 그에게 주어 지도자로 세워라!
와아아아
여호수아 만세~
하나님의 뜻으로 이제 그대가 이 나라의 새로운 지도자로 세워질 것이다.
새 지도자 만세!

28장 정한 시기에 드릴 제사

여호와께서 모세에게 각 절기에 따른 제물에 대해 보다 자세히 말씀해 주셨어.
이스라엘 자손들은 정해진 때에 화제를 드리도록 하라!
너 제사장 맞냐?
번제랑 화제랑 같은 거 아닌가요?
불에 태워 드리는 제사를 모두 화제라고 하니까 번제, 속죄제, 화목제, 소제 등을 모두 화제라고 할 수 있지.

tip 제사 규례

시내 산에서 주신 규례보다 더 보충한 규례를 가나안 점령 전쟁 전에 새롭게 주신 이유는 무엇일까? 그것은 전쟁보다 중요한 것은 하나님을 예배하는 것이며, 가나안 땅을 차지한 후 이스라엘 백성들로 하여금 보다 철저하고 질서가 잡힌 예배를 드리게 하기 위함이었다.

상번제

먼저 매일 아침과 저녁으로 두 번 드려야 하는 제사가 있는데, 이 제사를 상번제라고 해.

상번제에 드려야 하는 제물	
번제	어린 양 (1년 된 흠 없는 숫양)
양 한 마리당 드릴 소제와 전제의 양	
소제	고운 가루 1/10에바+기름 1/4힌
전제	독한 술

아침, 저녁으로 두번.

안식일 제물

안식일에는 매일 드리는 상번제 외에 한 번 더 번제를 드려야 하지.

안식일에는 번제를 세 번 드려야 하니까 양도 세 마리가 필요하겠군요.

안식일에 드려야 하는 제물	
번제	어린 양 두 마리 (1년 된 흠 없는 숫양)
소제	기름 섞은 고운가루 2/10에바
전제	독한 술

달마다 드리는 제물

그리고 매달 첫째 날에 여호와께 추가로 번제를 드려야 했어.

매달 첫째 날 드려야 하는 제물			
번제	수송아지 두 마리	숫양 한 마리	어린 양 일곱 마리
짐승 한 마리당 드릴 소제와 전제의 양			
소제	기름 섞은 고운가루 3/10에바	기름 섞은 고운 가루 2/10에바	기름 섞은 고운 가루 1/10에바
전제	포도주 1/2힌	포도주 1/3힌	포도주 1/4힌
속죄제	숫염소 한 마리		

이때 속죄제,
상번제도 함께
드려야 해.

하루에 제사를
몇 번이나…
양도 많이
필요하고…

유월절 Link 2권 47p

유월절은 1년의 첫 달 14일인데, 이날에는 어떤 일도 해서는 안 돼.
아… 오늘은 유월절이니까 맘 놓고 쉬어야지.
인간아~ 언제는 일을 했냐? 일 년 내내 뒹굴거리면서!
유월절이라도 예배는 드려야죠.
크릉

무교절 Link 2권 48p

15일부터는 무교절이 시작되는데, 7일 동안 누룩 없는 빵을 먹어야 하고, 날마다 화제를 드려야 했지.

무교절에 매일 드려야 하는 제물			
번제	수송아지 두 마리	숫양 한 마리	어린 양 일곱 마리
짐승 한 마리당 드릴 소제와 전제의 양			
소제	기름 섞은 고운 가루 3/10에바	기름 섞은 고운 가루 2/10에바	기름 섞은 고운 가루 1/10에바
속죄제	숫염소 한 마리		

누룩이 들어가지
않은 무교병은
너무 맛이 없어.
백수 주제에,
이집트 탈출의 고난을
기념하는 날이라서
빵에 단 것을 넣을
수 없는 거 몰라요?

칠칠절

첫 열매를 드리는 날, 곧 처음 추수한 곡식으로 하나님께 곡식 제물을 드리는 날이 칠칠절이야.

칠칠절에 드려야 하는 예물			
번제	수송아지 두 마리	숫양 한 마리	어린 양 일곱 마리
짐승 한 마리당 드릴 소제와 전제의 양			
소제	기름 섞은 고운 가루 3/10에바	기름 섞은 고운 가루 2/10에바	기름 섞은 고운 가루 1/10에바
속죄제	숫염소 한 마리		

※칠칠절 : 오순절, 맥추절이라고 불림.

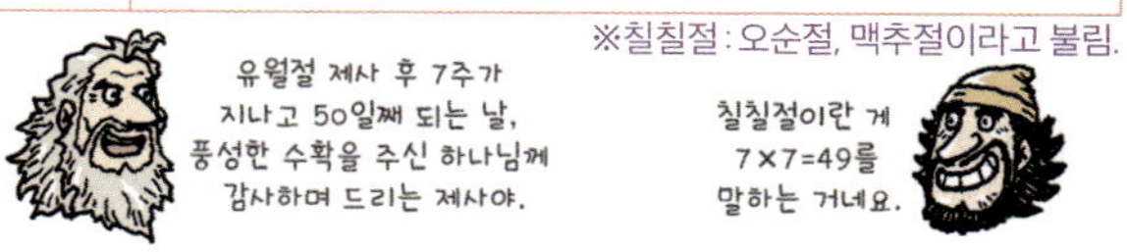
유월절 제사 후 7주가
지나고 50일째 되는 날,
풍성한 수확을 주신 하나님께
감사하며 드리는 제사야.
칠칠절이란 게
7×7=49를
말하는 거네요.

29장 나팔절

7월 1일은 나팔을 부는 날이야.
뿌우우우야
뿌잇 뿡~
그렇게밖에 못 불어?
시끄러!

나팔을 부는 이유는 1년의 상반기를 보내고 하반기를 알리기 위함이지.

나팔절에 드려야 하는 예물			
번제	수송아지 한 마리	숫양 한 마리	어린 양 일곱 마리
짐승 한 마리당 드릴 소제와 전제의 양			
소제	기름 섞은 고운 가루 3/10에바	기름 섞은 고운 가루 2/10에바	기름 섞은 고운 가루 1/10에바
속죄제	숫염소 한 마리		

그리고 곧 다가올 속죄일
(7월10일)의 회개와, 장막절의
축제(7월 15일)를 준비하도록
미리 알리기 위한 것이었어.

대속죄제 Link 2권 122p

7월 10일은 대속죄제로 이스라엘 모든 백성들이 개인의 죄와 민족의 죄를 속죄하는 날이야.

대속죄제에 드려야 하는 예물			
번제	수송아지 한 마리	숫양 한 마리	어린 양 일곱 마리
짐승 한 마리당 드릴 소제와 전제의 양			
소제	기름 섞은 고운 가루 3/10에바	기름 섞은 고운 가루 2/10에바	기름 섞은 고운 가루 1/10에바
속죄제	숫염소 한 마리		

전 이날 1년에 딱
한 번 하나님을
직접 만날 수 있지요.
그리고
금식하는
날이기도
하고요.
꼬르륵

이 제사에는 대제사장과
함께 모든 백성들이 하나도
빠짐없이 참석해야 해.
모두 집합~ 열외는 없다!
와글 와글

장막절

7월 15일은 장막(초막)절인데 이 기간 동안은 집을 떠나 장막을 짓고 그곳에서 생활해야 했어.
얘들아. 모든 절기에는 일하면 안 된다는 걸 꼭 기억하렴.
네, 아빠!
장막절은 광야에서 이스라엘을 보호해 주신 하나님을 기억하기 위한 날인데….

또한 추수를 끝낸 뒤 하나님께 감사함을 표현하는 기쁨의 축제이기도 했지.
이스라엘에서는 지금도 많은 축제와 행사가 열린답니다.

장막절은 7일간의 절기인데, 제8일에 장엄한 행사로 막을 내렸어.

매일 짐승을 드린 수									
		1일	2일	3일	4일	5일	6일	7일	8일
번제	수송아지	13	12	11	10	9	8	7	1
	숫양	2	2	2	2	2	2	2	1
	어린 양	14	14	14	14	14	14	14	7
짐승 한 마리당 드릴 소제의 양									
소제	수송아지를 드릴 때	기름 섞은 고운 가루 3/10에바							
	숫양을 드릴 때	기름 섞은 고운 가루 2/10에바							
	어린 양을 드릴 때	기름 섞은 고운 가루 1/10에바							
전제		×	가축의 숫자에 따라 규례대로						
속죄제		숫염소 한 마리							

그리고 정해진 절기가 올 때마다 번제와 소제, 전제, 화목제를 여호와께 드려야 했지.
오늘은 세 번의 제사를 지내야 하며 각 제사마다 필요한 것은….
이, 이 여자는…?
톡톡
아, 제사가 너무 많아서… 스케줄을 관리하는 비서를 고용했죠.

모세는 여호와께서 명령하신 이 모든 것을 이스라엘 백성들에게 말해 주었어.
가나안 땅에 들어가기 전에 지금까지 내가 얘기한 모든 걸 외우도록 하시오!
시험 봐서 가나안 땅에 들어가는 거야?
커트라인이 몇 점이래?

30장 서원

모세는 각 지파의 이스라엘 지도자들을 불렀어.
만약 누군가 여호와께 어떤 서원을 했다면 그는 자기의 약속을 꼭 지켜야 합니다.
누가 강요한 것도 아니고 스스로 맹세한 건데 당연히 지켜야지.

※서원 : 하나님의 강요가 아닌 스스로 드리는 약속. Link 2권 134p

여자의 서원

모세는 아버지와 아직 시집가지 않은 딸, 남편과 아내의 서원에 대해서 얘기했지.
아버지와 함께 사는 나이 어린 여자가 서원한 경우, 아버지가 그것을 듣고 아무 말도 하지 않으면, 여자는 자기가 한 약속과 맹세를 지켜야 합니다.
아빠, 저 내일부터 금식기도 하겠다고 하나님께 서원했어요.
…….

그러나 아버지가 허락하지 않으면 그 약속이나 맹세는 지키지 않아도 됩니다.
왜 아무 말씀 안 하세요?
기가 차서 말이 안 나와 그런다.
그만둬라. 난 네가 하나님과의 약속을 지키지 못하는 사람이 되는 걸 원치 않는다.
아버지가 허락해 주지 않은 경우 약속을 지키지 않아도 여호와께서 용서해 주십니다.
그리고 또 하나
결혼한 여자가 서원을 하고, 남편이 그것을 듣고 아무 말이 없었다면 그것을 지켜야 합니다.
여보, 저 내일부터 금식 기도 하겠다고 하나님께 서원했어요.
…….
하지만 남편이 그것을 허락하지 않으면, 그녀가 한 맹세나 약속은 무효가 됩니다.
왜 아무 말이 없어요?
장인어른이 당신은 가끔 이상한 소리를 한다더군. 금식? 그만둬. 난 당신이 하나님과의 약속을 지키지 못하는 사람이 되는 걸 원치 않아.
이 경우 역시 약속을 지키지 않아도 여호와께서 여자를 용서해 주십니다.
만약 과부나 이혼한 여자가 서원을 했다면요?
척
물론 그 맹세는 반드시 지켜야 합니다.
이처럼 여자가 약속한 것이나 맹세한 것은 아버지나 남편이 지키게 하거나 취소시킬 수 있지.
도사님, 불우한 이웃을 위해 전 재산을 내놓겠습니다.
오, 그렇게까지….
예전에도 저런 헛소리를 했지만 남편이 취소시켰지요.
그런데 남편이 여자의 서원을 듣고 며칠 지난 뒤에 취소시키면 아내의 죄는 남편이 져야 했어.
으아악~ 취소한다는 걸 깜빡했어요. 이 여자가 헛소리한 거라고요!
우드득
여보~ 이미 늦었어요.

이것이 바로 남편과 아내, 아버지와 아직 시집가지 않은 딸에 관해 여호와께서 주신 명령입니다.

tip 하나님께 드리는 맹세, 서원

서원은 보통 하나님께 무엇을 드리겠다는 약속인데, 때때로 글자 그대로 완전하게 지켜질 수 없는 서원이 있었다. 곧 보통 사람이 하나님을 위해 자기의 모든 시간을 바쳐 봉사하겠다는 서원을 한 경우인데, 오직 레위인만이 이렇게 봉사할 수 있었기 때문이다. 본문에서는 여자가 서원을 했을 때 그녀의 아버지나 남편이 어떻게 해야 하는지에 따라 네 가지 경우를 제시하고 있다.

31장 미디안 정복 전쟁

여호와께서 모세에게 말씀하셨어.
미디안 사람들에게 이스라엘 자손의 원수를 갚아라. 이 일을 마치고 나면 너는 죽을 것이다!
이스라엘 각 지파에서 천 명씩 전쟁에 보내라. 우리의 원수 미디안과 전쟁을 할 것이다!

이스라엘 각 지파에서 천 명씩 모인 1만 2000명은 전쟁에 나갈 준비를 했어.
여호와께서 너희를 미디안 사람들에게 보내 우리 원수를 갚게 하실 것이다!
와아아아
와아아아

tip 미디안 정복

미디안 사람들은 가나안 남쪽 지역에서 모압과 동맹을 맺고 우상을 숭배했던 사람들이다. 사실 미디안 땅은 이스라엘에게 약속된 곳이 아니었다. 이스라엘 백성들이 음란과 우상숭배를 하도록 유혹하지 않았다면 여호와께서 그들을 공격하라고 명령하지 않았을 것이다. Link 2권 195p

미디안 놈들에게 복수할 날만을 기다렸다!
그놈들의 음모 때문에 수만 명의 우리 형제들이 죽었어!

제사장 엘르아살의 아들 비느하스도 전쟁에 나갔지.
여호와께서 지켜 주실 게다. 성소의 기구들과 나팔도 모두 챙겼느냐?
물론입니다.

여호와께서 모세에게 명령하신 대로 이스라엘은 미디안의 남자를 모두 죽였어.
간악한 미디안 놈들의 씨를 말려라!
와아아아

미디안을 다스리던 다섯 왕 에위, 레겜, 수르, 후르, 레바도 죽임을 당했지.
이 자가 수르 왕인가?
내 손에 죽은 음탕한 여인의 애비로군.

이스라엘 백성들은 브올의 아들 복술가 발람도 죽였어.
쓸데없는 입을 놀려 이스라엘을 타락에 빠뜨린 대가다!
꼬로록~
그리고 미디안 여자와 아이들을 포로로 붙잡았지.
전쟁포로와 적국 민간인 대우에 관한 제네바협약을 지켜주세요!
시끄럿! 그건 몇천 년 뒤에나 할 말이라고!
또 미디안의 모든 물건들과 가축들을 빼앗고 성읍과 마을을 불살랐어.
이스라엘 병사들은 모세와 제사장 엘르아살, 그리고 백성들이 있는 모압 평지로 돌아왔지.
사로잡은 포로와 짐승과 물건들을 잔뜩 가지고 왔다고.
아이고 나귀 잡네!
모세와 엘르아살, 백성의 모든 지도자들이 그들을 맞이하러 나왔어.
와아아아
그런데 모세는 전쟁에서 돌아온 군대의 지휘관들, 곧 천부장과 백부장들에게 화를 냈어.
버럭
어리석은 것들, 도대체 왜 미디안 여자들을 살려 데려왔느냐!
모세 님이 왜 화를 내는 거지?
그냥 포로 잖아요, 포로.
브올에서 미디안 여자들 때문에 하나님이 내리셨던 재앙을 잊었느냐? Link 2권 195p
앗, 맞아!
촤르르...
그때 끔찍한 병이 내려 엄청 죽었지!
민수기

모세는 미디안의 모든 사내아이, 그리고 미디안 여자 가운데 남자와 함께 잔 적이 있는 여자들을 모두 죽이라고 명령했지.
똑바로 그리지 못해?!
딱
너, 너무 잔인해서 차마….

tip 잔인하신 하나님?

가나안 정복과 미디안 도륙은 문화적 배경을 이해하는 것이 중요하다. 미디안 족속의 다산 종교들은 성과 폭력을 강조했다. 그들은 성행위를 하면 땅이 비옥해지고 가축의 다산이 보장된다는 생각으로 종교의식의 일환으로 매춘과 난교를 시행했다. 이런 관습은 하나님의 백성의 순결을 크게 위협했기에 그 땅의 원주민들을 철저히 몰아내라는 명령은 자기 백성을 지키기 위한 하나님의 법적 판결로 이해해야 한다.

모세는 전쟁에 참여한 사람들 가운데 사람을 죽였거나 시체를 만진 사람은 7일 동안 진영 밖에 머물게 했어. Link 2권 177p
3일째 되는 날과 7일째 되는 날, 그대들이 잡은 포로와 깨끗하게 하는 의식을 거행할 것이다.
시체를 만져서 나쁜 병균이 있을 수도 있으니까.

어휴, 저 많은 사람들을 언제 다… 포로들까지…. 깨끗하게 하는 잿물 Link 2권 177p 을 대량 생산할 수 있는 공장이라도 있었으면….

또 부정해진 금, 은, 구리, 철, 주석과 납은 불에 던져 넣었다 뺀 다음 깨끗하게 물로 씻어야 진영으로 가지고 들어올 수 있었어.
자자, 깨끗하게 불로 지져.
야, 고기 구워 먹지 말라니까!
빨래 걸어!

그리고 7일째 되는 날, 병사들은 옷을 빨고 나서야 이스라엘 진영으로 들어올 수 있었어. Link 2권 178p
룰루랄라~ 이제 집으로 돌아가야지.

전리품 나누기

모세는 미디안 전투에서 얻은 전리품을 나누었지.
나누는 것도 보통 일이 아닐세.
끙

전리품의 절반은 전쟁에 나갔던 군대의 몫이었지.
아싸~ 대박이다!

거기에서 1/50은 제사장 엘르아살에게 주어야 했고.
이건 하나님께 드릴 거제물이라네. 하나님이 아니었으면 전리품도 없었을 테니 너무 아까워하지 마.
좋겠다.

※거제 : 제물을 위 아래로 흔들어 드리는 제사로, 하나님께 바쳐졌다가 제사장에게 되돌리는 제사.

전리품의 나머지 절반은 백성들의 몫이었지.
여기에서 1/50은 레위 족속들이 가져가시오.
와아아!
니나노~
그때 부대의 지휘관인 천부장과 백부장이 모세에게 말했어.
하나님의 은혜로 전쟁 중 우리 병사는 한 사람도 죽지 않았습니다.
그래서 여호와께 감사의 예물을 가져왔습니다.
우리가 얻은 반지, 귀고리, 목걸이 등 금으로 된 것들입니다.
모세가 그들에게 받은 금으로 된 물건들은 무게가 1만 6750세겔이나 되었지.
현재 국제 금 시세가 1온스당… 어디 보자.
시끄럽다!
톡톡
190.0
모세와 엘르아살은 그 금을 성막으로 가져가 여호와 앞에 놓았어.
히히
전쟁에서 한번 이기니까 이거 완전 대박인데요?
시끄럽다고!

※1만 6750세겔: 약 190킬로그램.

32장 요단 강 동쪽을 차지한 지파들

이스라엘 지파 중 르우벤 자손과 갓 자손은 가축 떼를 많이 가지고 있었지.
양 254마리, 양 255마리, 양 256마리….
뻥!
졸려…
메에에
메에에
그들은 야셀과 길르앗 땅이 가축을 키우기에 좋겠다고 생각했어.
가축을 키우기엔 정말 딱이야!
르우벤 자손
그러게 가나안까지 갈 필요도 없겠어.
메에에
메에에
갓 자손

※야셀: 길르앗 지역에 있는 아모리 사람의 성채. 모압과 암몬의 경계 지역.
※길르앗: 목초지와 물이 풍부했던 요단 강 동편 지역.

그래서 모세와 엘르아살과 지도자들에게 와서 말했지!
여호와께서 우리를 위해 주신 야셀과 길르앗 땅은 가축을 기르기에 정말 좋은 곳이에요.
그래서?
저희들에겐 가축이 아주 많이 있지요.

그들은 현재 정복해 머물고 있는 땅(아다롯, 디본, 야스엘, 니므라, 헤스본, 엘르알레, 스밤, 느보, 브온)을 달라고 했어.
저희에게 이 땅을 주십시오. 저희는 요단 강을 건너지 않고 이곳에 남겠습니다.
뭐?
헉!
그, 그러니까… 형제들은 전쟁하러 나가는데 당신들은 여기 남으시겠다?
부글 부글
아, 아니… 그게….
움찔
너희는 지금 40년 전 가나안 땅을 정탐하고 돌아왔던 너희 조상처럼 백성의 사기를 꺾고 있다는 걸 아느냐?
Link 2권 160p
부들 부들
아, 저… 그러니까….
버럭
그 일로 여호와께서 진노하셔서 40년간 광야를 떠돌게 되었던 걸 Link 2권 164p 잊었느냐? 그런데도 다시 너희 조상의 실수를 되풀이해 하나님을 화나게 하겠다고!?
으아~
헉!
너희들이 욕심을 부려 여호와를 따르지 않는다면 그분께서 또 다시 우리를 광야에 버려 두실 것이란 말이다!
니들 오늘 죽었어! 이리와!
참으세요!
아이고~

그럼 결국 너희들 때문에 이스라엘 백성들이 모두 멸망할 것이다! 알겠느냐?!
켁~
헉!
쿠궁
그러자 르우벤 자손과 갓 자손은 가까이 나와 말했어.
저… 저희들의 생각이 짧았습니다. 맹세하건대 저희들은 적극적으로 전투에 참가하겠습니다.
다만 저희들이 이 땅에 튼튼한 성을 쌓아서 아내와 자식들이 안전하게 살 수 있도록 해주십시오.
가나안
길르앗
여리고
예루살렘
암몬
모압
뭐야, 그럼 아까 한 얘기와 다를 바가….
하지만 저희들은 요단 강을 건너 가나안으로 가서 전투에 참가하겠습니다. 그리고 가나안 땅을 완전히 정복하기 전까지는 절대 이곳으로 돌아오지 않겠습니다.
전쟁이 끝난 다음에도 우리가 받은 이 땅 외의 땅을 더 달라고 요구하지 않겠습니다.
흐음…
괜찮은 것 같은데요.
모세는 그들의 조건을 받아들이기로 결정한 다음, 엘르아살과 여호수아와 각 지파의 지도자들에게 말했어.
좋아, 원하는 땅을 주겠다. 하지만 반드시 약속을 지켜야 한다.
물론입니다.
만약 그 약속을 지키지 않으면 여호와 앞에 죄를 짓는 것이다.
감사합니다.
그리고 그 땅을 갓 지파와 르우벤 지파, 므낫세 반쪽 지파에게 주었어.
관내지도
자, 여기 땅문서에 도장 찍게. 그럼 계약이 마무리되네.
왜 므낫세 지파에게 길르앗 땅을 줬냐고?
므낫세 지파 마길의 자손이 이번 전쟁에서 길르앗을 점령하고 아모리 사람들을 쫓아냈기 때문이야.
두두두두
길르앗 북부 땅을 차지하는데 우리가 단독으로 큰 공을 세웠으니까.
아악!

※아모리 : '고산시대 사람들'이란 뜻으로, 근동 지역 여러 곳에 퍼져 살던 유목민족.

민수기

므낫세 지파의 야일 역시 그곳의 작은 마을을 점령하고, 이름을 하봇야일이라 불렀어.
탕 탕
하봇야일
'하봇야일'은 야일의 마을이라는 뜻이야. 즉 '내 꺼'라는 얘기지.
므낫세 지파의 노바도 그낫과 그 주위의 작은 마을을 점령한 다음, 자기 이름을 따서 노바라고 불렀지.
큭큭, 내가 부러웠나 보군.
탕 탕
노바

33장 이스라엘이 걸어온 길

이건 우리가 이집트에서 나와 이동한 걸 표시한 지도야!
지 중 해
세겜
길르앗
벧엘
암몬
암몬
여리고
헤스본
예루살렘
가사
헤브론
블레셋
브엘세바
모압
맛다나
네게브
세렛 강
신 광야
호르 산
살모나
이예아바림
라암셋 (람세스)
다바네스
가데스 바네아
아말렉
에돔 (세일)
고센
숙곳
에담
술 광야
세일 산
애굽
바란 광야
온(카이로)
비하히롯
믹돌
바알스본
마라
바란산
시내 반도
엘바란(에시온게벨)
엘림
신 광야
미디안
돕가
알루스
하세롯
코앞까지 갔다가…
르비딤
기브롯핫다아와
다베라
시내 산 (호렙산)
가나안은 그렇게 먼 곳도 아닌데 40년 동안 빙빙 돌았네요.

※모세는 에돔과 모압을 피해 남쪽 엘랏으로 우회한 후 동부 사막 그데못 광야로부터 시혼 왕국에 침입해 들어갔다.

여리고 건너편 모압 평지에서 여호와께서 모세에게 말씀하셨어.
이스라엘 백성들에게 전하라!
넷, 말씀만 하십시오.

※모압 평지 Link 2권 186p : 이스라엘 진이 있던 싯딤을 말한다.

이스라엘은 요단 강을 건너 가나안으로 들어가라!
아… 드디어…
40년 만에….

그곳에 들어가 그곳의 모든 백성들을 쫓아내고, 그들의 모든 우상과 그것을 섬기던 장소를 다 부수어라!
이곳은 우리가 접수한다!
사람 살려~
와아아
으아악!
한 놈도 남겨두지 마라!
만약 너희가 그 땅의 백성을 쫓아내지 않으면 그들이 너희에게 재앙이 될 것이며, 내가 그들에게 벌을 내리기로 계획했던 것처럼 너희에게도 벌을 내리겠다!
물러서지 마라!
여호와의 약속을 믿으라! 이 땅은 우리 땅이다!

자, 이제
그 땅을 차지하라!
내가 그 땅을
너희에게 주겠다!
와아아아아

34장 가나안 땅의 경계

하나님께서 점령할 가나안 땅의 경계에 대해 말씀해 주셨어.
스닷
시므론
아베가
하살에난
베이루트
시돈
다메섹
다마스쿠스
지중해
두로
단
갈릴리
바산
므깃도
길르앗라못
살레가
세겜
가나안
길르앗
암몬
벧엘
랍바
예루살렘
베셀
가사
헤브론
블레셋
브엘세바
모압
네게브
아말렉
소알
호르산
에돔
가데스바네아
이 땅이 앞으로 우리가 얻게 될 그 땅이오. 제비를 뽑아 아홉 지파와 반쪽 지파에게 이 땅을 분배할 것이오!

※반쪽 지파 : 미리 땅을 얻은 므낫세 지파의 나머지 절반.

여호와께서는 엘르아살과 여호수아에게 이 땅을 나누도록 하셨소. 그리고 각 지파에서 지도자 한 사람씩을 뽑아 그들도 땅을 나눌 수 있게 했소.
우리 지파가 좋은 땅을 얻어야 하는데….
제비를 잘 뽑아야 해.

35장 레위 사람에게 준 성읍

레위 사람들에게는 땅을 주지 말고 성을 주어라. 그리고 레위 사람들에게 그 성 둘레의 목초지를 주어라!
제사에 쓸 소 떼나 양 떼를 먹여야 하니까….
너흰 많이 먹고 흠 없이 건강한 제물이 되렴.
메에에

사방 2000규빗이 되는 목초지 중앙에 레위 사람의 성을 지어라!
메에에

※1규빗 : 약 45.6센티미터.

tip 레위 사람들의 몫

여러 지파의 땅에서 약간의 성읍을 레위 사람들에게 줄 것을 명령하지만, 레위 사람들이 성읍 전부를 그들 소유로 받은 것은 아니다. 그들은 다른 지파와 섞여 살면서 집만 소유했다. 가축을 기르기 위한 성읍 사면의 목초지도 매우 적은 면적이었다. 그래서 레위 사람들은 주위 다른 지파 사람들의 도움을 받아야 했다.

도피성

레위 사람들이 받은 전체 48개의 성 가운데 여섯 곳은 도피성으로 지정되었어.

누구든지 실수로 사람을 죽인 사람은 여섯 곳의 도피성 중 한 곳으로 도망갈 수 있었지.
헉헉… 조금만… 조금만 더! 난 실수였다고!
살인자를 잡아라!
다다다

도피성에서는 재판을 받기 전까지 죽은 사람의 친척의 복수를 피할 수 있었어.
잡았다! 네 이놈!
성 안으로 발이 먼저 닿았는데 이거 왜 이래, 놔!
탁

도피성은 요단 강을 중심으로 동편에 세 곳, 서편에 세 곳 지정되었지.
게데스
골란
나사렛
므깃도
길르앗라못
지중해
사마리아
세겜
브니엘
랍바
벧엘
여리고
예루살렘
헤스본
베들레헴
베셀
헤브론

tip 도피성

실수로 사람을 죽이면 그곳으로 달아나 판결을 받을 때까지 보복을 당하지 않고 목숨을 보존할 수 있었다. 그러나 고의로 사람을 죽인 경우에는 도피성으로 달아나도 소용없었다. 이스라엘 백성들과 함께 사는 외국인도 도피성으로 피신할 수 있었다.

살인자에 대한 규례

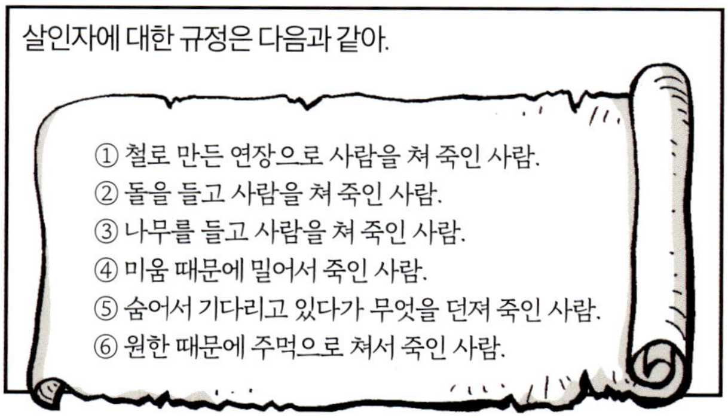
살인자에 대한 규정은 다음과 같아.
① 철로 만든 연장으로 사람을 쳐 죽인 사람.
② 돌을 들고 사람을 쳐 죽인 사람.
③ 나무를 들고 사람을 쳐 죽인 사람.
④ 미움 때문에 밀어서 죽인 사람.
⑤ 숨어서 기다리고 있다가 무엇을 던져 죽인 사람.
⑥ 원한 때문에 주먹으로 쳐서 죽인 사람.

죽은 사람의 가장 가까운 친척은 살인자를 만나면 그를 죽여야 했어.
덜
덜
아니… 넌… 내… 내 조카를 죽인 놈… 보, 복수를….
벌벌 떠는 주제에~ 가진 거나 다 내놔.

하지만 미워하는 마음 없이 실수로 사람을 밀거나 돌이나 물건을 떨어뜨려 죽였다면
툭
엇!

사고다!
아이고, 이걸 어쩌나….
망치에 머리를 맞고 죽었다!
웅성
웅성

이스라엘의 모든 백성들은 그를 어떻게 할 것인지 결정해야 했지.
실수였어요, 실수. 저는 절대 살인자가 아닙니다.
끄덕
끄덕
흐음… 그건 그렇지.
또한 실수로 죽였다는 판결을 받은 사람을 복수하려는 죽은 사람의 친척들로부터 보호해 주어야 했어.
걱정 마. 우리가 도피성까지 안전하게 데려다줄 테니까.
사, 살벌하네.
판결 후 실수로 사람을 죽인 사람은 도피성으로 가서, 대제사장이 죽을 때까지 그곳에서 살아야 했지.
아, 언제나 집에 돌아갈 수 있을까?
대제사장
내가 죽으려면 50년은 더 있어야 할 텐데… 안됐다.
만약 대제사장이 죽기 전 도피성을 나왔다가 죽은 사람의 친척과 만나서
아니, 네놈은?
헉, 재수 없게… 하필!
그에게 죽임을 당해도 살인죄가 성립되지 않았어.
이놈이 대제사장이 죽지도 않았는데 도피성에서 기어나왔더라고.
드디어 원수를 갚았구나!
대제사장이 죽으면 살인자는 도피성을 나와 자기 땅으로 돌아갈 수 있었지.
야호, 대제사장님이 돌아가셨다. 이제 난 자유지롱~
대제사장님 돌아가신 게 그렇게 좋냐?
음, 원수를 놔줘야 하다니!

tip 대제사장의 죽음과 죄 사함

실수로 살인한 사람이 집으로 돌아갈 수 있는 단 하나의 방법은 대제사장의 죽음뿐이었다. 이때 대제사장의 죽음은 도피성으로 피한 죄인의 피 흘림을 대신하는 것으로 간주되어 죄인의 죄를 씻어주었다. 이는 영원한 대제사장이신 예수 그리스도가 십자가에서 피 흘림으로 인간의 죄를 씻은 것과 같은 의미라고 할 수 있다.

살인자는 죽여야 하지만, 먼저 증인이 두 명 이상 있어야 했어.
그래서 오늘날에도 나쁜 짓을 하는 사람들은 밤에 얼굴을 가리고 다니지.
아무도 모르게.
살인자는 반드시 죽여야 했기 때문에 돈을 받고 살려주는 것은 금지였지.

도피성으로 도망간 사람에게 돈을 받고 대제사장이 죽기 전에 돌려보내주는 것도 금지 규정이지.
운임표
표사는곳
훌쩍
고향에도 가고 싶고, 가족도 보고 싶고….
Ticket
고향행 티켓 있는데… 비싸게 줄게.
너희는 너희가 사는 땅, 곧 내가 함께하는 땅을 더럽혀서는 안 된다. 그 이유는 나 여호와가 이스라엘 자손과 함께하기 때문이다!
하나님은 살인으로 땅을 더럽혀서는 안 된다고 하셨어.
그냥 사회봉사 100만 시간으로 대신하면 안 될까요?
죄 없는 사람을 죽인 죄를 씻는 것은 오직 한 가지뿐이다. 그것은 살인자를 죽이는 것이다!
어림없다!
36장 결혼한 여자의 유산
므낫세 지파에 속한 길르앗 집안 지도자들이 모세와 이스라엘의 지도자들에게 가서 말했어.
여호와께서는 제비를 뽑아 땅을 주라고 하셨습니다.
그리고 예전에 우리의 형제 슬로브핫의 땅을 그의 딸들에게 주라고 명령하셨습니다. Link 2권 198p
멀 자료 화면까지…
물론이네.
그런데 슬로브핫의 딸들이 다른 지파 사람과 결혼하게 되면 어떻게 합니까?
응?
그러면 결국 그 땅은 남편의 것, 즉 다른 지파의 것이 될 것 아닙니까. 우리 므낫세 지파의 땅을 다른 지파에 빼앗기게 되는 거잖아요!
어? 그렇게 되나…?
뭐야!?
정말이야?
엉?
정말이라구.
후다닥
여호와께 여쭙고 와야겠다.

얼마 후 모세가 이스라엘 지도자들에게 명령했어.
여호와의 명령이오. 슬로브핫의 딸들은 자기와 같은 지파 사람과만 결혼을 해야 하오.
오, 그런 방법이… 그럼 어쨌든 땅은 계속 므낫세 지파의 소유가 되겠군!

명심하시오! 절대로 땅이 이 지파에서 저 지파로 옮겨지면 안 됩니다.
네, 알겠습니다.

즉, 아버지의 땅을 물려받은 여자가 결혼할 경우에는 같은 지파 사람하고만 해야 했지.
크하하, 말라는 므낫세 지파 사람하고만 결혼해야 된단다!
크~ 이럴 수가….
미안해요. 커플 반지는 안 돌려줘도 되죠?
슬로브핫의 딸 말라

슬로브핫의 딸들은 이 명령을 듣고 순종하여 사촌들과 결혼했어.
남편들이 모두 므낫세 지파 사람들이었기 때문에, 신부들의 땅은 모두 므낫세 지파의 땅으로 남게 됐죠.
다른 지파에 잘생긴 청년들이 더 많았는데….
히히~
하지만 하나님 말씀이니 뭐.

tip 여자에게 상속권이 없던 시절

하나님은 한 세대에서 다음 세대로 이어지는 유업(땅)에 대해 각 지파가 받은 유업을 그대로 유지하길 원하셨다. 유업은 각 지파의 아들들에게 분배되었다. 그렇다면 아들이 없을 때 상속 문제는 어떻게 할 것인가? 이 문제에 대한 해결 방법을 슬로브핫의 딸들을 통해 보여준다. Link 2권 198p

이 모든 것이 여호와께서 모세를 통해 이스라엘에게 내리신 명령과 규례야.
나 여호와가 이르기를…
하나님께서 말씀하시기를….

이때 이스라엘 백성들은 요단 강가의 모압 평야, 곧 여리고 건너편에 있었어.
잡힐 듯 가까이 있는 저 가나안 땅을 밟지 못하다니 안타깝구나.

죽기 전에 이스라엘 백성들을 위해 마지막 설교를 준비해야겠다.

신명기
●여호수아
모세의 뒤를 이어 지도자가 되어
이스라엘 백성들을 이끌고 가나안
으로 들어갔다.

신명기는 40년 동안의 광야 길이 끝날
무렵 모압 평지에서 기록되었지.
<창세기>부터 <신명기>까지, 이렇게
다섯 권의 책은 모두 내가 썼어.
알아요. 그걸 '모세 5경'
이라고 하는 거죠?
요즘 활동
하셨으면
완전 대박~
출애굽기
창세기
레위기
민수기
신명기
우와, 완전히
베스트셀러 작가네.
그런데 '신명기'가
무슨 뜻이에요?
이 책 내용의 대부분이
<출애굽기> <민수기>
등에 나왔던 가르침의
반복이기 때문에 신명기
(다시 계명을 기록함)
라는 이름을 붙였지.
신명기

※모압 평지 : Link 2권 186p 이스라엘 진이 있던 싯딤을 말한다.

어찌 보면 <신명기>는 모세의 유언집이라고 할 수 있어.
이게 왜 유언집이에요?
눈앞에 죽음을 앞둔 나의 고별 설교 세 편으로 이루어져 있기 때문이란다.
훌쩍
신명기
38년 전 가데스 바네아에서 하나님을 원망했던 20세 이상의 백성들은 이 설교를 들을 수 없었지.
그때 사람들은 모두 죽었기 때문이야.
내가 마지막이지.
참, 그런데 그렇게 고생해서 백성들을 데려온 할아버지도 가나안 땅에 못 들어간다면서요?
그, 그건….
움찔
※가데스 바네아 : 가나안 접경 지역인 바란 광야로 이스라엘 백성들이 가나안을 정탐할 때 머물렀던 장소
엉엉엉엉
이그, 눈치 없기는~
아야!
모세는 자신의 실수 Link 2권 180p 로 가나안 땅에 못 들어가게 된 것이 안타까웠어.
이 지팡이를 내려치면 바위에서 물이 솟구칠 것이다! 하하하~
우와~
가나안 땅까지 백성들을 인도하고 그들을 가르치고 싶었는데….
그 안타까움을 담아 백성들에게 당부하고 싶었던 이야기는 '하나님은 온 우주의 창조자시며 역사의 주인'이라는 것이었지.
그리고 그 위대하신 분이 이스라엘과 함께하겠다는 약속을 하셨다는 놀라운 사실도!
따라서 이스라엘은 당연히 그분께 순종할 의무가 있으며
순종을 하느냐, 하지 않느냐에 따라 행복과 불행이 결정된다는 거야.
신명기 요점 정리
자, 지금부터 이전에 있었던 사건과 율법을 다시 말할 거다. 간단히 정리했으니까 졸지 말고 잘 들어라!

1. 모세의 고별 설교

1~4장 모세의 1차 설교

이집트를 떠난 지 40년이 지난 11월 1일, 요단 강 동쪽 모압 땅에서 모세는 이스라엘 백성들에게 이집트를 나온 후 40년간 있었던 과거의 사건을 얘기했어.
놀랍게도 우주의 창조자이신 하나님이 이스라엘을 먼저 선택하여 사랑해 주셨습니다!
우리를 노예 생활하던 이집트에서 탈출하게 하시고, 광야에서 살기 위해 필요한 모든 것을 주셨지요.

여호와께 순종하면 복을 받을 뿐 아니라, 그분께서 주신 땅에서 오래오래 살 것입니다!
그러니 그분을 경외하고 순종하는 것이 당연한 것 아니겠습니까?
와아아
옳소~

tip 순종했으니 복을 달라?

이스라엘 백성들이 하나님께 무엇을 받을 수 있을지 여부는 그들의 행동에 달려 있었다. 율법에서 하나님은 순종하는 자에게는 복을, 불순종하는 자에게는 징벌을 내리시겠다는 의지를 표명하셨다. 모세 율법의 이런 특징에 근거해 구약의 백성들은 하나님께서 자비로 약속을 지키실 것을 기대할 권리가 있었다.

5~26장 모세의 2차 설교

그후 모세는 벧브올 맞은편 골짜기에서 규례와 법도에 대해 얘기했지.
자, 다시 율법에 대해 얘기해 줄 테니 잘 듣고 배워 꼭 지키도록 하시오.
이스라엘 백성들이 가장 기본으로 지켜야 할 것은 여호와 하나님을 사랑하고 경외하는 거야.
하나님, 오늘도 우리에게 일용할 양식을 내려 주셔서 감사합니다.
하나님은 질투가 많으신 분이라 다른 우상을 섬기는 것을 철저히 금지시키셨지.
짜르르릉
아이고, 여기 오면 안 된다니까!
꺄오오오!

※벧브올 : 느보 산과 헤스본 서쪽에 위치. 이곳에 섬기던 바알을 바알브올이라고 한다.

신명기

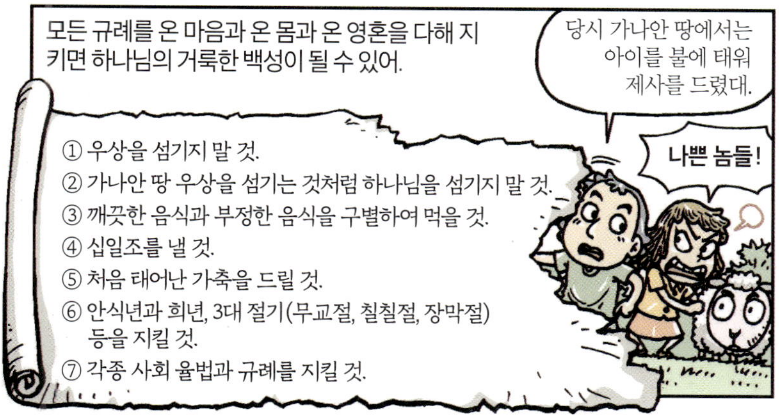
모든 규례를 온 마음과 온 몸과 온 영혼을 다해 지키면 하나님의 거룩한 백성이 될 수 있어.
① 우상을 섬기지 말 것.
② 가나안 땅 우상을 섬기는 것처럼 하나님을 섬기지 말 것.
③ 깨끗한 음식과 부정한 음식을 구별하여 먹을 것.
④ 십일조를 낼 것.
⑤ 처음 태어난 가축을 드릴 것.
⑥ 안식년과 희년, 3대 절기(무교절, 칠칠절, 장막절) 등을 지킬 것.
⑦ 각종 사회 율법과 규례를 지킬 것.
당시 가나안 땅에서는 아이를 불에 태워 제사를 드렸대.
나쁜 놈들!

내가 오늘 여러분에게 주는 여호와의 율법과 명령에 복종하십시오. 그럼 여러분과 여러분의 자손은 하나님이 주신 땅에서 오랫동안 행복하게 살 것입니다!

27~30장 모세의 3차 설교

가나안 땅에 들어가면 이스라엘 백성들이 먼저 해야 할 일에 대해서도 설명했어.
① 가나안 땅에 들어가면 에발 산에 큰 돌들을 세우고 율법을 기록할 것.
② 돌로 제단을 쌓고 하나님께 번제와 화목제를 드릴 것.
③ 12지파를 6지파씩 나누어 그리심 산과 에발 산에 설 것.
④ 그리심 산에는 축복을, 에발 산에는 저주를 선포할 것.
여기서 축복과 저주란 순종으로 인한 축복과 불순종으로 인한 저주를 말하는 거라네.
흠, 그렇군요.

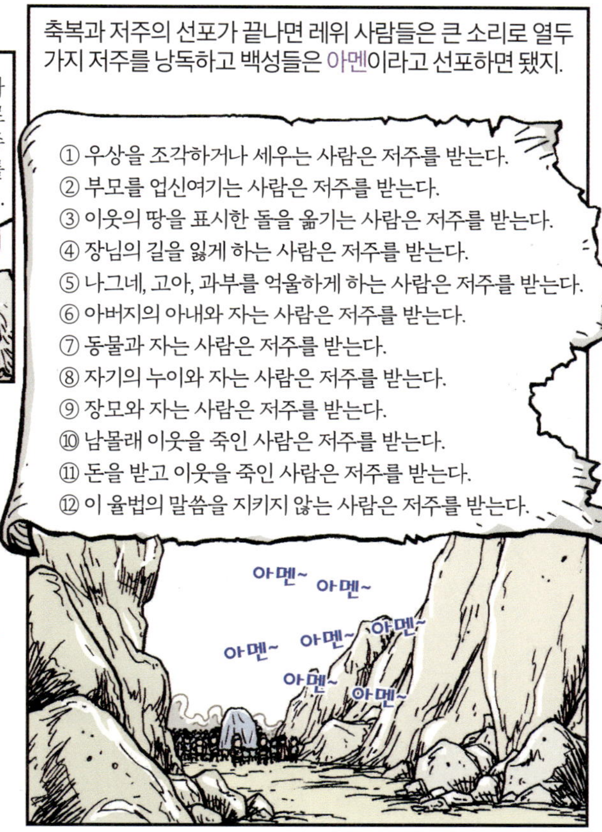
축복과 저주의 선포가 끝나면 레위 사람들은 큰 소리로 열두 가지 저주를 낭독하고 백성들은 아멘이라고 선포하면 됐지.
① 우상을 조각하거나 세우는 사람은 저주를 받는다.
② 부모를 업신여기는 사람은 저주를 받는다.
③ 이웃의 땅을 표시한 돌을 옮기는 사람은 저주를 받는다.
④ 장님의 길을 잃게 하는 사람은 저주를 받는다.
⑤ 나그네, 고아, 과부를 억울하게 하는 사람은 저주를 받는다.
⑥ 아버지의 아내와 자는 사람은 저주를 받는다.
⑦ 동물과 자는 사람은 저주를 받는다.
⑧ 자기의 누이와 자는 사람은 저주를 받는다.
⑨ 장모와 자는 사람은 저주를 받는다.
⑩ 남몰래 이웃을 죽인 사람은 저주를 받는다.
⑪ 돈을 받고 이웃을 죽인 사람은 저주를 받는다.
⑫ 이 율법의 말씀을 지키지 않는 사람은 저주를 받는다.
아멘~ 아멘~
아멘~ 아멘~ 아멘~
아멘~ 아멘~

※아멘: '그렇게 될 것을 믿습니다'라는 뜻.

tip 그리심 산과 에발 산

가나안의 중심에 있는 그리심 산과 에발 산은 '세겜'을 가운데 두고 있다. 그리심 산은 세겜 남쪽에 있는 해발 845.7미터의 산이고, 에발 산은 폭이 200미터가량 되는 깊은 골짜기를 사이에 두고 북쪽에 있는 해발 940미터의 산이다. 자연 환경이 이스라엘을 교육하기에 안성맞춤인 이 장소는 영적 의미를 다분히 가진다. 이스라엘의 조상 아브라함이 약 700년 전 가나안으로 이주해 최초로 하나님께 제단을 쌓았던 세겜 Link 1권 45p 양쪽에 위치한 산이기 때문이다. 모세가 이 두 개의 산을 중심으로 저주와 축복을 선포한 것은 고집이 세고 불순종하는 이스라엘 백성들에게 보다 확실하게 축복과 저주를 교육하기 위한 것으로 보인다.

모압 평지 언약

38년 전의 시내 산 언약은 모압 평지에서 갱신되었어.
이스라엘이 죄를 지어 하나님의 심판으로 포로가 되어 각지로 흩어졌을지라도, 회개하면 주님께서 다시 약속의 땅으로 돌아오게 하실 것입니다.
하나님께서 계명을 업그레이드하신 거네?
그렇지.

이집트를 탈출한 2세대 백성들이 모두 기뻐하며 언약을 맺었지.
에휴~ 우리도 하나님 말씀에 순종했으면 가나안 땅에 들어갈 수 있었을 텐데….
이제 와서 후회하면 뭘 해.
우리 자식들이라도 약속의 땅에 들어가니 다행이지 뭐.

2. 모세의 죽음

31~33장 후계자 여호수아

모세의 나이는 120세였고, 그는 가나안 땅에 들어갈 수 없었어.
여호와께서는 내가 요단 강을 건널 수 없다고 말씀하셨네.
수영을 못 하시나?
이그, 그런 뜻이 아니잖아요.
모세가 여호수아에게 손을 얹자 여호수아에게 지혜의 영이 가득해졌지.
여호와께서 너와 함께하실 것이니 두려워 말고 걱정하지 마라!
모세는 이스라엘의 모든 백성들이 보는 앞에서 여호수아를 지도자로 세웠어.
마음을 굳세게 하여 이 백성을 약속의 땅으로 인도하여라!
와아아
새로운 지도자 여호수아 만세!
와아아
만세!
그후 모세는 제사장들과 지도자들에게 율법서를 주었지.
안식년 초막절에 이 율법서를 소리 내어 읽고, 이 말씀을 잘 가르치시오. 그리고 율법서는 언약궤 옆에 보관하도록 하시오.
알겠습니다.
모세는 온 백성들에게 말씀의 노래를 처음부터 끝까지 들려 주었어.
여호와의 말씀을~ ♫
들어어어어~♪
저 어른 노래 실력 한번 짱이군.
오빠~
오오오!

모세는 이 노래를 반복해 부르며 백성들이 여호와께 범죄해 심판받는 일이 없기를 기원했지.
몰라서 죄를 짓지 않도록~ 계속 이 노래를 불러서 완전히 외워요~.
흑, 감동적인 노래야.
넘 멋져!
사랑해요!

tip 모세의 노래

모세의 노래는 하나님의 고귀하신 품격과 고집스럽고 불순종하는 이스라엘 백성에 대한 하나님의 지극하신 사랑을 이야기하고 있다. 또한 우상 숭배에 대한 하나님의 심판과 회복, 이스라엘을 쳤던 나라들에 대한 심판 등의 내용을 담고 있다.

모세는 느보 산에 올라가 죽기 전에 백성들에게 복을 빌어주었어.
여호와께서 너희가 가는 길을 지켜주실 것이다!
Bye~

※느보 산 : 요단 강 동쪽 모압 평지를 가르며 뻗어 있는 아바림 산맥에 있는 세 개의 봉우리로 이루어진 산.

34장 모세의 죽음

모세는 느보 산으로 올라가 비스가 산꼭대기로 올라갔고, 모압 땅 어느 골짜기에서 죽어 그곳에 묻혔어.
누구도 내 무덤이 어디 있는지 알지 못하지.
휘이잉…
하나님만 빼고~

※비스가 산꼭대기 : 느보 산 세 개의 봉우리 중 세 번째 봉우리로 가나안 땅 전체를 살펴보기 가장 좋은 봉우리.

모세의 죽음 후 이스라엘 백성들은 30일 동안 모압 평지에서 슬퍼하며 울었어.
아이고~
아이고~
흑흑
엉엉

여호와께서는 모세가 죽기 전 길르앗에서 단까지 약속의 땅을 모두 보여주셨지.
내가 아브라함과 이삭과 야곱에게 주겠다고 맹세한 약속의 땅이 바로 저곳이다!
약속의 땅을 밟지는 못하지만… 이렇게 볼 수 있게 해주셔서… 감사합니다.

모세는 여호와께서 얼굴을 마주보며 말씀하신 사람으로, 그와 같은 예언자는 그 뒤로 다시 없었어.

모세가 죽을 때의 나이는 120세였지만 그의 눈은 흐리지 않았고 기력 또한 약해지지 않았어.
양쪽 다 2.0입니다. 그 연세에 정말 대단하시네요.
껄껄
뭐, 그 정도야.

신명기

참고 도서 및 자료 목록

《개역개정 컬러성경》, 대한성서공회, 아가페, 2006.
《구약 이스라엘사》, 김희선, 총신대학교 출판부, 1981.
《구약 핸드북》, 길버트 비어스, 이윤기 옮김, 성서교재간행회, 1988.
《구약성경의 탐구》, 로버트 D. 브렌슨·짐 에들리 외, 박철우 옮김, 물가에 심은 나무, 2006.
《그랜드 종합 주석》, 성서원 편집부, 성서교재간행사, 1996.
《그림성경》, 아이브아 호스·앙드레 르블랑, 성서교재, 1987.
《그림으로 보는 세계 생활사》, 앤 밀라드·패트리샤 바나스·조지프 매큐언, 창해, 2007.
《더 바이블 맵》, 김주현·정영주, 디자인 토제, 2012.
《바이블 그림 탐정》, 피터 마틴·피터켄트, 권기대 옮김, 베가북스, 2012.
《바이블 문화코드》, 남병식, 생명의 말씀사, 2006.
《백투더 바이블》, 장종길, 그리심, 1996.
《성경의 맥을 잡아라》, 문봉주, 두란노, 2007.
《성경의 비밀을 푸는 생활풍습 이야기, 열린다 성경》, 류모세, 두란노, 2010.
《성막》, 강문호, 한국가능성계발원, 1993.
《성서 속의 도시 이야기》, 이원희, 민영사, 2006.
《성서사전》, 길버트 비어스, 권호덕 옮김, 성서교재간행회, 1988.
《성서이야기》, 편집부, 계몽사, 2011.
《성전》, 강문호, 한국가능성계발원, 1994.
《손에 잡히는 성경 지도》, 폴 라이트, 이용중 옮김, 부흥과개혁사, 2009.
《쉬운성경》, 아가페편집부, 아가페, 2005.
《신약 핸드북》, 길버트 비어스, 이윤기 옮김, 성서교재, 1986.
《아가페 성서 지도》, 요하난 아하로니·미카엘 아비요나, 문창수 옮김, 아가페, 1988.
《어? 성경이 읽혀지네》, 이애실, 성경방, 2005.
《에센스 명화 성경》, 이동진, 해누리, 2007.
《예수를 만나러 유럽에 간다》, 신동운, 스타북스, 2008.
《와! 성경이 살아 있다》, 데니스 존스, 성서유니온 선교회, 2007.
《우리들 성경》, 팻 알렉산더, 두란노, 1994.
《우리말 성경》, 두란노서원 성경출판팀, 두란노, 2007.
《위대한 바이블 연대기》, 토마스 로빈슨, 엄재호 옮김, 안국문화, 1993.
《헬라어직역신약성경》, 생명의말씀사 편집부, 말씀의집, 2010.
《황금의 집》, J. 로우, 황인출·오진관 옮김, 전도출판사, 1981.
《히브리어직역구약성경》, 생명의말씀사 편집부, 말씀의집, 2006.
<예수 그리스도 족보>, 기독교대백과사전편찬위원회, 기독교문사, 1993.